Deu-A-VI-4-30
(Verw : SC)

BEITRÄGE

AUS DEM INSTITUT FÜR VERKEHRSWISSENSCHAFT
AN DER UNIVERSITÄT MÜNSTER

HERAUSGEGEBEN VON H. ST. SEIDENFUS

Heft 121

Martina
Meyer-
Schwickerath

Perspektiven des Tourismus in der Bundesrepublik Deutschland

- Zur Notwendigkeit eines wirtschaftspolitischen Konzepts -

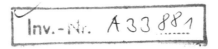

VANDENHOECK & RUPRECHT IN GÖTTINGEN
1990

CIP-Titelaufnahme der Deutschen Bibliothek

Meyer-Schwickerath, Martina:
Perspektiven des Tourismus in der Bundesrepublik Deutschland
: zur Notwendigkeit eines wirtschaftspoltischen Konzepts /
Martina Meyer-Schwickerath. - Göttingen : Vandenhoeck u.
Ruprecht, 1990
  (Beiträge aus dem Institut für Verkehrswissenschaft an der Universität
  Münster ; H. 121)
  ISBN 3-525-85713-6
NE: Institut für Verkehrswissenschaft <Münster, Westfalen>: Beiträge
  aus dem ...

SCHRIFTLEITUNG: FRIEDRICH VON STACKELBERG

Die Veröffentlichung des vorliegenden Bandes erfolgt durch die
Gesellschaft zur Förderung der Verkehrswissenschaft an der
Universität Münster e.V.

Die Entwicklung auf dem Gebiet des Tourismus ist im wesentlichen geprägt durch zwei Momente: die Ausweitung der Freizeit einerseits, und zwar sowohl durch Verlängerung der durchschnittlichen Lebenszeit als auch durch eine Verkürzung der Arbeitszeit - Verkürzung der täglichen Arbeitszeit und Verlängerung der Urlaubszeit -, und die Erhöhung des realen Pro-Kopf-Einkommens andererseits. Beide Momente beeinflussen die Nachfrage nach touristischen Dienstleistungen positiv, und wenn sich die Struktur der Nachfrage im Zeitablauf auch ändern wird, so ist doch davon auszugehen, daß die Tourismusbranche grundsätzlich weiterhin mit einem Anstieg der Nachfrage rechnen kann.

Die vorliegende Studie untersucht, inwieweit das touristische Angebot in der Bundesrepublik von dieser Nachfrageentwicklung profitiert. Sie kommt zu einem eher negativen Ergebnis. Die Ursache hierfür wird vor allem darin gesehen, daß die Grenzen der Inanspruchnahme des ursprünglichen Angebots offensichtlich erreicht sind, da sowohl eine Ausweitung der Fremdenverkehrsgebiete kaum noch möglich ist als auch ökologische und daraus folgende ökonomische Probleme verstärkt zutage treten. Bei fortgesetzter touristischer Erschließung, welche die Qualität des ursprünglichen Angebots noch weiter beeinträchtigt, ist ein Nachfragerückgang nicht ausgeschlossen. Um die subjektiv bedingte Abwanderung in Grenzen zu halten und zugleich ökologischen Restriktionen Rechnung zu tragen, ist eine fremdenverkehrspolitische Konzeption zu entwerfen, die nach Auffassung der Verfasserin die Internalisierung der negativen externen Effekte sowie eine Reduzierung der Intensität der Beanspruchung des ursprünglichen Angebots vorsieht.

Die Studie wurde abgeschlossen, bevor die gegenwärtige politische Entwicklung in der DDR absehbar war. Die hiervon ausgehenden vielfältigen Impulse auf die touristische Nachfrage der Bundesbürger konnte damit nicht mehr berücksichtigt werden. Trotzdem bin ich der Auffassung, daß die Ergebnisse der Untersuchung nicht an Aktualität verloren haben, stehen doch die fremdenverkehrspolitischen Entscheidungsträger der DDR nun vor der drängenden Frage, wie sie der steigenden Nachfrage entsprechen können, ohne die für die Bundesrepublik konstatierten - und auch in Spanien, Italien, Österreich, Griechenland u.a. erkennbaren - Fehler zu wiederholen. In der Hoffnung, daß die Untersuchung für diese Neubesinnung einen Beitrag zu leisten vermag, übergebe ich sie der interessierten Öffentlichkeit.

Münster, im Mai 1990   H. St. Seidenfus

Inhaltsverzeichnis

Verzeichnis der Abbildungen

Verzeichnis der Tabellen

Verzeichnis der Abkürzungen

AIEST	=	Association Internationale d'Experts Scientifiques du Tourisme
BGBl.	=	Bundesgesetzblatt
BMWi·	=	Bundesminister für Wirtschaft
BRD	=	Bundesrepublik Deutschland
BT-Drucks.	=	Bundestags-Drucksache
DIW	=	Deutsches Institut für Wirtschaftsforschung
DZT	=	Deutsche Zentrale für Tourismus
EG	=	Europäische Gemeinschaft
Eidg.	=	Eidgenössisch
ERP	=	European Recovery Program
FAZ	=	Frankfurter Allgemeine Zeitung
MWSt	=	Mehrwertsteuer
OECD	=	Organisation for Economic Cooperation and Development = Organisation für wirtschaftliche Zusammenarbeit und Entwicklung
SZR	=	Sonderziehungsrecht

Verzeichnis der Variablen

AA = der Bestand des abgeleiteten Angebots

$\triangle$ AA = der Zuwachs des abgeleiteten Angebots pro Periode

E = der Erholungswert eines Fremdenverkehrsgebietes

E^{AA} = die durch das abgeleitete Angebot hervorgerufene Erholung

E_{ohne} = der Erholungswert eines Fremdenverkehrsgebietes ohne Berücksichtigung des negativen externen Effekts

E^{UA} = die durch das ursprüngliche Angebot hervorgerufene Erholung

G = Gewinn

G_{ohne} = der Gewinn ohne Berücksichtigung des negativen externen Effekts

K = Kosten

k = Proportionalitätsfaktor

p = Preis für eine Einheit E

q^{AA} = Faktorpreis für eine Einheit AA

q^{AA}_r = $\dfrac{q^{AA}}{p}$ = realer Faktorpreis für eine Einheit AA

s = Pigou-Steuer

T = bestimmte Periode

t = Periodenindex

U = der von einem Fremdenverkehrsgebiet im Vergleich zu anderen Gebieten gestiftete Nutzen

UA = der Bestand des ursprünglichen Angebots

$\overline{UA}^{POT}$ = Das "Potential" des ursprünglichen Angebots eines Fremdenverkehrsgebietes

VUA = Der Verbrauch des ursprünglichen Angebots

α = Das Ausmaß, in dem die Bereitstellung des abgeleiteten Angebots das ursprüngliche Angebot vermindert

I. DER GEGENWÄRTIGE STAND DER TOURISMUSPOLITISCHEN DISKUSSION IN DER BUNDESREPUBLIK DEUTSCHLAND

In der tourismuspolitischen Diskussion in der Bundesrepublik Deutschland vollzieht sich gegenwärtig ein bemerkenswerter Wandel dergestalt, daß eine mehr konzeptionell ausgerichtete Politik den bisherigen Pragmatismus weitgehend ersetzen soll. Trotz zahlreicher Bekenntnisse zur sozialpolitischen und wirtschaftlichen Bedeutung des Fremdenverkehrs auf Bundesebene[1] ist eine bundesweite einheitliche und systematische Fremdenverkehrspolitik bisher kaum zu erkennen. Aus den Erfahrungsberichten vergangener Jahre - z.B. dem Tourismusbericht der Bundesregierung von 1975[2] - wurden bisher weder Konsequenzen für eine zukunftsweisende Politik gezogen, noch wurden Strategien formuliert, die eine Unterstützung der Belange der Fremdenverkehrswirtschaft durch ein gemeinsames Vorgehen von Bund und Ländern beinhalten.[3] So stellte das Fremdenverkehrspräsidium im Tourismusbericht 1986 fest: "Die unzureichende Würdigung der wirtschaftlichen Bedeutung des Fremdenverkehrs und die Verzettelung in den Zuständigkeiten nimmt den Einzelmaßnahmen die wirtschaftliche Schlagkraft. Die hervorragenden Chancen für den deutschen Fremdenverkehr, die die Bundesrepublik aufgrund ihrer vielseitigen reizvollen Landschaft besitzt, bleiben dadurch teilweise ungenutzt. Eine sinnvolle Koordinierung der Tourismuspolitik, die eine in sich geschlossene Konzeption ermöglicht, ist somit unerläßlich."[4]

Die beispiellose touristische Entwicklung der letzten Jahrzehnte hat mit ihren Auswirkungen insbesondere auf die menschliche, räumliche, kulturelle und wirtschaftliche Umwelt z.T. schwerwiegende Probleme aufgeworfen.[5] Gleichzeitig sind aufgrund der vielschichtigen und fließenden Erscheinungsformen des Fremdenverkehrs und der engen Verzahnung der Tourismuspolitik mit verschiedenen

---

[1] Regionale Entwicklungskonzepte, in denen die Ausweitung des Fremdenverkehrs angestrebt werden, liegen vor. Als Beispiel sei der Fremdenverkehrsreport Hessen 1986 angeführt. Vgl. WILLICH-MICHAELIS, K., et. al., Fremdenverkehrsreport Hessen '86, hrsg. von der HLT Gesellschaft für Forschung Planung Entwicklung mbH, Bde. 1 - 3, Wiesbaden 1986.

[2] Deutscher Bundestag (Hrsg.), Tourismus in der Bundesrepublik - Grundlagen und Ziele, BT-Drucks. 7/3840 vom 1.7.1975.

[3] Vgl. Deutsches Fremdenverkehrspräsidium (Hrsg.), Tourismusbericht des Fremdenverkehrspräsidiums 1986, Stuttgart 1986, S. 88.

[4] Ebenda, S. 89.

[5] Dies wird besonders deutlich bei HAULOT, der die Problemfelder, die durch die Massenhaftigkeit im Tourismus entstanden sind, aufzählt. So beeinflußt der Tourismus u.a. die Wohnungsqualität und die Verkehrsdichte, die wirtschaftlichen, kulturellen und regionalen Strukturen sowie die zwischenmenschlichen Beziehungen. "In fact it would probably be far easier to list those factors which are not affected by tourism than those which are! From technology to art, health care to philosophy, cultural programmes to gambling, feeding habits to politics - everything is called into question for both better or for worse." HAULOT, A., The environment and the social value of tourism, in: International Journal of Environmental Studies, Vol. 25 (1985), S. 221.

anderen Politikbereichen[1] eine Vielzahl von Institutionen mit Fremdenverkehrsbelangen befaßt. Nicht selten führte dies in der Vergangenheit zu einem unkoordinierten Nebeneinander und zum Teil Gegeneinander der den Fremdenverkehr direkt oder indirekt betreffenden Maßnahmen.[2] Die unübersehbare Kompetenzzersplitterung macht ein operationales koordiniertes Maßnahmenbündel, das auch vom Staat sanktioniert und unterstützt wird, notwendig.

Seit geraumer Zeit fordern deshalb Parlamentarier und Vertreter der Fremdenverkehrswirtschaft nicht nur eine vermehrte Anerkennung und Förderung des Tourismus auf der Grundlage eines richtungsweisenden bundesweit gültigen Konzepts.[3] Die Fremdenverkehrspolitik sollte vielmehr "die Gestaltung der touristischen Wirklichkeit durch staatliche Organe unter Mitwirkung der interessierten Gruppen und (der) Einzelnen im Hinblick auf gesellschaftliche, wirtschaftliche und umweltbezogene Ziele sein".[4] Ihre Aufgabe sollte es sein, einen Ausgleich zwischen gegensätzlichen Interessen zu suchen, "zum Beispiel zwischen der Forderung nach Schaffung von Arbeitsplätzen für die einheimische Bevölkerung und der Forderung nach Erhalt der Funktionsfähigkeit von Freizeitraum, eine Forderung, die primär ökologische Bedeutung hat, aber auch die Interessen der Erholungssuchenden berührt".[5] Die Dynamik des Tourismus, der mit seinen Wirkungen auf Wirtschaft, Landschaft

---

[1] Gesundheits-, Sozial-, Bildungs-, Arbeitsmarkt-, Verkehrs-, Währungs- und Raumordnungspolitik sind als Beispiele zu nennen.

[2] Neben den Ausgaben des Bundeswirtschaftsministeriums zugunsten der Fremdenverkehrswirtschaft fördert z.B. das Bundesministerium für Jugend, Frauen, Familie und Gesundheit den Bau von Familienfreizeitstätten, während sich das Ministerium für Ernährung, Landwirtschaft und Forsten mit den Ferien auf dem Bauernhof befaßt. Vgl. BECKER, Ch., KLEMM, K., Raumwirksame Instrumente des Bundes im Bereich der Freizeit, Schriftenreihe "Raumordnung" des Bundesministers für Raumordnung, Bauwesen und Städtebau, Nr. 06.028, Bonn 1972, Matrix I. Weitere Beispiele der Kompetenzzersplitterung sind aufgeführt bei ROTH, E., Lokomotive Tourismus: Tourismus in der Bundesrepublik Deutschland - eine Analyse der Grundlagen und Aspekte politischen Handelns, Berlin 1986, S. 110 f.

[3] Mit dem Bericht "Tourismus in der Bundesrepublik - Grundlagen und Ziele" hat die Bundesregierung 1975 zwar ein politisches Programm erstellt, es konzentriert sich jedoch vorwiegend auf die wirtschaftlichen Seiten des Fremdenverkehrs und entbehrt der strategischen und organisatorischen Vorkehrungen für eine Realisierung. Kritik an diesem Programm wird verstärkt seit Beginn der 80er Jahre von Seiten der Fremdenverkehrswirtschaft geäußert. Vgl. dazu z.B. Deutscher Fremdenverkehrsverband e.V. (Hrsg.), Fremdenverkehrspolitisches Positionspapier, Bonn 1983; ders., Grundsatzfragen der Fremdenverkehrspolitik in der Bundesrepublik Deutschland, Bonn 1986, S. 8 ff.; "Politiker nehmen Stellung zur Fremdenverkehrspolitik - Das Ende des politischen 'Aschenputtel-Daseins'?", in: Fremdenverkehrswirtschaft International, o.Jg. (1987), Nr. 5, S. 21 - 25.

[4] LINDE, J., ROTH, E., Grundlagen der Fremdenverkehrspolitik, in: Tourismus-Management, hrsg. von G. HAEDRICH et al., Berlin, New York 1983, S. 57.

[5] Ebenda; vgl. dazu auch DANZ, W., RUHL, G., SCHMEL, H.J., Belastete Fremdenverkehrsgebiete, Schriftenreihe des Bundesministers für Raumordnung, Bauwesen und Städtebau, Nr. 06.031, Bonn 1978, S. 138.

und Gesellschaft des Ziellandes gleichzeitig seine Grundlagen verändert,[1] macht eine Fremdenverkehrspolitik im Sinne eines zielgerichteten, auf die Gestaltung der Rahmenbedingungen für den Fremdenverkehr bezogenen Verhaltens notwendig. Nur durch koordinierte Angebots- und Nachfrageplanung, Schutz der natürlichen und kulturellen Ressourcen, durch Festlegung des Stellenwertes des Tourismus innerhalb der Volkswirtschaft und innerhalb einzelner Regionen lassen sich Überlastungserscheinungen vermeiden und die zukünftige qualitative touristische Entwicklung sichern.

Qualitativer Fremdenverkehr gründet auf der Vorstellung einer umweltgerechten Entwicklung des Fremdenverkehrs. Dies kann offensichtlich auf der Grundlage der bestehenden regionalpolitischen Konzepte nicht verwirklicht werden. Es fehlt ein wissenschaftlicher Bezugsrahmen, der als Leitfaden für die zukunftsorientierte Fremdenverkehrspolitik dienen kann.

Ziel dieser Studie ist es nun, in einem ersten Schritt den Fremdenverkehrsmarkt theoretisch im Hinblick auf politischen Handlungsbedarf zu analysieren und ein allgemein anwendbares Konzept für eine qualitative Fremdenverkehrsentwicklung herzuleiten. In einem zweiten Schritt gilt es dann, dieses Konzept auf die Bundesrepublik Deutschland zu übertragen. Die regionalen Entwicklungskonzepte, in denen der Beitrag des Tourismus zur Einkommenserzielung und Beschäftigung im Vordergrund steht, sollten eingeordnet werden in ein bundesweites, langfristig orientiertes Konzept als Koordinierungsinstrument und als Orientierungshilfe für Entscheidungen im Tourismusbereich. Die entsprechende Untersuchung beinhaltet eine Lageanalyse, eine Beurteilung des Entwicklungspotentials von Angebot und Nachfrage, die Zielformulierung in der Tourismuspolitik und somit schließlich den Entwurf eines Fremdenverkehrskonzepts.

---

[1] ENZENSBERGER z.B. beschreibt, wie der befreiend empfundene temporäre Auszug aus der durchorganisierten Arbeitswelt sowie die Suche nach Gegenwelten und spontaner Bedürfnisentfaltung einen industriellen Sektor wachsen ließen, der in "chaotischem" Selbstlauf seine eigenen Grundlagen zu zerstören droht. Dies bezieht sich sowohl auf seine ökonomischen, ökologischen und sozialen Voraussetzungen wie auch auf die individuellen Erlebnismöglichkeiten. Vgl. ENZENSBERGER, H.M., Eine Theorie des Tourismus, in: Einzelheiten I, Frankfurt/M. 1964, S. 179 ff. Vgl. auch KRIPPENDORF, J., Die Landschaftsfresser. Tourismus und Erholungslandschaft - Verderben oder Segen?, Bern, Stuttgart 1975, der vor selbstzerstörerischen Kräften im Tourismus warnt.

II. TOURISMUS UND TOURISMUS-POLITIK IN DER WIRTSCHAFTSWISSENSCHAFT - EINE BESTANDSAUFNAHME

Die Tourismusforschung ist eine vergleichsweise junge Disziplin. Abgesehen von der ersten umfassenden wissenschaftlichen Tourismusstudie von STRADNER [1] aus dem Jahre 1905 stammen die wesentlichen Forschungsergebnisse des Tourismus im Rahmen der Makroökonomie, der Betriebswirtschaft, der Geographie, der Psychologie und der Soziologie aus den fünfziger und sechziger Jahren. [2] Gleichzeitig wurde das wissenschaftliche Erkenntnisobjekt "Fremdenverkehr" Gegenstand einer besonderen Studienrichtung sowohl in Österreich als auch in der Schweiz. [3] In der Bundesrepublik Deutschland fand der Tourismus im Rahmen der Hochschulforschung bisher vergleichsweise wenig Beachtung. [4] Charakteristisch für das wissenschaftliche Vorgehen der vergangenen 25 Jahre sind eine Vielzahl von Untersuchungen zu speziellen Teilaspekten des Fremdenverkehrs, nicht jedoch Grundlagenforschung. Erste Ansätze einer konzeptionellen Tourismusforschung, die die Vielschichtigkeit des Tourismus erfaßt, sind heute in der Schweiz zu finden - aufbauend auf der bis heute als Standardwerk geltenden "Allgemeinen Fremdenverkehrslehre" [5] aus dem Jahre 1942.

---

[1] Vgl. STRADNER, J., Der Fremdenverkehr, eine volkswirtschaftliche Studie, Graz 1905.

[2] Vgl. zur Entwicklung der Fremdenverkehrsforschung BERNECKER, P., KASPAR, C., MAZANEC, J., Zur Entwicklung der Fremdenverkehrsforschung und -lehre der letzten Jahre, Schriftenreihe für empirische Tourismusforschung und hospitality Management, Bd. 3, Wien 1984.

[3] Es sind diese das Forschungsinstitut für Fremdenverkehr an der Universität Bern, das Seminar für Fremdenverkehr an der Handelshochschule St. Gallen sowie das Institut für Fremdenverkehrsforschung an der Hochschule für Welthandel in Wien.

[4] Erste Beiträge zur Theorie des Tourismus liefert von BÖVENTER. Er ordnet das Gut "Ferien" in die ökonomische Theorie ein und betrachtet den Fremdenverkehr im Rahmen der Raumwirtschaftstheorie. Vgl. BÖVENTER, E. v., Theorie des Tourismus, in: Fremdenverkehr und Regionalpolitik, Forschungs- und Sitzungsberichte, Bd. 172, hrsg. von der Akademie für Raumforschung und Landesplanung, Hannover 1988, S. 7 ff.; ders., Modelltheoretische Ansätze zur empirischen Analyse von Ferienreisen, in: Fremdenverkehr und Regionalpolitik, a.a.O., S. 17 ff.

[5] Vgl. HUNZIKER, W., KRAPF, K., Grundriß der allgemeinen Fremdenverkehrslehre, Zürich 1942.

A. DAS BEGRIFFSSYSTEM "TOURISMUS"

Die Erarbeitung eines Tourismuskonzeptes für die Bundesrepublik Deutschland setzt eine Definition und Abgrenzung des Begriffs "Tourismus" [1] voraus. Der Fremdenverkehr hat in den letzten Jahrzehnten bedeutende Strukturwandlungen erfahren, die sich im Wandel des Tourismusbegriffs [2] widerspiegeln. Der Durchbruch zur gesonderten wissenschaftlichen Erfassung der Erscheinung Fremdenverkehr erfolgt im ersten Jahrzehnt dieses Jahrhunderts. STRADNER [3] erkennt 1905 die Rolle des Fremdenverkehrs - Reisen impliziert für ihn die Befriedigung eines Luxusbedürfnisses - als Absatzmarkt und somit seine ökonomische Bedeutung. In seiner Begriffsabgrenzung steht allerdings noch die Motivation des Reisens im Vordergrund: "Während der Geschäftsreisende Antrieben des Erwerbes folgt, entspringt der Verkehr der Luxusreisenden, also der Fremdenverkehr im engeren Sinne, Antrieben, die mit den Bedürfnissen der Kultur, des geistigen Lebens, des Gemütes, der Gesundheit, des Wohllebens, kurz mit subjektiven Neigungen idealer Natur im Zusammenhang stehen." [4]

Bei späteren Definitionen werden die wirtschaftlichen Auswirkungen in den Mittelpunkt gerückt. So umschreibt von SCHULLERN zu SCHRATTENHOFEN den Fremdenverkehr als "Inbegriff aller jener und in erster Reihe aller wirtschaftlichen Vorgänge, die sich im Zuströmen, Verweilen und Abströmen Fremder nach, in und aus einer bestimmten Gemeinde, einem Land, einem Staat betätigen und damit unmittelbar verbunden sind". [5]

Die Tatsache, daß der Fremdenverkehr ein komplexes Gebilde ist und zu fast allen Bereichen des menschlichen Zusammenlebens in Wechselbeziehung steht, kommt 1942 erstmals in der Begriffsabgrenzung von HUNZIKER und KRAPF zum Ausdruck: "Fremdenverkehr ist somit der Inbegriff der Beziehungen, die sich aus dem Aufenthalt Ortsfremder ergeben, sofern durch den Aufenthalt keine Niederlassung zur Ausübung einer dauernden oder zeitweilig hauptsächlichen Erwerbstätigkeit begründet wird." [6] Die in dieser Definition erklärte Universalität des Phänomens

---

[1] In der Literatur haben sich die Bezeichnungen "Tourismus" und "Fremdenverkehr" als synonym verwendete Begriffe etabliert, wobei die Bezeichnung "Tourismus" den Fremdenverkehrsbegriff zunehmend aus dem Sprachgebrauch verdrängt. Dem Wort "fremd" wird nicht selten eine psychologisch negative Wirkung vorgeworfen. Der Nichteinheimische sollte sich nicht als "Fremder", sondern als "Gast" fühlen. Vgl. dazu OPASCHOWSKI, H., Zur Herkunft und Bedeutung des Begriffs "Fremdenverkehr", in: Der Fremdenverkehr, 21. Jg. (1969), Heft 1, S. 39 - 40; ders., Tour - Tourist - Tourismus. Eine sprachliche Analyse, in: Der Fremdenverkehr, 22. Jg. (1970), Heft 3, S. 28. Im folgenden werden beide Begriffe verwendet.

[2] Vgl. zum Fremdenverkehrsbegriff BERNECKER, P., Die Wandlungen des Fremdenverkehrsbegriffes, in: Jahrbuch für Fremdenverkehr, 1. Jg. (1952/53), Heft 1, S. 31 - 38, sowie ARNDT, H., Definitionen des Begriffes "Fremdenverkehr" im Wandel der Zeit, in: Jahrbuch für Fremdenverkehr, 26./27. Jg. (1978/79), S. 160 - 174.

[3] Vgl. STRADNER, J., a.a.O.

[4] Ebenda, S. 25.

[5] SCHULLERN zu SCHRATTENHOFEN, H. v., Fremdenverkehr und Volkswirtschaft, in: Jahrbücher für Nationalökonomie und Statistik, F. III, Bd. 42, Jena 1911, S. 437.

[6] HUNZIKER, W., KRAPF, K., a.a.O., S. 21.

"Tourismus" erlaubt, daß sich aufgrund des Verzichts konkreter Aussagen jeder nicht beruflich bedingte Reiseanlaß unter den Begriff fassen läßt. Das dürfte der Grund sein, weshalb die meisten Werke, die sich mit Fremdenverkehr beschäftigen, auf der Definition von HUNZIKER und KRAPF aufbauen.

So übernimmt 1954 die Association Internationale d'Experts Scientifiques du Tourisme (AIEST) diese Definition und empfiehlt sie als Grundlage für die internationale Fremdenverkehrsarbeit. Allerdings erfährt die Definition eine wesentliche Erweiterung dadurch, daß der "Aufenthalt Ortsfremder" mit dem Wort "Reise" ergänzt wird.[1] BERNECKER betrachtet den Fremdenverkehr als eine Kette von Beziehungen materieller und immaterieller Art, die sich aus der "vorübergehenden und freiwilligen Ortsveränderung aus nicht geschäftlichen oder beruflichen Gründen" ergeben, und weist somit erstmalig indirekt auf die psychologischen und soziologischen (immateriellen) Aspekte des Tourismus hin, die gleichrangig Beachtung finden müssen.[2]

Diese Begriffsabgrenzung sowie jene von HUNZIKER und KRAPF streichen die reine Konsumorientierung als Charakteristikum des Fremdenverkehrs - die Identifikation des Tourismus mit dem Fehlen jeglicher Erwerbsabsicht und -tätigkeit - heraus. Angesichts der zunehmenden Bedeutung des Geschäftsreise- und Kongreßverkehrs weist dann 1970 HUNZIKER in einem Vorwort der AIEST-Publikation über den Kongreßtourismus auf die Notwendigkeit hin, eine Definition des Tourismus zu finden, die den Geschäftsreiseverkehr berücksichtigt.[3]

Aufgrund dieser bedeutenden Strukturwandlungen und dem Universalgedanken folgend, die Komplexität des Phänomens Fremdenverkehr zum Ausdruck zu bringen, definiert KASPAR den Fremdenverkehr als "Grundgesamtheit der Beziehungen und Erscheinungen, die sich aus der Reise und dem Aufenthalt von Personen ergeben, für die der Aufenthaltsort weder hauptsächlicher Wohn- noch Arbeitsort ist".[4] Diese Definition stellt die Grundlage der vorliegenden Untersuchung dar. Sie weist mit dem Ortswechsel und dem Aufenthalt außerhalb der täglichen Ar-

---

[1] Vgl. ARNDT, H., a.a.O., S. 171. Die leicht abgeänderte Definition der AIEST lautet: "Fremdenverkehr ist der Inbegriff der Beziehungen und Erscheinungen, die sich aus der Reise und dem Aufenthalt Ortsfremder ergeben, sofern durch den Aufenthalt keine Niederlassung begründet und damit keine Erwerbstätigkeit verbunden wird." KASPAR, C., Die Fremdenverkehrslehre im Grundriß, St. Galler Beiträge zum Fremdenverkehr und zur Verkehrswirtschaft: Reihe Fremdenverkehr, Bd. 1, Bern, Stuttgart 1986³, S. 16.

[2] BERNECKER, P., Grundlagenlehre des Fremdenverkehrs, Grundzüge der Fremdenverkehrslehre und Fremdenverkehrspolitik, Bd. 1, Schriftenreihe des Institutes für Fremdenverkehrsforschung der Hochschule für Welthandel, Wien 1962, S. 12.

[3] Vgl. HUNZIKER, W., Préface. Le Tourisme de Congrès. Publications de l'AIEST, 10, Bern 1970, S. 5 - 6.

[4] KASPAR, C., Beiträge zur Diskussion über den Fremdenverkehrsbegriff. Gedanken zu einer neuen Fremdenverkehrsdefinition, in: Revue de tourisme, 26. Jg. (1971), Nr. 2, S. 50.

beits-, Wohn- und Freizeitwelt zwei konstitutive Merkmale auf,[1] die sich wie folgt darstellen lassen (vgl. Abb. 1).[2]

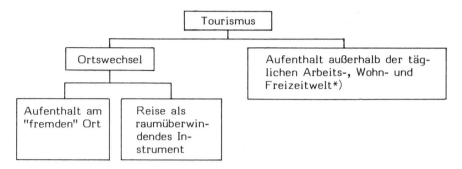

*) Damit beinhaltet diese Begriffsumschreibung sowohl den Geschäfts- und Kongreßtourismus als auch den zeitlich begrenzten Naherholungsverkehr, nicht aber Berufspendler und Grenzgänger

Abb. 1: Begriffsnotwendige Merkmale des Tourismus

Gleichzeitig wird in der Definition mit dem Element "Gesamtheit der Beziehungen und Erscheinungen" den vielschichtigen Ausprägungen des Tourismus Rechnung getragen. Zur Verdeutlichung der Multidisziplinarität des Fremdenverkehrs - der Tourismus ist zahlreichen Einflüssen ausgesetzt, nimmt aber auch selbst auf viele Erscheinungen Einfluß - und zur Erleichterung der dadurch erforderlichen interdisziplinären und weitgefächerten Betrachtungsweise hat KASPAR das Phänomen Fremdenverkehr mit Hilfe der Systemtheorie analysiert und strukturiert. Nach ULRICH erlaubt die Systemvorstellung, "vorurteilsfrei und nur mit einigen wenigen Grundbegriffen ausgerüstet, an die Vielfalt der wirklichen Erscheinungen heranzugehen und sie in ihrem Aufbau und in ihrem Verhalten nach formalen Kategorien zu analysieren".[3]

---

[1] Vgl. KASPAR, C., Die Fremdenverkehrslehre im Grundriß, a.a.O., S. 17.

[2] Es handelt sich hier um den Begriff des Gesamt-Fremdenverkehrs. Auf eine definitorische Abgrenzung einzelner Tourismusarten (Gliederung des Fremdenverkehrs nach der Motivation, aus der Sicht des Nachfragers) oder Tourismusformen (Gliederung des Fremdenverkehrs nach äußeren Ursachen und Einwirkungen) wird an dieser Stelle verzichtet, da die grundlegenden Überlegungen alle touristischen Teilmärkte betreffen. Verschiedene Präzisierungen werden zu einem späteren Zeitpunkt bei der konkreten Anwendung des Begriffssystems im Deutschland-Tourismus nachgeholt. Die Gliederungskriterien werden ausführlich aufgeschlüsselt bei KASPAR, C., Die Fremdenverkehrslehre im Grundriß, a.a.O., S. 18 f., sowie bei BERNECKER, P., Grundlagenlehre des Fremdenverkehrs, a.a.O., S. 12 ff.

[3] ULRICH, H., Die Unternehmung als produktives soziales System, Schriftenreihe Unternehmung und Unternehmensführung, Bd.1, Bern, Stuttgart 1968, S. 111.

Für KASPAR liegt somit der Vorteil der Systemtheorie "in der erleichterten Betrachtungsweise von komplexen, d.h. vielschichtigen Erscheinungen und deren Katalogisierung und Kategorisierung. Die Anwendung der Systemtheorie wird ebenfalls dem Streben nach ganzheitlicher, multidisziplinärer Betrachtung und Beurteilung gerecht, wie sie gerade auch im Fremdenverkehr und in der wissenschaftlichen Erforschung des Tourismus von Nöten ist."[1] Das System Fremdenverkehr oder Tourismus kann demnach wie folgt dargestellt werden (vgl. Abb. 2).

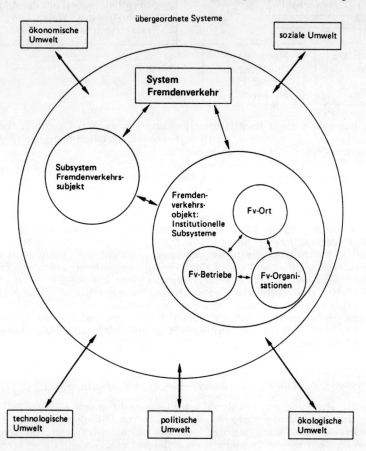

Abb. 2: Das System Tourismus

Q u e l l e : KASPAR, C., Die Fremdenverkehrslehre im Grundriß, a.a.O., S. 14

---

[1] KASPAR, C., Die Anwendung der Systemtheorie zur Lösung methodischer Probleme der Fremdenverkehrswissenschaft und -wirtschaft, in: Festschrift zur Vollendung des 70. Lebensjahres von o. Prof. Dkfm. Dr. Paul BERNECKER, hrsg. von W. ENDER, Beiträge zur Fremdenverkehrsforschung, Wien 1978, S. 20; vgl. in diesem Zusammenhang auch ders., Neuere wissenschaftliche Erkenntnisse zum Fremdenverkehrs- bzw. Tourismusbegriff, in: Revue de tourisme, 34. Jg. (1979), Nr. 2, S. 5 - 9.

Der Fremdenverkehr ist somit umgeben von der ökonomischen, sozialen, politischen, technologischen und ökologischen Umwelt und wird als offenes und dynamisches System einerseits von dieser Umwelt beeinflußt, andererseits prägt er diese Umwelt mit. In dem System Fremdenverkehr stellt KASPAR in vereinfachter Form die Gesamtheit der Beziehungen und Erscheinungen des Fremdenverkehrs mit seinen Verbindungen zu über- und nebengeordneten Systemen (Umwelt) sowie zu seinen eigenen Elementen (Subsysteme) dar.[1]

In der folgenden Untersuchung sollen für die Subsysteme anstatt der Begriffe Fremdenverkehrssubjekt und Fremdenverkehrsobjekt die Begriffe Nachfrager und Anbieter von Tourismusleistungen verwendet werden.[2] So können Betriebe als Anbieter von Fremdenverkehrsleistungen nicht nur als aktive Wirtschaftseinheiten Objekt der Fremdenverkehrswirtschaft sein, "sondern sind gleichfalls Fremdenverkehrssubjekte, deren Wirtschaften darauf gerichtet ist, Leistungen zu erstellen. Diese Leistungen sind das zielgerichtete Objekt der Fremdenverkehrssubjekte, und zwar sowohl der Anbieter als auch der Nachfrager". Die Elemente der beiden Subsysteme sind demnach der einzelne Tourist als Nachfrager bzw. die einzelnen Fremdenverkehrsorte, -betriebe und -organisationen als Anbieter von Fremdenverkehrsleistungen. Verknüpft werden die Subsysteme durch das Produkt des Fremdenverkehrs "Reise und Aufenthalt", das "Spektrum der einzelnen Leistungen und Gegenleistungen von Anbietern und Nachfragern". Die folgende Abbildung möge diesen Systemzusammenhang verdeutlichen (vgl. Abb. 3).

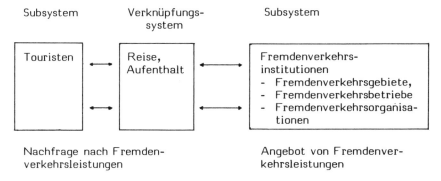

Abb. 3: Die Verknüpfung der Elemente und Subsysteme im Tourismus

Q u e l l e : VOSS, J., Die Bedeutung des Tourismus für die wirtschaftliche Entwicklung. Ein Beitrag zur Integration von Tourismusforschung und Entwicklungspolitik, Reihe Wirtschaftswissenschaften, Bd. 3, Pfaffenweiler 1984, S. 17

Es ist nun möglich, das dargestellte Denkmodell "System Fremdenverkehr" durch Umschreibung des räumlichen Standortes zu konkretisieren: z.B. System Fremden-

---

[1] Vgl. KASPAR, C., Die Anwendung der Systemtheorie zur Lösung methodischer Probleme der Fremdenverkehrswissenschaft und -wirtschaft, a.a.O., S. 20.

[2] Vgl. VOSS, J., Die Bedeutung des Tourismus für die wirtschaftliche Entwicklung. Ein Beitrag zur Integration von Tourismusforschung und Entwicklungspolitik, Reihe Wirtschaftswissenschaften, Bd. 3, Pfaffenweiler 1984, S. 15 f., passim.

verkehr Bundesrepublik Deutschland. [1] Ein Fremdenverkehrskonzept für die Bundesrepublik Deutschland - aufbauend auf der Tourismusdefinition von KASPAR - mit Mitteln der Systemtheorie zu erarbeiten, bietet sich aus folgenden Gründen an:

- Die Definition ist eine Universaldefinition, die dem multidisziplinären Charakter des Fremdenverkehrs gerecht wird. Gleichzeitig ist sie von langfristiger Gültigkeit, d.h. daß weitere Strukturwandlungen des Tourismus in der Definition eingeschlossen sind, wie auch die Analyse ihrer jeweiligen Auswirkungen auf die Umwelt.[2]

- Die Orientierung an der systemorientierten Denkweise bietet die Gewähr dafür, daß die Thematik ganzheitlich, problemorientiert und zukunftsgerichtet sowie trägerbezogen dargestellt werden kann; denn nach FUCHS kann die Systemanalyse "nicht als vollkommen neu bezeichnet werden, sie stellt jedoch eine Erweiterung der Analyse als generelle Methode rationalen menschlichen Handelns dar. Ausschlaggebend für die Konzeption der systemtheoretisch fundierten Systemanalyse ist die Annahme, daß das Verhalten komplexer Systeme nicht nur aus den Eigenschaften ihrer Elemente erklärt werden kann, sondern daß Zustände und Verhaltensweisen von Systemen von den Beziehungen zwischen Elementen abhängig sind, da die in den Systemelementen potentiell vorhandenen Eigenschaften erst durch Beziehungen aktiviert werden."[3]

Da häufig Unklarheiten über den Begriff "Freizeit" bestehen, erscheint es abschließend sinnvoll, den theoretischen Zuammenhang zwischen Freizeit, Tourismus und Naherholung darzustellen.

Der Freizeitforscher DUMAZEDIER umschreibt die Freizeit "als Gesamtheit der Beschäftigungen, denen sich das Individium nach freiem Belieben hingeben kann, sei es, um sich zu erholen, zu vergnügen, seine frei gewählte Ausbildung und Information im Sinne seiner sozialen Beteiligung zu verbessern, und zwar nach seiner Befreiung von beruflichen, familiären und sozialen Pflichten".[4] Abb. 4 zeigt die Untergliederung der Freizeit in Tages-, Wochenend- und Urlaubsfreizeit.

---

[1] Vgl. VOSS, J., a.a.O., S. 26, in Verbindung mit WÖLM, D., Marketing für Deutschlandreisen unter besonderer Berücksichtigung der Strategie der Marktsegmentierung, Diss., Mannheim 1980, S. 10 f.

[2] Vgl. FISCHER, D., Qualitativer Fremdenverkehr, St. Galler Beiträge zum Fremdenverkehr und zur Verkehrswirtschaft, Reihe Fremdenverkehr, Bd. 17, Bern, Stuttgart 1985, S. 30 ff.

[3] FUCHS-WEGENER, G., Systemanalyse im Betrieb, in: Handwörterbuch der Betriebswirtschaft, Stuttgart 1976[4], Sp. 3810.

[4] KASPAR, C., Die Fremdenverkehrslehre im Grundriß, a.a.O., S. 21; DUMAZEDIERS Definition lautet: "Leisure is activity - apart from the obligations of work, family and society - to which the individual turns at will, for either relaxation, diversion, or broadening his knowledge and his spontaneous social participation, the free exercise of his creative capacity." DUMAZEDIER, J., Toward a society of leisure, New York, London 1967, S. 16 f.; vgl. ferner ders., Leisure, in: International Encyclopedia of the Social Sciences, hrsg. von D.L. SILLS, o.O. 1968, S. 248 - 254.

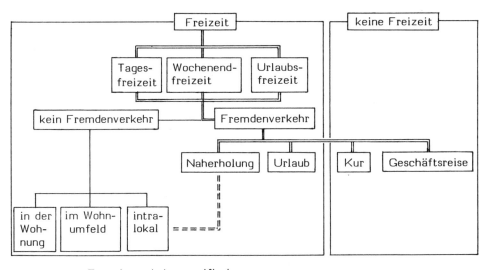

```
┌──────────────────────┐            ┌──────────────────────┐
│      Freizeit         │            │   keine Freizeit      │
└──────────────────────┘            └──────────────────────┘
   ┌─────────┬─────────┬──────────┐
   │ Tages-  │Wochenend-│ Urlaubs- │
   │freizeit │freizeit  │ freizeit │
   └─────────┴─────────┴──────────┘
 ┌────────────────┐      ┌──────────────────┐
 │kein Fremdenverkehr│   │ Fremdenverkehr   │
 └────────────────┘      └──────────────────┘
        ┌──────────────┬────────┬──────┬──────────────┐
        │ Naherholung  │ Urlaub │ Kur  │ Geschäftsreise│
        └──────────────┴────────┴──────┴──────────────┘
 ┌────────┬─────────┬────────┐
 │ in der │ im Wohn-│ intra- │
 │ Woh-   │ umfeld  │ lokal  │
 │ nung   │         │        │
 └────────┴─────────┴────────┘
```

══════ : Fremdenverkehrsspezifisch
─────── : nicht fremdenverkehrsspezifisch
═════ : fremdenverkehrsübergreifend

Abb. 4: Der Zusammenhang zwischen Freizeit, Tourismus und Naherholung

Q u e l l e : In Anlehnung an JURCZEK, P., Freizeit, Fremdenverkehr und Naherholung, in: Praxis Geographie, 11. Jg. (1981), Heft 2, S. 46

Während der Urlaubsverkehr ganz eindeutig als Fremdenverkehrsform zu bezeichnen ist, stellen der Kur- und Geschäftsreiseverkehr sowie die Naherholung
lediglich Sonderformen des Tourismus gemäß der Definition von KASPAR dar.
Problematisch ist allerdings, wie die Abbildung verdeutlicht, die Einbeziehung des
Naherholungsverkehrs in die Tourismusdefinition. Die Naherholung umfaßt "die
inner- und außerstädtischen Erholungsarten von der stundenweisen Erholung (besser
Entspannung) bis hin zur Wochenend- und teilweise zur Feiertagserholung". [1] Aufgrund häufiger räumlicher und temporärer Überlappung von Urlaubs- und Naherholungsverkehr - im besonderen beim Wochenendverkehr - ist der Naherholungsverkehr kaum abgrenzbar und statistisch erfaßbar. Die spezifischen Eigenarten und
raumrelevanten Auswirkungen des Phänomens Naherholung werden im Rahmen dieser Studie nicht erörtert; der Naherholungsverkehr spielt hier nur die Rolle eines
Ergänzungsfaktors innerhalb des Komplexes Erholung.

---

[1] RUPPERT, K., MAIER, J., Naherholungsraum und Naherholungsverkehr. Ein
sozial- und wirtschaftsgeographischer Literaturbericht zum Thema Wochenendtourismus, hrsg. vom Studienkreis für Tourismus e.V., Starnberg 1969, S. 2.

B. BESTIMMUNGSFAKTOREN FÜR DEN TOURISMUS

Reisen als Form menschlichen Verhaltens findet sich in verschiedenen, bereits sehr frühen geschichtlichen Perioden in unterschiedlicher Ausprägung, Intensität und mit unterschiedlicher zugrundeliegender Motivation. Als Beispiele seien genannt der Sporttourismus (Olympiaden 770 v. Chr.) oder der Heiltourismus (Epidaurus, Bäderreisen der Römer) im Altertum, der Wallfahrtstourismus (Rom, Santiago de Compostela) im Mittelalter sowie der Bildungstourismus (Entdeckungsreisen) in der Neuzeit.[1] Gemeinsame Merkmale der frühen Erscheinungsformen des Reisens sind die Beschränkung der Reisefähigkeit auf einen kleinen elitären Teil der Bevölkerung und eine weitgehend individuelle Planung, Ausgestaltung und Durchführung der Reise. Erst mit Beginn der Industrialisierung entwickelt sich das Reisen mit zunehmendem Einkommen und wachsender Freizeit insoweit allmählich zum gesellschaftlichen Phänomen, als immer weiteren Bevölkerungskreisen das Reisen zugänglich gemacht wird.

Zum eigentlichen stürmischen Aufschwung kommt es dann in den 50er Jahren, bedingt durch den raschen Anstieg des Wohlstandes (das sogenannte Wirtschaftswunder) und den rapiden Zugewinn an Freizeit, begünstigt und beschleunigt durch die technologischen sowie ökonomischen Entwicklungen im Auto- und Flugverkehr. Diese Faktoren schaffen die Voraussetzung für eine bisher unbekannte Mobilität und eine neue Einstellung zur Freiheit und Freizügigkeit. Innerhalb kürzester Zeit wurden die industriellen Dimensionen des heutigen Tourismus - gerade was seine Massenbasis betrifft - erreicht.

Vier Faktoren[2] - vereinfacht dargestellt in Abb. 5 - haben nach KRIPPENDORF diese Entwicklung entscheidend beeinflußt:

- Der wachsende Wohlstand in Form steigender Einkommen und damit die Erhöhung des verfügbaren Realeinkommens.
  Die in der Zeit seit dem zweiten Weltkrieg generelle Erhöhung der Realeinkommen hat wesentlich dazu beigetragen, daß auch Angehörige unterer Sozial- und Einkommensschichten am Tourismus partizipieren können. Von 1960 - 1985 hat sich das verfügbare Realeinkommen pro Einwohner knapp verdoppelt. Das hat eine größere Konsumelastizität zur Folge, da der Anteil von nicht lebensnotwendigen Ausgaben bei steigendem Einkommen überproportional zunimmt.

- Die zunehmende Bevölkerungskonzentration in den Städten und die daraus resultierende temporäre Flucht vor den engen städtischen Lebensverhältnissen (Verstädterung).
  Die fortschreitende Urbanisierung führt zur temporären Flucht vor den unwirtlichen städtischen Lebensverhältnissen. Die Zahl der Bewohner von Städten mit mehr als 50.000 Einwohnern stieg von 1950 bis 1985 um 10 Mio auf 25,6 Mio.

---

[1] Vgl. KASPAR, C., Die Fremdenverkehrslehre im Grundriß, a.a.O., S. 20 ff. Vgl. auch zur Geschichte des Reisens: SPODE, H., Zur Geschichte des Tourismus - Eine Skizze der Entwicklung der touristischen Reisen in der Moderne, hrsg. vom Studienkreis für Tourismus e.V., Starnberg 1987; KNEBEL, H.-J., Soziologische Strukturwandlungen im modernen Tourismus, Stuttgart 1960.

[2] Vgl. KRIPPENDORF, J., Die Ferienmenschen, Zürich 1984, S. 39 f., passim.

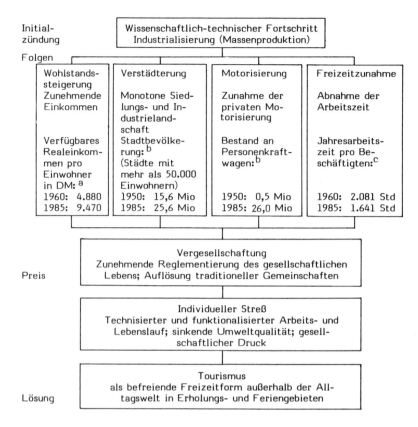

Initial- zündung	Wissenschaftlich-technischer Fortschritt Industrialisierung (Massenproduktion)		
Folgen			
Wohlstands- steigerung Zunehmende Einkommen Verfügbares Realeinkom- men pro Einwohner in DM: [a] 1960: 4.880 1985: 9.470	Verstädterung Monotone Sied- lungs- und In- dustrieland- schaft Stadtbevölke- rung: [b] (Städte mit mehr als 50.000 Einwohnern) 1950: 15,6 Mio 1985: 25,6 Mio	Motorisierung Zunahme der privaten Mo- torisierung Bestand an Personenkraft- wagen: [b] 1950: 0,5 Mio 1985: 26,0 Mio	Freizeitzunahme Abnahme der Arbeitszeit Jahresarbeits- zeit pro Be- schäftigten: [c] 1960: 2.081 Std 1985: 1.641 Std

Preis

Vergesellschaftung
Zunehmende Reglementierung des gesellschaftlichen
Lebens; Auflösung traditioneller Gemeinschaften

Individueller Streß
Technisierter und funktionalisierter Arbeits- und
Lebenslauf; sinkende Umweltqualität; gesell-
schaftlicher Druck

Lösung

Tourismus
als befreiende Freizeitform außerhalb der All-
tagswelt in Erholungs- und Feriengebieten

[a] Eigene Berechnung nach: Deutscher Bundestag (Hrsg.), Jahresgutachten 1987/88 des Sachverständigenrates zur Begutachtung der gesamtwirtschaftlichen Entwicklung, BT-Drucks. 11/1317 vom 24.11.1987, S. 288, S. 302, S. 361.

[b] Statistisches Bundesamt (Hrsg.), Statistisches Jahrbuch für die Bundesrepublik Deutschland, Jg. 1952, S. 23, S. 299; Jg. 1986, S. 60, S. 283.

[c] DIFU-PROJEKTGRUPPE, Veränderungen von Arbeitszeit und Freizeit, in: Arbeitszeit, Betriebszeit, Freizeit - Auswirkungen auf die Raumentwicklung, hrsg. von D. HENCKEL, Schriften des Deutschen Instituts für Urbanistik, Bd. 80, Stuttgart u.a. 1988, S. 67. Es handelt sich hier um die jährlich tatsächlich geleisteten Arbeitsstunden unter Berücksichtigung von tarifvertraglichen Änderungen der Arbeitszeit, Urlaubszeiten, krankheitsbedingten Ausfällen, Teilzeitarbeit und Mehrarbeit.

Abb. 5: Die Boomfaktoren des Tourismus

Q u e l l e : Beratende Kommission für Fremdenverkehr des Bundesrates, Das Schweizerische Tourismuskonzept - Grundlagen für die Tourismuspolitik, hrsg. vom Eidg. Verkehrs- und Energiewirtschaftsdepartment, Bern 1979, S. 20; lediglich die Daten wurden auf die Bundesrepublik übertragen.

- Die sprunghafte Motorisierung und die damit verbundene uneingeschränkte private Mobilität.
  Während im Jahr 1950   1 PKW pro 100 Einwohner in der Bundesrepublik Deutschland zugelassen waren, stieg diese Relation im Jahr 1985 auf rd. 43 PKW pro 100 Einwohner. Das Auto ist die eigentliche Schlüsselgröße und das Merkmal, das die Abwicklung des Reisens am meisten verändert hat. Mit dem Personenwagen werden heute ca. 61 % aller Ferienreisen unternommen.[1]

- Die Freizeitzunahme.
  Zentrale Bedeutung innerhalb der Entwicklung der touristischen Nachfrage kommt der Verkürzung der Arbeitszeit - vor allem in Form längerer Wochenenden, längerer Feriendauer, früherer Pensionierung - zu. Arbeitszeitverkürzungen und rechtliche Urlaubsregelungen sind wichtige formale Voraussetzungen des Tourismus, denn ohne größere Zeitblöcke von arbeitsfreier Zeit ist eine Partizipation am Fremdenverkehr nicht zu realisieren. Im Bundesurlaubsgesetz von 1963 wurden erstmalig einheitliche gesetzliche Urlaubsregelungen für die Bevölkerung der Bundesrepublik Deutschland formuliert.[2] Seit 1984 haben 98 % der in der Bundesrepublik tariflich erfaßten Arbeitnehmer einen Tarifurlaub von 4 Wochen und mehr (vgl. Tab. 1).

Tab. 1: Tarifvertragliche Urlaubsdauer in den Jahren 1974 - 1986

| Jahr | Anspruch auf eine Urlaubsdauer von | | | | Durchschnittliche Urlaubsdauer Arbeitstage = 5 Tage je Woche |
| | 3 bis unter 4 Wochen | 4 bis unter 5 Wochen | 5 bis unter 6 Wochen | über 6 Wochen | |
	hatten ... % der tariflich erfaßten Arbeitnehmer				
1974	15	60	25	0	22,5
1975	15	55	30	0	23
1976	15	49	36	0	23,5
1977	12	49	39	0	24
1978	9	42	49	0	24,5
1979	6	33	59	2	25
1980	5	22	69	4	26
1981	4	19	52	25	27
1982	4	13	45	38	28
1983	4	10	39	47	28,5
1984	2	7	33	58	29
1985	2	5	31	62	29
1986	1	5	29	65	29

Q u e l l e : KOHLER, H., REYHER, L., Arbeitszeit und Arbeitszeitvolumen in der Bundesrepublik Deutschland 1960 - 1986, Datenlage - Struktur - Entwicklung, Beiträge zur Arbeitsmarkt- und Beschäftigungsforschung 123, Nürnberg 1988, S. 42

---

[1] Vgl. SPOHRER, M., Urlaubsreisen 1986. Einige Ergebnisse der Reiseanalyse 1986, hrsg. vom Studienkreis für Tourismus e.V., Starnberg 1987, S. 48.

[2] Vgl. TIETZ, B., Handbuch der Tourismuswirtschaft, München 1980, S. 223.

Die durchschnittliche Jahresarbeitszeit pro Beschäftigten sank von 2.081 Std im Jahr 1960 um 21 % auf 1.641 Std in 1985.[1]

Auslöser für die starke Zunahme des Tourismus sind nach KRIPPENDORF außerdem die Auflösung traditioneller Gemeinschaften und die gestiegene Reglementierung der Arbeits- und Lebensabläufe. Im Tourismus wird die befreiende Freizeitform außerhalb des Alltags als Ausweg aus dem genormten Tagesablauf und psychischer Belastung gesehen.[2]

C. DIE TOURISMUSBRANCHE ALS TEIL DER VOLKSWIRTSCHAFT

Die Tourismusbranche ist Teil des Dienstleistungssektors einer Volkswirtschaft. Dementsprechend werden die von ihr erzielten Ergebnisse in der Wirtschaftsstatistik bzw. der Volkswirtschaftlichen Gesamtrechnung erfaßt. Will man die Tourismusbranche jedoch separat betrachten oder ihre Bedeutung für die gesamte Volkswirtschaft analysieren, so muß eine Reihe von Problemen und Besonderheiten berücksichtigt werden.[3]

- Die Erfassung der Beschäftigten in der Tourismusbranche

Beim Fremdenverkehr - als arbeitsintensivem Dienstleistungssektor - werden direkte Beschäftigungswirkungen (z.B. Arbeitsplätze im Hotel) und indirekte Beschäftigungswirkungen (z.B. Zulieferbetriebe aller Art) unterschieden.[4] Die Erfas-

---

[1] Vgl. DIFU-PROJEKTGRUPPE, a.a.O., S. 74.

[2] Vgl. KRIPPENDORF, J., Die Ferienmenschen, a.a.O., S. 40.

[3] Vgl. zu den folgenden Ausführungen die detaillierten Darstellungen der wirtschaftlichen Auswirkungen des Fremdenverkehrs bei KRIPPENDORF, J., Die ökonomische Dimension. Der Stellenwert des Tourismus in der Wirtschaft, in: Tourismus - das Phänomen des Reisens, Berner Universitätsschriften, Heft 27, Bern 1982, S. 27 ff.; KASPAR, C., Die Fremdenverkehrslehre im Grundriß, a.a.O., S. 118 ff. Als Ergänzung sei hingewiesen auf die Anwendung der Terminologie und des analytischen Instrumentariums der mikro- und makroökonomischen Theorie auf den Reiseverkehr bei SCHULMEISTER, S., Reiseverkehr und Wirtschaftswissenschaft, in: Festschrift zur Vollendung des 70. Lebensjahres von o. Prof. Dkfm. Dr. P. BERNECKER, a.a.O., S. 216 ff.

[4] Zu berücksichtigen sind allerdings nach KASPAR auch die für die Beschäftigung im Fremdenverkehr typischen Problembereiche: z.B. der Dienstleistungscharakter des Tourismus und der damit verbundene Konflikt zwischen Dienstleistungsqualität und kostenbedingtem Rationalisierungszwang, die Wettbewerbsnachteile auf dem Arbeitsmarkt aufgrund beschränkter mengenmäßiger Produktivitätssteigerungen sowie die ungenügende Attraktivität touristischer Arbeitsplätze. Vgl. KASPAR, C., Innovation - eine der Herausforderungen an den Tourismus, in: Jahrbuch der Schweizerischen Tourismuswirtschaft 1987/88, St. Gallen 1988, S. 94 f.

sung der Zahl der fremdenverkehrsbedingten Arbeitsplätze ist sehr problematisch. SCHMIDHAUSER[1] führt dazu u.a. folgende Gründe an:

- Zu den Beschäftigten zählen nicht nur diejenigen, die im Hotel- und Gastgewerbe tätig sind, sondern auch diejenigen, die aus anderen Bereichen des tertiären Sektors unmittelbar (z.B. Fremdenverkehrsamt) oder mittelbar (Banken)sowie aus dem primären und sekundären Sektor (z.B. Landwirtschaft oder Souvenierindustrie) dem Tourismus zuzuordnen sind.

- Auch in Nicht-Fremdenverkehrsgemeinden ist ein minimaler Bestand an gastgewerblichen Arbeitsplätzen zur Befriedigung der Bedürfnisse der Einheimischen vorhanden.

- Die Zahl der Saison- und Teilzeitarbeitsplätze im Fremdenverkehr wird statistisch unzureichend erfaßt.

Als Fazit eines statistischen Vergleiches zwischen Fremdenverkehrs- und Nicht-Fremdenverkehrsgemeinden in der Schweiz leitet SCHMIDHAUSER einige Kennziffern her: 1.000 Fremdenverkehrsbetten in gewerblichen Betrieben (Hotels, Kurhäuser, Motels, etc.) schaffen ca. 460 Arbeitsplätze im tertiären Sektor, darunter zwei Drittel im Hotel- und Gaststättengewerbe und ein Drittel in anderen Bereichen des Dienstleistungssektors. Zusätzliche Beherbergungskapazität in der Parahotellerie[2] hingegen bewirkt einen statistisch kaum nachweisbaren Beschäftigungseffekt. Beschäftigungseffekte sind daher an erster Stelle von zusätzlichen Hotelbetten zu erwarten - unter der Voraussetzung einer entsprechenden Nachfrage und der Gewährleistung einer befriedigenden Kapazitätsauslastung.[3]

- Die Wertschöpfung im Tourismus

Da die touristische Leistungserstellung in unterschiedlichen Wirtschaftszweigen und Sektoren statistisch erfaßt wird - in den seltensten Fällen erfolgt eine Abgrenzung des Teilbereichs "Tourismus" -, ist es sehr schwierig, über die Volkswirtschaftliche Gesamtrechnung die Wertschöpfung des Fremdenverkehrs zu erfassen.[4] Mit Hilfe der Umsatzmethode ermittelte KOCH[5] 1966 eine noch heute aussagekräftige durch-

---

[1] Vgl. SCHMIDHAUSER, H.P., Der Beschäftigungseffekt des Fremdenverkehrs im tertiären Sektor, dargestellt am Beispiel der Schweiz, in: Tätigkeitsbericht des Instituts für Fremdenverkehr und Verkehrswirtschaft an der Hochschule St. Gallen 1978, St. Gallen 1979, S. 24 ff.

[2] Unter Parahotellerie sind alle jene Beherbergungs- und Unterkunftsformen, die nicht der traditionellen Hotellerie (Hotel, Gasthof, Pension, Kurhaus) zugeordnet werden, zu verstehen: z.B. Camping, Ferienwohnungen, -häuser oder Jugendherbergen.

[3] Vgl. SCHMIDHAUSER, H.P., Der Beschäftigungseffekt des Fremdenverkehrs im tertiären Sektor - dargestellt am Beispiel der Schweiz, a.a.O., S. 31.

[4] So könnte das Einkommen eines Busfahrers in einer Tourismusregion, der auch Touristen befördert, sowohl dem Tourismussektor als auch dem Verkehrssektor zugeordnet werden.

[5] Vgl. KOCH, A., Die gegenwärtige wirtschaftliche Bedeutung des Fremdenverkehrs unter besonderer Berücksichtigung der im Fremdenverkehr erzielten Umsätze und der Wertschöpfung, in: Jahrbuch für Fremdenverkehr, 14. Jg. (1966), S. 25 f.

schnittliche Wertschöpfungsquote[1] für Fremdenverkehrsleistungen von 40 % des Umsatzes. Noch schwieriger wird die Abgrenzung, wenn die vom Tourismus ausgehenden und in den Tourismusbereich hineinwirkenden Multiplikatoreffekte berücksichtigt werden sollen.

- Die Erfassung des Tourismus in der Zahlungsbilanz

Ausländische Touristen stellen für das Gastland einen Dienstleistungsexport dar. Die Einnahmen/Ausgaben aus dem internationalen Fremdenverkehr werden daher zahlungsbilanzmäßig ebenso behandelt wie die Exporte/Importe der Handelsbilanz.

- Die Erfassung der volkswirtschaftlichen Kosten des Tourismus

Nicht anders als für alle anderen Sektoren der Volkswirtschaft fehlt eine Erfassung und Bewertung der durch den Tourismus entstandenen volkswirtschaftlichen Kosten (besonders der langfristigen Kosten). Die Volkswirtschaftliche Gesamtrechnung ist daher für ein langfristig ausgelegtes tourismuspolitisches Konzept als Datenbasis unzureichend. Der Bruttosozialproduktsanteil des Tourismus allein könnte somit nicht als Gradmesser des volkswirtschaftlichen Nutzens dienen.[2]

D. DER SYSTEMZUSAMMENHANG ZWISCHEN TOURISMUS UND TOURISMUSPOLITIK

Unter Fremdenverkehrspolitik ist "die bewußte Förderung und Gestaltung des Fremdenverkehrs durch Einflußnahme auf die touristisch relevanten Gegebenheiten seitens von Gemeinschaften zu verstehen".[3]

Unter diese "Gemeinschaften" sind folgende Träger der Fremdenverkehrspolitik zu fassen:

- öffentlich-rechtliche Körperschaften (Bund, Land, Kommune)
- privatrechtliche Institutionen (Verbände, Vereine)
- nur lose verbundene Interessengruppen (Aktionsgemeinschaften).

Die aufgeführte Begriffsbeschreibung ist umfassend und begründet damit den Bezugsrahmen für eine Fremdenverkehrspolitik, die nicht nur wirtschaftliche, sondern u.a. auch soziale und ökologische Interessen vertritt. Gleichzeitig rückt sie die direkte Fremdenverkehrspolitik (Fremdenverkehrspolitik im engeren Sinn), die

---

[1] Man kann davon ausgehen, daß Vorleistungen, Abschreibungen und indirekte Steuern seit 1966 nicht überproportional gestiegen sind. Vgl. zur Anwendung dieser Wertschöpfungsquote auch KOCH, A., Wirtschaftliche Bedeutung des Fremdenverkehrs in ländlichen Gebieten, in: Entwicklung ländlicher Räume durch den Fremdenverkehr, Schriftenreihe 06 "Raumordnung" des Bundesministers für Raumordnung, Bauwesen und Städtebau, Heft Nr. 06.058, Koblenz 1986, S. 15 f.

[2] Vgl. dazu Gliederungspunkt III. A. 3).

[3] KASPAR, C., Fremdenverkehrslehre im Grundriß, a.a.O., S. 133.

primär die Gestaltung des Tourismus bezweckt, in den Vordergrund. Ergänzend sei auf die indirekte Fremdenverkehrspolitik (Fremdenverkehrspolitik im weiteren Sinn), die den Tourismus mittelbar - über Maßnahmen in anderen Wirtschaftszweigen - tangiert, hingewiesen.[1]

Die Vielfalt der Erscheinungsformen des Tourismus[2] bedingt, daß sich die Fremdenverkehrspolitik stärker als andere Politikbereiche mit einem außerordentlich breit gefächerten Aufgabenfeld konfrontiert sieht. So sind siedlungsstrukturelle Entwicklungstendenzen ebenso zu beachten wie die Arbeitsbedingungen im Fremdenverkehrsgewerbe, die Markttransparenz bei Anbietern und Nachfragern, internationale Vereinbarungen oder die Regelungen der Ferienzeiten.

Abb. 6 stellt schematisch die Einbindung der Fremdenverkehrspolitik in andere Politikbereiche dar.[3] Aufbauend auf einer Analyse des Fremdenverkehrsmarktes und der Ermittlung der jeweiligen spezifischen Determinanten der Marktkomponenten wird der Systemzusammenhang "Fremdenverkehrsmarkt - Fremdenverkehrspolitik" entwickelt. Die jeweiligen Bestimmungsfaktoren der Marktkomponenten liegen in der Einflußzone eines oder mehrerer Politikbereiche. Somit sind Ziele und Maßnahmen, die Einfluß auf die Gestaltung der Determinanten nehmen, fremdenverkehrsrelevant und daher Bestandteil der Fremdenverkehrspolitik. Folgende Wirkungszusammenhänge sind dabei zu unterscheiden:

I. Die Zusammenhänge zwischen den verschiedenen Bestimmungsfaktoren der Nachfrage nach Fremdenverkehrsleistungen und den einzelnen Fremdenverkehrsarten;

II. die Zusammenhänge zwischen den verschiedenen Politikbereichen, in deren Rahmen Fremdenverkehrspolitik stattfindet, und den einzelnen Bestimmungsfaktoren der Nachfrage;

III. die Zusammenhänge zwischen den verschiedenen Bestimmungsfaktoren des Angebots von Fremdenverkehrsleistungen und den einzelnen Angebotsarten;

IV. die Zusammenhänge zwischen den Politikbereichen der Fremdenverkehrspolitik und den einzelnen Bestimmungsfaktoren des Angebots;

V. die Zusammenhänge zwischen den Bestimmungselementen der Abstimmung von Angebot und Nachfrage sowie der Auslastung des Angebots;

VI. die Zusammenhänge zwischen Politikbereichen der Fremdenverkehrspolitik und den verschiedenen Bestimmungselementen der Abstimmung von Angebot und Nachfrage.

---

[1] Vgl. KRIPPENDORF, J., KRAMER, B., MÜLLER, H., Freizeit und Tourismus. Eine Einführung in Theorie und Politik, Berner Studien zum Fremdenverkehr, Heft 22, Bern 1987[2], S. 117 f.

[2] Vgl. Gliederungspunkt II. A.

[3] Vgl. zu den folgenden Ausführungen Prognos AG (Hrsg.), Informationsbedarf für die Fremdenverkehrspolitik in der Bundesrepublik Deutschland, Untersuchungen im Auftrag des Bundesministers für Wirtschaft, Basel 1976, S. 7 ff.

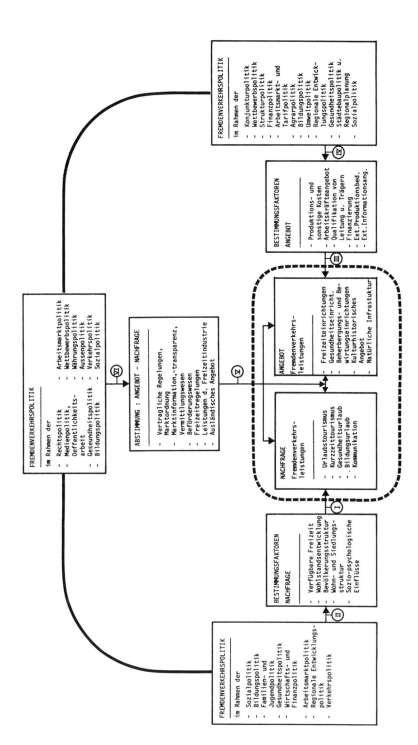

Abb. 6: Der Systemzusammenhang Tourismus - Tourismuspolitik

Q u e l l e :   Prognos AG (Hrsg.), a.a.O., S. 9

33

In Anlehnung an und unter Erweiterung der dargestellten Wirkungsketten sind in Abb. 7 direkte und indirekte Maßnahmen der staatlichen Fremdenverkehrspolitik, die Nachfrage und Angebot von Fremdenverkehrsleistungen sowie den Fremdenverkehrsmarkt beeinflussen, zusammengefaßt.

Tourismuspolitik ist demnach eine "Querschnittsaufgabe", die eine Synthese von wirtschaftlichen und nicht wirtschaftlichen Zielen erfordert.[1] Es zeigt sich allerdings immer wieder, daß die unterschiedlichen Ziele zu Zielkonflikten führen, die gesamtheitlich eine Relativierung der Zielsetzung in den verschiedenen Teilbereichen der Fremdenverkehrspolitik, gleichzeitig aber auch eine Prioritätensetzung bedingen. So muß eine richtig verstandene Tourismuspolitik, die wirtschaftliches Wachstum und Förderung der sozio-ökonomischen Bedingungen in den Zielgebieten des Tourismus zum Ziel hat, die Erfordernisse des Umweltschutzes insofern berücksichtigen, als mit der Umwelt das jeweilige Grundkapital der Tourismusregionen erhalten bleiben muß.[2]

III. ÖKONOMISCHE BEGRÜNDUNG DER NOTWENDIGKEIT EINES TOURISMUSKONZEPTS

A. CHARAKTERISTIKA DES TOURISMUSMARKTES

Nach den vorangegangenen Eingrenzungen des Phänomens "Fremdenverkehr", die seine Interdisziplinarität zum Ausdruck brachten, sollen nun die spezifischen Charakteristika des Fremdenverkehrsmarktes beschrieben werden.

Aus der Sicht der Preis- und Markttheorie kann die Situation auf dem Fremdenverkehrsmarkt als polypolistisch-heterogene Konkurrenz klassifiziert werden. Der Wettbewerb gilt als unvollkommen, da von vielen touristischen Anbietern mehr oder weniger unterschiedliche (heterogene) Güter angeboten werden, wobei die Heterogenität sowohl auf objektiven Gütereigenschaften als auch auf Konsumenteneinschätzung beruhen kann.[3]

Im folgenden werden die für die Entwicklung einer Fremdenverkehrskonzeption relevanten, charakteristischen Eigenschaften der touristischen Nachfrage und des touristischen Angebots dargestellt.

---

[1] Vgl. LINDE, J., ROTH, E., a.a.O., S. 60.

[2] Vgl. KASPAR, C., Fremdenverkehrslehre im Grundriß, a.a.O., S. 133 f.

[3] Vgl. WOLL, A., Allgemeine Volkswirtschaftslehre, München 1981[7], S. 187 - 215.

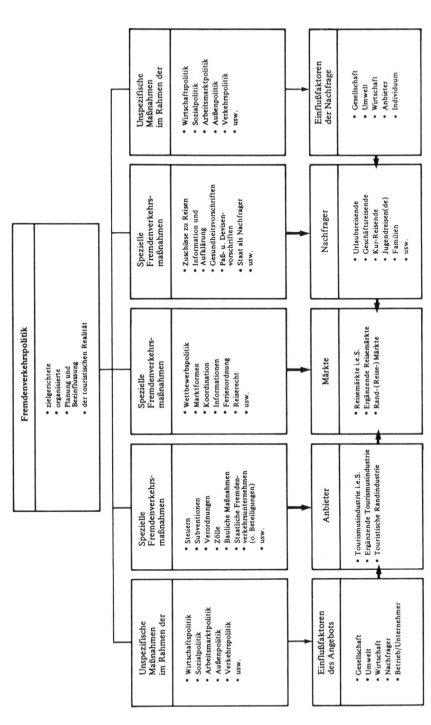

Fremdenverkehrspolitik

- zielgerichtete
- organisierte
- Planung und Beeinflussung der touristischen Realität

Unspezifische Maßnahmen im Rahmen der	Spezielle Fremdenverkehrs-maßnahmen	Spezielle Fremdenverkehrs-maßnahmen	Spezielle Fremdenverkehrs-maßnahmen	Unspezifische Maßnahmen im Rahmen der
• Wirtschaftspolitik • Sozialpolitik • Arbeitsmarktpolitik • Außenpolitik • Verkehrspolitik • usw.	• Steuern • Subventionen • Verordnungen • Zölle • Bauliche Maßnahmen • Staatliche Fremden-verkehrsunternehmen (o. Beteiligungen) • usw.	• Wettbewerbspolitik • Marktformen • Koordination • Informationen • Ferienordnung • Reiserecht • usw.	• Zuschüsse zu Reisen • Information und Aufklärung • Gesundheitsvorschriften • Paß- u. Devisen-vorschriften • Staat als Nachfrager • usw.	• Wirtschaftspolitik • Sozialpolitik • Arbeitsmarktpolitik • Außenpolitik • Verkehrspolitik • usw.

Einflußfaktoren des Angebots	Anbieter	Märkte	Nachfrager	Einflußfaktoren der Nachfrage
• Gesellschaft • Umwelt • Wirtschaft • Nachfrager • Betrieb/Unternehmer	• Tourismusindustrie i.e.S. • Ergänzende Tourismusindustrie • Touristische Randindustrie	• Reisemärkte i.e.S. • Ergänzende Reisemärkte • Rand-(Reise-)Märkte	• Urlaubsreisende • Geschäftsreisende • Kur-Reisende • Jugendreisen(de) • Familien • usw.	• Gesellschaft • Umwelt • Wirtschaft • Anbieter • Individuum

Abb. 7: Einflußmöglichkeiten staatlicher Tourismuspolitik

Q u e l l e : FREYER, W., Tourismus: Einführung in die Fremdenverkehrsökonomie, München, Wien 1988, S. 266

1) Die touristische Nachfrage[1]

Nach KASPAR stellt die touristische Nachfrage die Bereitschaft des Touristen dar, "verschiedene bestimmte Mengen touristischer Güter zu verschiedenen bestimmten Geldmengen einzutauschen, d.h. zu erwerben ".[2]

Diese Definition hält fest, daß Touristen kein homogenes Gut, sondern vielmehr eine sehr große Zahl von einzelnen unterschiedlichen Leistungen nachfragen.

Trotz der Heterogenität der nachgefragten Leistungen gelten für die touristische Nachfrage die gleichen Determinanten wie für jede andere Nachfrage nach Gütern und Dienstleistungen. Ausschlaggebend für das jeweilige Ausmaß der Nachfrage ist demnach, unter Berücksichtigung der Einkommensrestriktionen, der Nutzen eines touristischen Gutes in Relation zu seinem Preis.

Neben ökonomischen Größen beeinflussen u.a. soziale und demographische Faktoren die touristische Nachfrage. Dabei wird an dieser Stelle auf eine ausführliche Diskussion der Korrelation zwischen touristischer Nachfrage einerseits und sozioökonomischen Faktoren andererseits verzichtet.[3] Für eine realitätsnahe Erfassung und Planung des Fremdenverkehrs und der Fremdenverkehrsentwicklung ist es jedoch notwendig, ökonomische, berufliche, bildungsmäßige und siedlungsstrukturelle Restriktionen, die die Partizipation am Tourismus beeinflussen, zumindest zu berücksichtigen. Ihre Wirkung wird daher im folgenden thesenartig umrissen:[4]

1. Die Reiseintensität[5] steigt mit zunehmendem durchschnittlichen Haushaltseinkommen einer Bevölkerungsgruppe.

2. Die Reiseintensität steigt mit zunehmendem Bildungsgrad.

---

[1] Die folgenden Ausführungen beziehen sich auf den Urlaubs- und Erholungsreiseverkehr. Der Geschäftsreiseverkehr wird nicht gesondert behandelt, da die Nachfrage in den meisten Fällen keinen persönlichen Entscheidungskriterien unterliegt.

[2] KASPAR, C., Die Fremdenverkehrslehre im Grundriß, a.a.O., S. 113.

[3] Vgl. zur Darstellung der ökonomischen Einflußgrößen und der Nachfragefunktion im Tourismus u.a. McINTOSH, R.W., GOELDNER, Ch.R., Tourism: Principles, Practices, Philosophies, New York u.a. 1984[4], S. 189 ff.; SCHULMEISTER, S., a.a.O., S. 216 ff.; SMERAL, E., Ökonomische Erklärungsfaktoren der langfristigen Entwicklung der touristischen Nachfrage, in: Revue de tourisme, 40. Jg. (1985), Nr. 4, S. 20 - 26.

[4] Vgl. STEINECKE, A., Gesellschaftliche Grundlagen der Fremdenverkehrsentwicklung, in: Tourismus-Management, a.a.O., S. 39 ff.

[5] Unter Reiseintensität ist der prozentuale Anteil jener Personen an der Gesamtbevölkerung oder an bestimmten Bevölkerungsgruppierungen zu verstehen, die im Laufe des untersuchten Zeitraumes mindestens eine Privatreise (mit vier und mehr Übernachtungen) unternommen haben. Sie ist deshalb von Interesse, weil sie aussagt, welcher Bevölkerungsteil eines Landes oder eines bestimmten Marktsegmentes am Reiseverkehr teilnimmt. Vgl. dazu die Ausführungen von SCHMIDHAUSER, H.P., Nettoreiseintensität, Bruttoreiseintensität und Reisehäufigkeit, in: Festschrift zur Vollendung des 65. Lebensjahres von o. Prof. Dkfm. Dr. P. BERNECKER, hrsg. von W. ENDER, Beiträge zur Fremdenverkehrsforschung, Wien 1973, S. 145 - 152.

3. Die Reiseintensität ist abhängig vom beruflichen Status (Unterschiede in der Reiseintensität z.B. zwischen Arbeitern und Angestellten).

4. Die Reiseintensität sinkt mit zunehmendem Alter.

5. Die Reiseintensität steigt mit zunehmender Wohnortsgröße.

6. Die Reiseintensität steigt mit zunehmendem Urbanisierungsgrad des Herkunftsgebietes.

Bestimmend dafür, welche Art von Leistung der Bedarfsstruktur der Touristen entspricht, sind neben diesen gesellschaftlichen Steuerfaktoren individuelle und subjektive Einflußgrößen. HUNZIKER und KRAPF bezeichnen diese wesentlichen Determinanten als irrationalen Faktor der Fremdenverkehrsnachfrage: "Auf kaum einem anderen Gebiet werden wirtschaftliche Gestaltung und Abwicklung derart beeinflußt und bestimmt durch Momente, denen der Charakter des Unberechenbaren, Unabschätzbaren und Irrationalen innewohnt . . . . Er (der Tourist; der Verf.) handelt hier nicht als homo oeconomicus, sondern läßt sich leiten von Laune, Geschmack, nicht zuletzt von Eitelkeit und Nachahmungstrieb, beides Neigungen, die ihrerseits wieder im Geltungsbedürfnis wurzeln."[1]

Die individuellen Nachfrageausprägungen sind abhängig von der Motivation für Reise und Aufenthalt. Grundsätzlich lassen sich - vereinfacht - die Motive auf zwei Grundpositionen reduzieren: Die "Konträr-Haltung" wird durch eine "Weg-von"-Motivation bestimmt und äußert sich in Urlaubsinteressen wie Erholung, Entspannung, Ausgleich, Ablenkung und Herauskommen aus dem Alltag. Die "Komplementär-Haltung" ist durch eine "Hin-zu"-Motivation gekennzeichnet: Der Urlaub erscheint als Zeitraum der Selbstverwirklichung und der Aktivität zur Ergänzung der Erfahrungen des Alltags.[2]

Diese Grundpositionen ermöglichen es - mit Methoden der Persönlichkeitspsychologie - , Urlaubertypen abzugrenzen, die sich hinsichtlich ihrer Erwartungshaltungen und Verhaltensweisen voneinander unterscheiden. So beschreiben FINGERHUT et al.[3] sieben Freizeitverhaltenstypen. Als Beispiele seien u.a. der Wandertyp, der Sporttyp und der Bildungstyp genannt.

Da die persönlichkeitspsychologischen Typisierungen von Urlaubern die sozialen und ökonomischen Determinanten des Reiseverhaltens vernachlässigen, sind sie natürlich nur bedingt in der Lage, die touristische Realität zu erfassen. Differenzierte Klassifikationen und Typisierungen, die das Reiseverhalten in Verhaltens-,

---

[1] HUNZIKER, W., KRAPF, K., a.a.O., S. 255.

[2] Vgl. als exemplarische Studien zur Motivforschung ENZENSBERGER, H.M., a.a.O.; HARTMANN, K.D., Psychologie des Reisens, in: Reisen und Tourismus, hrsg. von N. HINSKE und M.J. MÜLLER, Trier 1979, S. 15 - 21; HAHN, H., SCHADE, B., Psychologie und Fremdenverkehr, in: Wissenschaftliche Aspekte des Fremdenverkehrs. Veröffentlichungen der Akademie für Raumforschung und Landesplanung, Forschungs- und Sitzungsberichte, Bd. 53, Hannover 1969, S. 35 - 53; sowie Ergebnisse der Reiseanalysen, vgl. Studienkreis für Tourismus e.V. (Hrsg.), Reiseanalyse, Jg. 1970 - 1988, Starnberg 1971 - 1989.

[3] Vgl. FINGERHUT, C., et al., Arbeitsmethoden zur Bewertung der Erholungseignung eines landschaftlichen Angebots für verschiedene Typen von Erholungssuchenden, in: Landschaft und Stadt, 5. Jg. (1973), S. 162 - 171.

Motiv- und Raumdimensionen zu strukturieren vermögen, sind dennoch für eine umfassende Fremdenverkehrsplanung grundlegend.[1] So nimmt OPASCHOWSKI eine Typisierung von Reisebedürfnissen vor, bei der er einen Bezug zwischen Reisemotivation und bevorzugter Fremdenverkehrsart herstellt (vgl. Tab. 2).

Diese ausführliche Auseinandersetzung mit den Reisemotiven bzw. -bedürfnissen und den damit verbundenen bevorzugten Fremdenverkehrsarten ist für die Entwicklung eines Tourismuskonzeptes aus folgenden Gründen bedeutsam:

- Die Nachfrage nach Fremdenverkehrsleistungen ist letztlich von der Motivationsstruktur der Urlauber abhängig. Aus den Motiven wird die Bedarfsstruktur der Haushalte abgeleitet, und den einzelnen Bedürfnissen wird entsprechend der Befriedigung, die ein Kauf von Gütern und Diensten den einzelnen Wirtschaftssubjekten bringt, eine Priorität zugeordnet. Unter der Restriktion des verfügbaren Einkommens und dem Einfluß der Güterpreise äußert sich der Bedarf als Nachfrage am Markt.[2]

- Aus betriebswirtschaftlicher Sicht ist es für einen Anbieter von Tourismusleistungen eine marketingpolitische Aufgabe, durch eine zielgerichtete Produktsortimentsgestaltung dem Motivationsprofil der Urlauber gerecht zu werden.

- Für die Erstellung eines Fremdenverkehrskonzeptes ist in diesem Zusammenhang zu untersuchen, welche speziellen Motivationen Reisen in ein bestimmtes Land bzw. innerhalb eines Landes begünstigen und welche Gruppen von Touristen entsprechend für einen Urlaub z.B. in der Bundesrepublik Deutschland gewonnen werden können. Die daraus resultierende Prognose, welche Nachfrage in qualitativer und quantitativer Hinsicht zu erwarten ist, ist die Grundlage für die Fremdenverkehrsplanung.

2) Das touristische Angebot

Das touristische Angebot umfaßt die Gesamtheit aller Sach- und Dienstleistungen,[3] die geeignet sind, "das Ortsveränderungsbedürfnis im Sinne des Fremdenverkehrs zu befriedigen".[4] Es läßt sich - wie jedes andere Angebot - herleiten aus einer

---

[1] Vgl. STEINECKE, A., a.a.O., S. 42 ff.

[2] Vgl. VOSS, J., a.a.O., S. 18.

[3] Das touristische Angebot besteht vorwiegend aus Dienstleistungen. Diese touristischen Dienstleistungen zeichnen sich durch folgende Eigenschaften aus: Notwendigkeit der Kundenpräsenz, Nicht-Lagerfähigkeit, abstraktes Konsumgut. Vgl. die ausführliche Darstellung von KRIPPENDORF, J., Marketing im Fremdenverkehr, Berner Studien zum Fremdenverkehr, Heft 7, Bern, Frankfurt, Las Vegas 1980[2], S. 18 ff. Die Identität von Produktion, Absatz und Konsum bei der Dienstleistungsproduktion führt dazu, daß ihre Produktion ausschließlich von der unmittelbaren Nachfrage abhängig ist. Dementsprechend können die Kapazitätsauslastungen beträchtlich schwanken.

[4] BERNECKER, P., Grundlagenlehre des Fremdenverkehrs, a.a.O., S. 62.

Tab. 2: Typisierung von Reisebedürfnissen und bevorzugter Fremdenverkehrsart

Reisebedürfnis	Kennzeichen der Bedürfnisse	Bevorzugte Fremdenverkehrsart
Rekreationsbedürfnis (Bedürfnis nach Erholung, Entspannung und Wohlbefinden)	- Kräfte sammeln - gesundheitsbetonte Erholung - Intensivierung des Körpergefühls - psychisch-geistige Entspannung - sich frei fühlen von Fehl- und Überbeanspruchung - Ruhe haben - Wohlbefinden	- Erholungsurlaub - Kururlaub - Badekur - Aktiv- und Sporturlaub
Kompensationsbedürfnis (Bedürfnis nach Ausgleich, Ablenkung und Zerstreuung)	- Ausgleich von Mängeln - Abschalten von Belastungen - Befreiung von Anordnungen etc. - Wunsch nach Zwanglosigkeit etc. - Bedürfnis nach Abwechslung - bewußter Lebensgenuß	- Erlebnisurlaub - Abenteuerreisen - Tagesausflüge
Edukationsbedürfnis (Bedürfnis nach Kennenlernen, Weiterlernen und Umlernen)	- Neues kennenlernen und erleben - Neugierverhalten und Probehandeln - Rollenwechsel und Rollenhandeln lernen - Bedürfnis nach Selbstbehauptung und Selbstbestätigung - Ich-Stärke entwickeln können - Lernbedürfnis - Persönlichkeitsveränderung	- Bildungsurlaub - Informationsreisen - Studienreisen
Kontemplationsbedürfnis (Bedürfnis nach Selbstbesinnung, Selbsterfahrung und Selbstfindung)	- sich auf sich selbst besinnen - sich selbst kennen und verstehen lernen - Abstand von sich selbst gewinnen - Wunsch nach möglichst weiter (räumlicher und innerer) Distanzierung - Selbstbefreiung von Streß, Hektik und nervlicher Belastung - die eigene Persönlichkeit ausleben - Identitätsfindung	- stationärer Erholungsurlaub mit weitgehender Beliebigkeit des Zielgebietes

Reisebedürfnis	Kennzeichen der Bedürfnisse	Bevorzugte Fremdenverkehrsart
Kommunikationsbedürfnis (Bedürfnis nach Mitteilung, Sozialkontakt und Geselligkeit)	- Mitteilungsbedürfnis - nicht allein sein wollen - Wunsch nach vielfältigen sozialen Beziehungen - Erlebnisintensivierung durch das Zusammensein mit anderen - Zeit füreinander haben - Sensibilisierung für die Gefühle und Absichten anderer	- Verwandten- und Bekanntenbesuch - Tagungsreisen
Integrationsbedürfnis (Bedürfnis nach Sozialorientierung, Gruppenbezug und gemeinsamer Lernerfahrung)	- Bedürfnis nach emotionaler Zuwendung und Zugehörigkeit - Suche nach emotionaler Sicherheit, sozialer Geborgenheit und Stabilität - sich mit anderen Menschen verbunden fühlen, etc. - Gemeinschaftsbewußtsein, Familienbezug, Gruppengefühl - Lernen richtigen Sozialverhaltens	- Familienurlaub - Gruppenurlaub - Vereinsreisen
Partizipationsbedürfnis (Bedürfnis nach Beteiligung, Mitbestimmung und Engagement)	- Möglichkeiten für Eigeninitiative und Selbstdarstellung - Teilnahme, Teilhabe und Mitwirkung am Geschehen - gemeinsame Ziele anstreben und gemeinsame Vorhaben durchführen - Mitsprache, Mitbestimmung etc. - Kooperations- und Solidaritätsbereitschaft	- Internationale Begegnungen - Gemeinschaftsdienste - Work Camps
Enkulturationsbedürfnis (Bedürfnis nach kultureller Beteiligung, kreativer Erlebnisentfaltung und Produktivität)	- Bedürfnis nach freier Entfaltung persönlicher Fähigkeiten - Wunsch nach eigener schöpferischer Betätigung - ästhetisches Empfinden und Einfallsreichtum entwickeln - selbstbestimmtes Leistungserleben - kulturelle Aktivitäten - Durchsetzen eigener Ideen und Problemlösungen - Persönlichkeitsbereicherung	- Hobbyreisen - Ferienkurse

Q u e l l e : In Anlehnung an OPASCHOWSKI, H., Urlaub - Der Alltag reist mit, in: Psychologie heute, 4. Jg. (1977), Nr. 6, S. 18 - 24, zitiert in: STEINECKE, A., a.a.O., S. 47 f.

Produktionsfunktion, die den Output "Erholung"[1] in Beziehung setzt zu den von den Tourismusanbietern eingesetzten Inputfaktoren.

Das touristische Angebot wird in zwei in sich geschlossene Gruppen untergliedert: das ursprüngliche und das abgeleitete Angebot. Diese prinzipielle Unterscheidung ist sinnvoll, da die Attraktivität der jeweiligen Angebotskategorie und ihr Einfluß auf die Stärke der Touristenströme sowie auf die Kristallisation[2] des Fremdenverkehrs an einem Ort sehr unterschiedlich ausgeprägt sein können.

Unter dem ursprünglichen Angebot werden all diejenigen Faktoren zusammengefaßt, die zwar Richtung und Gestalt des Fremdenverkehrs bestimmen, ursprünglich aber nicht für ihn geschaffen worden sind. Das ursprüngliche Angebot, also die spezifischen Attraktionen eines Gebietes, ist demnach bereits vorhanden, bevor der erste Tourist dieses Gebiet betreten hat - und, wie im folgenden Abschnitt gezeigt werden soll, ist es sogar nur dann in vollem Umfang vorhanden.

Die Komponenten des ursprünglichen Angebots werden daher erst durch den Touristen zu Fremdenverkehrsobjekten.[3]

Die Einflußfaktoren des ursprünglichen Angebots lassen sich wie folgt unterteilen (vgl. Abb. 8).

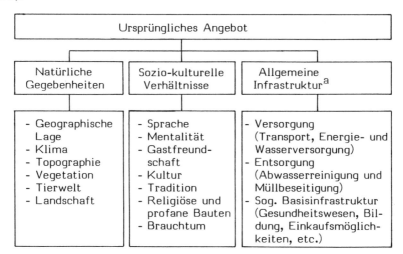

a Unter allgemeiner Infrastruktur ist die Grundausrüstung benutzbarer Einrichtungen, welche die Entfaltung umfassender wirtschaftlicher und gesellschaftlicher Aktivitäten ermöglicht, zu verstehen.

Abb. 8: Elemente des ursprünglichen Angebots

Q u e l l e : Die Darstellung erfolgt in Anlehnung an FISCHER, D., a.a.O., S. 35

---

[1] Erholung ist hier als Oberbegriff für den Zweck aller touristischen Güter und Dienstleistungen zu verstehen.

Fußnoten 2 und 3 siehe folgende Seite

Das abgeleitete Angebot dagegen ist in seiner Zwecksetzung eindeutig auf den Fremdenverkehr ausgerichtet, denn es umfaßt alle Leistungen, die speziell für die touristische Verwendung bereitgehalten werden (vgl. Abb. 9).

Wie bereits erläutert, ist es charakteristisch für die touristische Nachfrage, daß nicht eine einzelne Leistung in Anspruch genommen wird, sondern ein Leistungsbündel.[1] Der Tourist steht einer "kollektiven Produktion"[2] aus Elementen des ursprünglichen bzw. des abgeleiteten Angebotes gegenüber. Nicht nur die Leistungen der jeweiligen Angebotskategorie stehen in einem Komplementärverhältnis zueinander, auch innerhalb einer Gruppe bestehen große Abhängigkeiten, wie beispielsweise zwischen Beherbergung und Verpflegung. Da die einzelnen komplementären Leistungen von verschiedenen Anbietern erstellt werden, sind auch die Anbieter in hohem Grade voneinander abhängig. Die enge Verflechtung der einzelnen Angebotsträger wird in der folgenden Darstellung verdeutlicht (vgl. Abb. 10).

Um der heterogenen touristischen Nachfrage an einem Zielort gerecht werden zu können, müssen demnach nicht nur zahlreiche Anbieter der verschiedenen touristischen Einzelleistungen vorhanden sein, sondern gleichzeitig ist eine hohe Kooperationsbereitschaft der Leistungsträger zur Vermarktung des Leistungsbündels erforderlich.[3]

Die Kooperation zwischen komplementären Leistungsträgern ist allerdings angesichts der zahlreichen unterschiedlichen Anbieter - nicht selten geprägt durch starkes Konkurrenzdenken - häufig problematisch. Hinzu kommt, daß das ursprüngliche, insbesondere das natürliche Angebot durch Invariabilität gekennzeichnet ist, denn es kann zwar erschlossen und erhalten, kaum aber verändert werden. Folglich ist der Aktionsspielraum für den Anbieter eingeschränkt. So ist es nicht möglich, das ursprüngliche Angebot, z.B. das Klima, den wechselnden Präferenzen der Touristen anzupassen.[4]

Der beschränkte Handlungsspielraum für den Leistungsträger sowie der Koordinationsbedarf komplementärer Anbieter unterstreichen die Notwendigkeit der Kooperation und eines konzeptionellen Vorgehens im Tourismus.

Fußnoten von der vorhergehenden Seite

[2] In Anlehnung an MARIOTTI spricht KASPAR vom Fremdenverkehrsort als Kristallisationspunkt touristischen Geschehens (centri d'attrazione turistica). Vgl. KASPAR, C., Die Fremdenverkehrslehre im Grundriß, a.a.O., S. 66.

[3] Vgl. KASPAR, C., Die Fremdenverkehrslehre im Grundriß, a.a.O., S. 61, passim.

---

[1] Vgl. dazu Gliederungspunkt III. A. 1).

[2] KRIPPENDORF, J., Marketing im Fremdenverkehr, a.a.O., S. 24. Die "kollektive Produktion" bezieht sich in diesem Zusammenhang immer auf eine Gütergruppe.

[3] Vgl. FISCHER, D., a.a.O., S. 38 f.

[4] Vgl. KASPAR, C., KUNZ, B.R., Unternehmensführung im Fremdenverkehr, St. Galler Beiträge zum Fremdenverkehr und zur Verkehrswirtschaft, Reihe Fremdenverkehr, Bd. 13, Bern, Stuttgart 1982, S. 35 f.

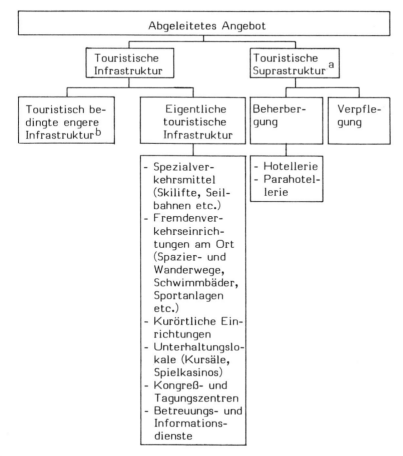

a Die Aussonderung des Beherbergungs- und Verpflegungssektors als Suprastruktur wird damit begründet, daß neben dem ursprünglichen Angebot die Unterkunfts- und Verpflegungsmöglichkeiten für den Touristen von herausragender Bedeutung sind.

b Die sogenannte "touristisch bedingte engere Infrastruktur" umfaßt die zusätzliche, über das Richtmaß für Einheimische hinausgehende engere Infrastruktur der Versorgung und Entsorgung.

Abb. 9: Elemente des abgeleiteten Angebots

Q u e l l e : In Anlehnung an FISCHER, D., a.a.O., S. 38

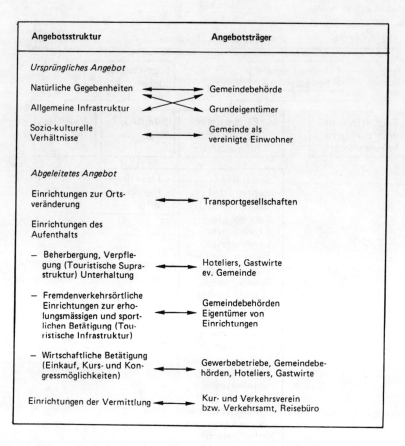

Angebotsstruktur	Angebotsträger

Ursprüngliches Angebot

Natürliche Gegebenheiten ⟷ Gemeindebehörde

Allgemeine Infrastruktur ⟷ Grundeigentümer

Sozio-kulturelle
Verhältnisse ⟶ Gemeinde als
vereinigte Einwohner

Abgeleitetes Angebot

Einrichtungen zur Orts-
veränderung ⟷ Transportgesellschaften

Einrichtungen des
Aufenthalts

— Beherbergung, Verpfle-
gung (Touristische Supra-
struktur) Unterhaltung ⟷ Hoteliers, Gastwirte
ev. Gemeinde

— Fremdenverkehrsörtliche
Einrichtungen zur erho-
lungsmässigen und sport-
lichen Betätigung (Tou-
ristische Infrastruktur) ⟷ Gemeindebehörden
Eigentümer von
Einrichtungen

— Wirtschaftliche Betätigung
(Einkauf, Kurs- und Kon-
gressmöglichkeiten) ⟷ Gewerbebetriebe, Gemeindebehörden, Hoteliers, Gastwirte

Einrichtungen der Vermittlung ⟷ Kur- und Verkehrsverein
bzw. Verkehrsamt, Reisebüro

Abb. 10: Angebotsstruktur und Angebotsträger im Tourismus

Q u e l l e : KASPAR, C., Die Fremdenverkehrslehre im Grundriß, a.a.O., S. 65

Für die Erstellung eines Fremdenverkehrskonzeptes ist es nun von großer Bedeutung, eine Gewichtung der touristischen Anziehungskraft des ursprünglichen Angebotes einerseits und des abgeleiteten Angebotes andererseits vorzunehmen. Man betrachtet das ursprüngliche Angebot als Ursache der Kristallisation des Fremdenverkehrs, wohingegen das abgeleitete Angebot sowohl Ursache als auch Folge der touristischen Nachfrage sein kann. So wird das ursprüngliche Angebot - insbesondere die Landschaft und das Klima - in den meisten Fällen als wichtigerer Teil des Gesamtangebotes und somit als das primäre Entscheidungskriterium für die Nachfrage gesehen. Das abgeleitete Angebot steht dazu in einem nachgeordneten Komplementärverhältnis. Zwar entfaltet es auch aus sich heraus Anziehungskraft, aber die natürlichen Gegebenheiten beeinflussen den Fremdenverkehr selbständiger und nachhaltiger. GEIGANT weist daher dem abgeleiteten Angebot, im Gegensatz zum ursprünglichen, seiner Natur mehr "standortfüllenden" als "standortgründenden" Charakter zu.[1] Es ist nun zu überlegen, ob eine generelle Vorrangstellung des ursprünglichen Angebotes sinnvoll ist.

Fußnote 1 siehe folgende Seite

KASPAR und KUNZ[1] betonen den überragenden Stellenwert des ursprünglichen Angebotes im Gesamtgefüge des touristischen Produktes mit der Einschränkung, daß je nach Touristenkategorie (z.B. nach Alter und Motivation) einer der beiden Angebotsarten mehr oder weniger Bedeutung zukommt. TSCHIDERER[2] hingegen geht davon aus, daß in bestimmten Fällen dem abgeleiteten Angebot eine Priorität einzuräumen ist. Er begründet diese Sichtweise damit, daß z.B. gerade jüngere Touristen[3] bei der Vorstellung von einem schönen Urlaubserlebnis den größeren Wert nicht der Landschaft, sondern eher dem Angebot an Geselligkeit, Unterhaltung und sportlicher Betätigung beimessen.

FISCHER[4] wiederum lehnt es kategorisch ab, dem abgeleiteten Angebot eine Vorrangstellung gegenüber dem ursprünglichen Angebot im Gesamtgefüge des Erholungstourismus einzuräumen. Das ursprüngliche Angebot betrachtet er als Grundlage jeglicher Fremdenverkehrsplanung.

Grundsätzlich müssen beide Möglichkeiten - einerseits eine primär am ursprünglichen, andererseits eine eher am abgeleiteten Angebot orientierte Nachfrage - berücksichtigt werden. Es empfiehlt sich daher bei der Entwicklung eines Fremdenverkehrskonzeptes eine prinzipiell gleichmäßige Gewichtung des ursprünglichen und des abgeleiteten Angebotes:

- Das ursprüngliche Angebot ist "standortgründend"[5] für touristische Erschließungen im Rahmen des Erholungstourismus.

- Beim Geschäftsreiseverkehr bzw. dem Kongreß- und Tagungsverkehr orientieren sich die Organisatoren jedoch in erster Linie am abgeleiteten Fremdenverkehrsangebot.

- Die zunehmende (Über-) Erschließung touristischer Regionen führt zu einer Überbeanspruchung des ursprünglichen Angebotes. Durch eine attraktive Gestaltung des vom ursprünglichen Fremdenverkehrsangebot unabhängigen Fremdenverkehrs kann Einfluß auf die räumliche Verteilung genommen werden. So

Fußnote 1 von der vorhergehenden Seite

Vgl. GEIGANT, F., Die Standorte des Fremdenverkehrs. Eine sozialökonomische Studie über die Bedingungen und Formen der räumlichen Entfaltung des Fremdenverkehrs, Schriftenreihe des Deutschen Wirtschaftswissenschaftlichen Instituts für Fremdenverkehr an der Universität München, Heft 17, München 1973[2], S. 39.

[1] Vgl. KASPAR, C., KUNZ, B.R., a.a.O., S. 35.

[2] Vgl. TSCHIDERER, F., Ferienplanung. Eine Anwendung unternehmensorientierter Planungsmethodik auf den Ferienort, St. Galler Beiträge zum Fremdenverkehr und zur Verkehrswirtschaft, Reihe Fremdenverkehr, Bd. 12, Bern, Stuttgart 1980, S. 20 f.

[3] Es handelt sich hier um die größte Gruppe der Reisenden innerhalb der Alterspyramide. In der Bundesrepublik Deutschland verreisten 1986 8,5 Mio 20-29jährige. Vgl. SPOHRER, M., a.a.O., S. 17.

[4] Vgl. FISCHER, D., a.a.O., S. 37.

[5] GEIGANT, F., a.a.O., S. 39.

kann fehlendes oder unzureichendes ursprüngliches Angebot durch besondere Einrichtungen und Aktivitäten des abgeleiteten Fremdenverkehrsangebotes ersetzt werden.[1] Als Beispiel seien die "Center Parcs"[2] angeführt.

- Die bewußte, zielgerichtete und gleichgewichtete Planung des abgeleiteten Angebotes ist auch deshalb von großer Bedeutung, weil seine Entwicklung ein irreversibler Prozeß ist, gekennzeichnet durch starke örtliche Gebundenheit und durch eine verhältnismäßig große Kapitalintensität, die dem Angebot eine "Starrheit und Unbeweglichkeit (verleihen), die in auffallendem Gegensatz steht zur Labilität und Wandlungsfähigkeit der touristischen Nachfrage".[3] Qualitative Verbesserungen des Angebotes, die den Nachfragewandel berücksichtigen, können somit zur Auslastung der Kapazitäten bestehender Anlagen und Einrichtungen beitragen.

3) Marktunvollkommenheiten auf der Angebotsseite - ein mikroökonomisches Modell

Wie bereits erläutert, steht die touristische Nachfrage einer "kollektiven Produktion" aus Elementen des ursprünglichen und abgeleiteten Angebots gegenüber.[4] Bis jetzt wurde noch nicht berücksichtigt, daß Wechselwirkungen zwischen dem ursprünglichen und dem abgeleiteten Angebot bestehen (vgl. Abb. 11). Denn die zunehmende touristische Erschließung - die Schaffung von zusätzlichem abgeleiteten Angebot - führt zu erheblichen Beeinträchtigungen des ursprünglichen Angebots, die häufig irreversibel sind.[5] In der Regel nimmt mit der zunehmenden Erschließung

---

[1] Vgl. GEIGANT, F., a.a.O., S. 99 ff.

[2] Vgl. WEBER, W., Center Parcs. Urlaub unter dem Glasdach wird sehr gut gebucht, in: Fremdenverkehrswirtschaft International, o.Jg. (1987), Nr. 27, S. 68 f. Ein Center Parc ist ein Bungalow Park mit einem überdachten Vergnügungszentrum, in dem sich Schwimmbäder, Tennisplätze, Geschäfte, Restaurants etc. befinden.

[3] HUNZIKER, W., KRAPF, K., a.a.O., S. 263.

[4] Vgl. Gliederungspunkt III. A. 2) sowie Abb. 8 und Abb. 9.

[5] Die hohe physische Landschaftsbeanspruchung bezeichnet TSCHURTSCHENTHALER als das gravierendste Problem. Vgl. TSCHURTSCHENTHALER, P., Fremdenverkehr und Umwelt, in: Wirtschaftspolitische Blätter, 32. Jg. (1985), S. 426 f. Zusätzlich wird das ursprüngliche Angebot noch durch folgende touristische Eigenheiten beansprucht:
- Die räumliche und zeitliche Konzentration des Fremdenverkehrs. KRIPPENDORF spricht von einer "Saison-Falle", weil "jedermann aus dem gleichen Grund zur gleichen Zeit am gleichen Ort" seine Ferien verbringt. Die Nachfrage nach Tourismusleistungen konzentriert sich aufgrund der natürlichen Ursachen wie Wetter und Klima, aber auch aufgrund der problematischen Staffelung von Schul- und Betriebsferien auf die Saisonzeiten Juli/August und Februar/März. Hinzu kommt eine örtliche Ballung des Fremdenverkehrs auf relativ wenige Gebiete.
- Die Kapitalintensität des abgeleiteten Angebots.
Aufgrund von Rentabilitätsüberlegungen konzentrieren sich die kapitalintensiven Anlagen (Beherbergungs- und Verpflegungsbetriebe, touristische Spezial-

Fortsetzung der Fußnote 5 siehe folgende Seite

der Wert des ursprünglichen Angebots, desjenigen Potentials also, das die Attraktivität des betreffenden Fremdenverkehrs überhaupt erst begründet, ab.[1]

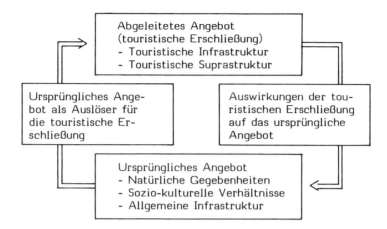

Abb. 11: Wechselwirkungen zwischen ursprünglichem und abgeleitetem Angebot

Von der Erschließung geht also ein negativer externer Effekt auf das ursprüngliche Angebot aus,[2] der vom Bereitsteller des abgeleiteten Angebots nicht berücksichtigt wird.[3]

Fortsetzung der Fußnote 5 von der vorhergehenden Seite

kehrsmittel etc.) auf touristische Kerngebiete, die große Frequenzen und damit eine genügende Auslastung versprechen.
Vgl. KRIPPENDORF, J., Die Landschaftsfresser, a.a.O., S. 54 sowie FISCHER, D., a.a.O., S. 33.

---

[1] So können
- riesige Hotelkomplexe Strandidyllen zerstören,
- die Begleiterscheinungen des Tourismus die kulturelle Eigenart des Gebietes beeinträchtigen,
- das durch den Tourismus erhöhte Verkehrsaufkommen die Qualität von Luftkurorten mindern.

[2] Von einem positiven externen Effekt des abgeleiteten auf das ursprüngliche Angebot könnte dann gesprochen werden, wenn sich bestimmte Objekte des abgeleiteten Angebots unter Umständen nach Jahrzehnten zu Bestandteilen des ursprünglichen Angebots, also zu spezifischen, quasi immer schon dagewesenen Attraktionen eines Gebietes wandeln. Als Beispiele seien der Eiffelturm in Paris oder das Hotel Carlton in Cannes genannt.

Fußnote 3 siehe folgende Seite

Es ist im folgenden zu untersuchen, welche Wirkungen negative externe Effekte auf einen Fremdenverkehrsmarkt haben.

Die touristische Nachfrage in einem Fremdenverkehrsgebiet ist abhängig vom Nutzen,[1] den sich potentielle Nachfrager von einem Aufenthalt in diesem Gebiet versprechen. Neben anderen Einflußfaktoren (Mode, Prestige etc.) wird der Nutzen eines Fremdenverkehrsgebietes bestimmt durch den Erholungswert des Gebietes. Der Erholungswert als Oberbegriff für den Zweck aller touristischen Güter und Dienstleistungen kann in diesem Zusammenhang definiert werden als Differenz zwischen dem Erholungswert am Reiseziel und dem Erholungswert am Heimatort. Das heißt, wenn der so definierte Erholungswert positiv ist, wird ein positiver Nutzen gestiftet und eine touristische Nachfrage entsteht. Es kann daher folgende "touristische Nutzenfunktion"[2] aufgestellt werden:

$$(1) \qquad U_t = U_t \ (E_t, z) \quad \text{mit} \quad \frac{dU_t}{dE_t} > 0 \ .$$

Dabei ist U_t der von einem Fremdenverkehrsgebiet in der Periode t gestiftete Nutzen; E_t ist der Erholungswert des Fremdenverkehrsgebietes in derselben Pe-

---

Fußnote 3 von der vorhergehenden Seite

Ergänzend sei darauf hingewiesen, daß das ursprüngliche Angebot - im besonderen die natürlichen Gegebenheiten - nicht unerheblich durch die Umweltverschmutzung anderer Sektoren beeinträchtigt wird. Sowohl die Landwirtschaft als auch die Industrie schädigen Wasser, Boden, Luft, Flora und Fauna, wie die jüngsten Beispiele zeigen: Algenwachstum durch Überdüngung (Phosphate) aus Landwirtschaft und Industrie sowohl in der Nordsee als auch im Mittelmeer. Vgl. SCHLEICHER, U., Tourismus und Umwelt in Europa, in: Bericht über die 11. Internationale Konferenz "Tourismus und Umwelt in Europa" vom 20.09.1988 - 26.09.1988 in Brixen, hrsg. von der Europäischen Bildungs-Aktionsgemeinschaft (EBAG) e.V., Bonn 1988, S. 12. Vgl. in diesem Zusammenhang auch TSCHURTSCHENTHALER, P., Die Berücksichtigung externer Effekte in der Fremdenverkehrswirtschaft, in: Jahrbuch für Fremdenverkehr, 28./29. Jg. (1980/81), München 1982, S. 92 ff.

---

[1] Vgl. Gliederungspunkt III. A. 1). Ausschlaggebend für die touristische Nachfrage sind Nutzen, Einkommensrestriktion und Preis. Hier ist die touristische Nachfrage c.p. vom Nutzen abhängig.

[2] Hier handelt es sich nicht um eine Gesamtnutzenfunktion, sondern nur um den Nutzen aus Tourismus. Es ist der von dieser Region erwartete Nutzen eines repräsentativen Individuums. Angenommen sei, daß der Nutzen des repräsentativen Individuums den Umfang der touristischen Nachfrage wesentlich bestimmt. Eine Argumentation mit ordinalen Größen reicht aus, da die Richtung der Zusammenhänge und nicht die Quantifizierung wesentlich ist.

riode;[1] z umfaßt alle sonstigen Faktoren, die nicht vom ursprünglichen und abgeleiteten Angebot beeinflußt und im weiteren als konstant angesehen werden.

Bei der folgenden Analyse sei davon ausgegangen, daß der Nutzen U_t proportional zum Erholungswert E_t ist:

(1') $\quad U_t = U_t(E_t) = k \cdot E_t \quad$ mit $\quad k = $ constant .

Zur zusätzlichen Vereinfachung soll für die weiteren Ausführungen $k = 1$ gesetzt werden; damit gilt:

(1'') $\quad U_t = E_t$.

Der Erholungswert ist prinzipiell abhängig vom ursprünglichen und abgeleiteten Angebot. Man kann daher eine Art Produktionsfunktion[3] für das Gut "Erholung" aufstellen:

(2) $\quad E_t = E_t \, (AA_t \, , \, UA_t)$.

AA_t kennzeichnet den Bestand des abgeleiteten Angebots in Periode t bzw. den Umfang der touristischen Erschließung bis zur Periode t; UA_t ist der Bestand des ursprünglichen Angebots in Periode t.

Wird angenommen, daß entweder das ursprüngliche Angebot allein $(UA_t > 0;$ $AA_t = 0)$ oder das abgeleitete Angebot allein $(AA_t > 0; \, UA_t = 0)$ einen positiven "Erholungsoutput" hervorbringt, so kann eine additiv verknüpfte "Produktionsfunktion" für Erholung unterstellt werden:

(2') $\quad E_t = E_t^{AA} \, (AA_t) + E_t^{UA} \, (UA_t)$.

Da davon auszugehen ist, daß mit zunehmender touristischer Erschließung die Erholung nur unterproportional zunimmt, hat E_t^{AA} abnehmende Grenzerträge (vgl. Abb. 12).[3]

---

[1] Der Erholungswert ist keine objektiv quantifizierbare, sondern analog zum Nutzen eine subjektive Größe, die letztlich das Maß, in dem der Sinn einer Reise erfüllt wird, angibt.

[2] Gleichung (2) stellt keine Produktionsfunktion im üblichen Sinne dar, da der Periodenoutput E_t nicht in Abhängigkeit zum Periodeninput, sondern zu den Bestandsgrößen AA_t und UA_t gesetzt wird.

[3] So bringt z.B. der 50. Skilift in einem Skigebiet weniger zusätzliche Erholung als der fünfte in dieser Region.

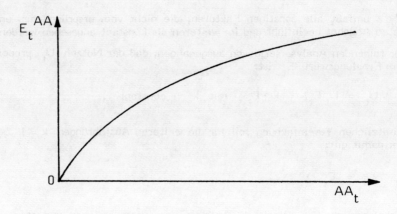

Abb. 12: Bereitgestellte Erholung (E_t^{AA}) in Abhängigkeit vom Grad der Erschließung

Es gilt also:

(3) $\quad E_t^{AA} = E_t^{AA} (AA_t)$ mit $\dfrac{dE_t^{AA}}{dAA_t} > 0$; $\quad \dfrac{d^2E_t^{AA}}{dAA_t^2} < 0$.

Ferner kann angenommen werden, daß ein positiver Zusammenhang zwischen E_t^{UA} und UA_t besteht:

(4) $\quad E_t^{UA} = E_t^{UA} (UA_t)$ mit $\dfrac{dE_t^{UA}}{dUA_t} > 0$; $\quad \dfrac{d^2E_t^{UA}}{dUA_t^2} < 0$.[1]

Das heißt: Je größer das ursprüngliche Angebot (UA) ist, desto größer ist die durch das ursprüngliche Angebot hervorgerufene Erholung (E_t^{UA}).

Dasjenige UA, das den maximalen Wert E_t^{UA} hervorbringt, sei bezeichnet als "Potential" des ursprünglichen Angebots eines Fremdenverkehrsgebietes $(\overline{UA}^{POT})$.
Es ist dies das ursprüngliche Angebot vor aller touristischer Erschließung - die "unberührte Natur" oder die unbeeinträchtigte, gewachsene Kultur eines Landes. $\overline{UA}^{POT}$ ist daher im Modellzusammenhang als exogen vorgegebene Variable zu betrachten.

Mit zunehmender touristischer Erschließung wird das ursprüngliche Angebot immer weiter aufgezehrt. Folglich sinkt E_t^{UA} (UA).

---

[1] Vgl. zum Verlauf der Kurve Abb. 13.

Die Minderung des ursprünglichen Angebots in einer Periode t kann daher als "Verbrauch" von UA (VUA_t) bezeichnet werden.

Da die Minderung des ursprünglichen Angebots irreversibel ist, läßt sich das in einer bestimmten Periode T noch vorhandene ursprüngliche Angebot UA_T definieren als das um den kumulierten Verbrauch verminderte "Potential" $\overline{UA}^{POT}$:

$$(5) \qquad UA_T = \overline{UA}^{POT} - \sum_{t=0}^{T} VUA_t \ .$$

UA_T kann somit als eine vom kumulierten Verbrauch des ursprünglichen Angebots abhängige Funktion aufgefaßt werden:

$$(5') \qquad UA_T = UA_T \left(\sum_{t=0}^{T} VUA_t \right) \ .$$

Auch E_T^{UA} läßt sich dann in Abhängigkeit von $\sum_{t=0}^{T} VUA_t$ darstellen:

$$(4') \qquad E_T^{UA} = E_T^{UA} \left(UA_T \left(\sum_{t=0}^{T} VUA_t \right) \right) \ .$$

Man kann davon ausgehen, daß mit zunehmender touristischer Erschließung E_t^{UA} zunächst unterproportional abnimmt (siehe Punkt (A)).[1] Die Schönheit einer Landschaft etwa wird durch den Bau des ersten Hotels kaum spürbar beeinträchtigt. Durch den Bau des nächsten und übernächsten Hotels jedoch wird das fast noch unberührte Gebiet, das bis dahin allenfalls als Geheimtip gehandelt wurde, nach und nach zu einem Tourismuszentrum. Die Zahl der Reisenden - und damit die Beanspruchung des ursprünglichen Angebots - vervielfacht sich (B). Schließlich sinkt die allein auf das ursprüngliche Angebot zurückzuführende Erholung[2] auf den Nullpunkt herab (C). Ist das ursprüngliche Angebot so weit zerstört, sinkt E_t^{UA} bei weiterer touristischer Erschließung nur noch unterproportional (D). Hier ist

---

[1] Anders herum betrachtet liegen abnehmende Grenzerträge von E_t^{UA} in Abhängigkeit von UA_t vor.

[2] Erholung, wie bereits definiert, ist die Differenz zwischen Erholung am Reiseziel und der Erholung in anderen Gebieten.

E_t^{UA} allerdings bereits negativ, d.h., das ursprüngliche Angebot allein vermittelt hier keine Erholung mehr, sondern im Gegenteil Streß (vgl. Abb. 13). Sollte E_t hier noch positiv sein, so müßte das negative E_t^{UA} durch ein größeres, positives E_t^{AA} überkompensiert werden.

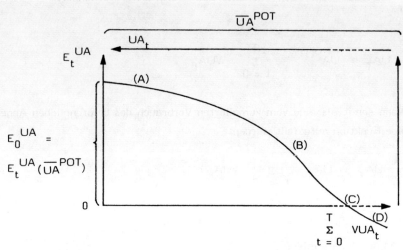

Abb. 13: Bereitgestellte Erholung (E_t^{UA}) in Abhängigkeit vom ursprünglichen Angebot bzw. vom kumulierten Verbrauch des ursprünglichen Angebots

Nun läßt sich die Annahme, daß der Bestand des ursprünglichen Angebots mit fortschreitender touristischer Erschließung - also mit zunehmender Bereitstellung des abgeleiteten Angebots - sinkt, als funktioneller Zusammenhang darstellen.

Dazu sei unterstellt, daß das noch vorhandene ursprüngliche Angebot in einer Periode proportional zu dem abgeleiteten Angebot, das in dieser Periode zusätzlich bereitgestellt wird (ΔAA_t), abnimmt.

$$(6) \qquad VUA_t = VUA_t \ (\Delta AA_t) = \alpha \cdot \Delta AA_t \ .$$

Daraus folgt:

$$(6') \qquad \sum_{t=0}^{T} VUA_t = \sum_{t=0}^{T} VUA_t \ (\sum_{t=0}^{T} \Delta AA_t) = \sum_{t=0}^{T} VUA_t \ (AA_t)$$

oder

$$(6'') \qquad \sum_{t=0}^{T} VUA_t = \alpha \cdot \sum_{t=0}^{T} \Delta AA_t = \alpha \cdot AA_t \ .$$

Dabei ist α das Ausmaß, in dem die Bereitstellung des abgeleiteten Angebots (AA_t) das ursprüngliche Angebot (UA_t) vermindert.

Die Zerstörung des ursprünglichen Angebots wird von den Bereitstellern des abgeleiteten Angebots nicht berücksichtigt. Gleichung (6) bzw. (6'') kennzeichnet somit die Abhängigkeit des UA_t von AA_t, die zu einem negativen externen Effekt führt. Im Gegensatz zum "klassischen" externen Effekt handelt es sich hier nicht nur um eine unbeabsichtigte Beeinflussung fremder Produktionsfunktionen; die unbemerkte und unbeabsichtigte Schädigung des UA fällt vielmehr auch auf den Verursacher selbst zurück.

Die "touristische Produktionsfunktion" E_t kann nun in Abhängigkeit vom abgeleiteten Angebot AA_t wie folgt geschrieben werden:

$$(2'')^1 \qquad E_t = E_t^{AA}(AA_t) + E_t^{UA}\left(UA_t\left(\sum_{t=0}^{T} VUA_t(AA_t)\right)\right) \cdot {}^2$$

Wird Gleichung (2'') in die Nutzenfunktion eingesetzt, so ergibt sich:

$$(1''') \qquad U_t = U_t\left[E_t^{AA}(AA_t) + E_t^{UA}\left(UA_t\left(\sum_{t=0}^{T} VUA_t(AA_t)\right)\right)\right] \quad .$$

Der Grenznutzen in Abhängigkeit von AA_t läßt sich dann schreiben als:

$$(7) \qquad \frac{dU_t}{dAA_t} = \frac{dU_t}{dE_t}\left[\frac{dE_t^{AA}}{dAA_t} + \frac{dE_t^{UA}}{dUA_t} \cdot \frac{dUA_t}{d\sum\limits_{t=0}^{T} VUA_t} \cdot \frac{d\sum\limits_{t=0}^{T} VUA_t}{dAA_t}\right]$$

Es zeigt sich, daß AA_t E_t^{AA} und E_t^{UA} in unterschiedliche Richtungen beeinflußt, denn

$$(8) \qquad \frac{dE_t^{AA}}{dAA_t} > 0 \; ;$$

---

[1] Die Gleichung (6') wird eingesetzt in Gleichung (2').

[2] Die Bezeichnung E_t^{UA} für den zweiten Summanden der Produktionsfunktion soll beibehalten werden, obwohl AA_t auch hier letztlich die einzige Variable ist, die diesen Wert bestimmt.

$$(9) \quad \frac{dE_t^{UA}}{dUA_t} > 0 \; ; \quad \frac{dUA_t}{d \sum\limits_{t=0}^{T} VUA_t} < 0 \; ; \quad \frac{d \sum\limits_{t=0}^{T} VUA_t}{dAA_t} > 0$$

$$\Rightarrow \frac{dE_t^{UA}}{dAA_t} < 0 \; . \;^{3}$$

Aus der Gleichung (9) sind somit Ausmaß und Richtung des externen Effekts abzulesen.

Die Bereitstellung des zusätzlichen abgeleiteten Angebots wirkt demnach in zwei gegensätzliche Richtungen - positiv auf E_t^{AA}, negativ hingegen auf E_t^{UA} .

Um das Ausmaß des negativen externen Effekts auf ein bestimmtes abgeleitetes Angebot darzustellen, soll nun auf Gleichung (6) zurückgegriffen werden.

Aus Gleichung (6'') und (5) sowie (2') und (1'') erhält man durch Einsetzen

$$(1'''') \quad U_t = E_t = E_t^{AA} (AA_t) + E_t^{UA} (\overline{UA}^{POT} - \alpha \, AA_t) \; .$$

Dann ist

$$(7') \quad \frac{dE_t}{dAA_t} = \frac{dE_t^{AA}}{dAA_t} + \frac{dE_t^{UA}}{dAA_t} \cdot (- \alpha) \; .$$

Somit hängt die Höhe des externen Effekts bei einem bestimmten abgeleiteten Angebot von α ab. Je kleiner α ist, desto höher liegt das Maximum von E_t (vgl. Abb. 14).

Der reale Faktorpreis für das abgeleitete Angebot q_r^{AA} bei Grenzproduktivitätsentlohnung ist demnach

$$q_r^{AA} = \frac{dE_t^{AA}}{dAA_t} + \frac{dE_t^{UA}}{dAA_t} \cdot (- \alpha) \; .$$

---

[1] Vgl. Gleichung (5).

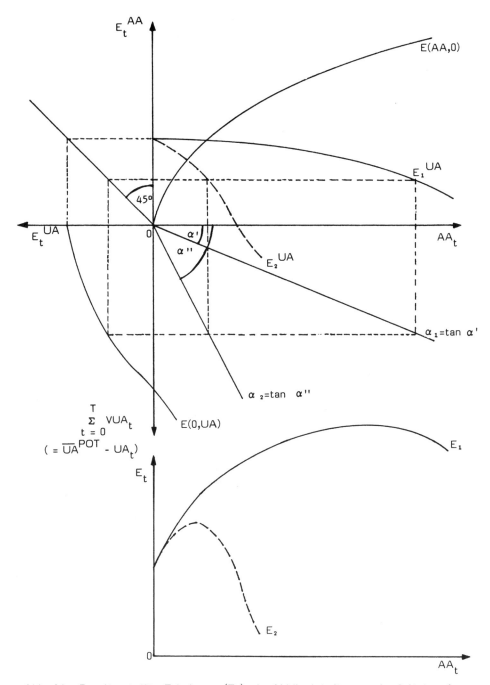

Abb. 14: Bereitgestellte Erholung (E_t) in Abhängigkeit vom abgeleiteten Angebot unter Berücksichtigung des vom abgeleiteten Angebot ausgehenden negativen externen Effekts

Das ist der volkswirtschaftlich optimale Faktorpreis unter Berücksichtigung des externen Effekts, der durch die Bereitstellung von AA entsteht. Dabei ist allerdings

$$\frac{dE_t^{AA}}{dAA_t}$$

der Faktorpreis, den der Bereitsteller von AA zu zahlen bereit ist, wenn er den externen Effekt nicht berücksichtigt; es ist also der einer Marktlösung entsprechende Preis.

$$\frac{dE_t^{UA}}{dAA_t} \cdot (-\alpha)$$

kennzeichnet die Verminderung der marginalen Zahlungsbereitschaft für AA_t, wenn der negative externe Effekt berücksichtigt wird.

Zwei Lösungsansätze bieten sich zur Korrektur des - in dem Modell dargestellten - Marktfehlers an:

- die Internalisierung des negativen externen Effekts durch die Erhöhung des Preises für die Bereitstellung von AA und

- die Reduzierung von α , also der Intensität der Beanspruchung des ursprünglichen Angebots durch das abgeleitete Angebot.

Die Ursache des Marktfehlers liegt in der Nichtberücksichtigung der Beeinträchtigung des ursprünglichen Angebots durch die Bereitstellung des abgeleiteten Angebots. Es bleibt im folgenden daher zu untersuchen, warum die Bereitsteller des abgeleiteten Angebots die Zerstörung des ursprünglichen Angebots nicht beachten. Durch die Bereitstellung von abgeleitetem Angebot im Umfang von $\dfrac{1}{\alpha \, \Delta \, AA}$ wird eine Einheit ursprüngliches Angebot zerstört. Somit entspricht der Verzicht auf die Bereitstellung des abgeleiteten Angebots im Umfang von $\dfrac{1}{\alpha \, \Delta \, AA}$ gewissermaßen einer Bereitstellung von einer Einheit ursprünglichen Angebots.

Eine Erklärung könnte sein, daß das ursprüngliche Angebot Kollektivgutcharakter hat und daher die einzelnen Marktteilnehmer keinen Anreiz haben, ursprüngliches Angebot in ausreichendem Maße bereitzustellen.

Um zu überprüfen, ob das ursprüngliche Angebot Eigenschaften eines Kollektivgutes aufweist, müssen Exkludierbarkeits- und Rivalitätsgrad getrennt betrachtet werden.[1]

---

[1] Vgl. zur Überprüfung das operationale Schema zur Einteilung der Kollektivgüter bei GROSSEKETTLER, H., Options- und Grenzkostenpreise für Kollektivgüter unterschiedlicher Art und Ordnung. Ein Beitrag zu den Bereitstellungs- und Finanzierungsregeln für öffentliche Leistungen, in: Finanzarchiv, N.F., Bd. 43 (1985), S. 212.

Zunächst sei untersucht, inwieweit für das ursprüngliche Angebot Nicht-Exkludierbarkeit vorliegt. Da das ursprüngliche Angebot Geschäftsgrundlage derer ist, die für die Bereitstellung des ursprünglichen Angebots verantwortlich sind, sind die Bereitsteller des ursprünglichen Angebots gleichzeitig dessen Nutzer.

Nicht-Exkludierbarkeit liegt dann vor, wenn der Bereitsteller des ursprünglichen Angebots keine potentiellen Nutzer von der Inanspruchnahme des ursprünglichen Angebots ausschließen kann.[1]

Dies allerdings ist bei vielen Ausprägungen des ursprünglichen Angebots der Fall. Als Beispiele lassen sich anführen: ein ausgedehntes Ski- und Wandergebiet, das nicht umzäunt werden kann, die Luftqualität in einem Luftkurort und nicht zuletzt der Anblick und Genuß einer schönen Landschaft.[2]

Die Nicht-Exkludierbarkeit führt dazu, daß der Bereitsteller des ursprünglichen Angebots keinen Preis für die Bereitstellung bekommt. Das heißt konkret, daß er bei Verzicht auf Beeinträchtigung des ursprünglichen Angebots durch eine zusätzliche touristische Erschließung nicht entschädigt wird. Es besteht somit für ihn kein ausreichender Anreiz, das ursprüngliche Angebot zu schonen. Der Nutzen eines nicht-exkludierbaren ursprünglichen Angebots verteilt sich auf alle, die Kosten trägt nur der Bereitsteller des ursprünglichen Angebots. Genau genommen sind diese Kosten Opportunitätskosten, die dem individuellen Anbieter durch den Verzicht der Bereitstellung abgeleiteten Angebots entstehen und für ihn als solche direkt spürbar sind.

Verzichtet z.B. ein einzelner Skiliftbetreiber auf einen weiteren Skilift, um das ursprüngliche Angebot zu schützen, empfindet nur er es als Einbuße, denn er allein trägt die (Opportunitäts-) Kosten. Hinzu kommt, daß sein "Opfer" nutzlos ist, solange nicht alle übrigen Betreiber von Skiliften sich entsprechend verhalten. Selbst wenn er sich des positiven Effekts durch den Verzicht auf das abgeleitete Angebot bewußt wäre, sprächen die Anreize daher für eine weitere touristische Erschließung. Er befände sich in dem für die Anreizkonstellation bei der Bereitstellung von Kollektivgütern typischen Gefangenendilemma.[3]

Das eigentliche konstitutive Merkmal eines Kollektivgutes ist jedoch die Eigenschaft der Nichtrivalität.[4] Nichtrivalität bedeutet in diesem Fall, daß es einen Erholungs-Anbieter als den gewerblichen Nutzer des ursprünglichen Angebots nicht stört, wenn weitere Nutzer von dem gleichen ursprünglichen Angebot profitieren. Nichtrivalität liegt dann vor, wenn der Marktzutritt zusätzlicher Anbieter keine

---

[1] Vgl. SOHMEN, E., Allokationstheorie und Wirtschaftspolitik, Tübingen 1976, S. 289 ff.

[2] Als Ergänzung sei auch auf Beispiele für die Exkludierbarkeit des ursprünglichen Angebots hingewiesen. So ist es sowohl juristisch als auch technisch möglich, einen Strand zu parzellieren, so daß jedes einzelne Hotel über einen eigenen Strand verfügt.

[3] Vgl. BONUS, H., Öffentliche Güter und Gefangenendilemma, in: Die Zähmung des Leviathan. Neue Wege der Ordnungspolitik, hrsg. von W. DETTLING, Baden-Baden 1980, S. 135 ff.

[4] Vgl. SOHMEN, E., a.a.O., S. 285 ff. Statt "Nichtrivalität im Konsum" könnte man hier von einer "Nichtrivalität in der Faktornutzung" sprechen.

wahrnehmbaren eigenen Ertragseinbußen verursacht.[1] Dies dürfte zumindest dann der Fall sein, solange sich der Markt im Wachstum befindet. In der Anfangsphase touristischer Erschließung werden die durch den externen Effekt verursachten Ertragseinbußen durch die von zusätzlichem eigenen und fremden abgeleiteten Angebot hervorgerufenen Ertragszuwächse überkompensiert. Die Nichtberücksichtigung des negativen externen Effekts wird erklärlich. Außerdem sind durch zusätzliche Anbieter (und dem durch sie zusätzlich bereitgestellten abgeleiteten Angebot) dann keine Ertragseinbußen zu erwarten, wenn die zusätzliche Nachfrage mindestens so groß ist wie die durch die zusätzlichen Anbieter geschaffene Kapazität. Demgegenüber kommt es zu Ertragseinbußen, wenn eine größer gewordene Anzahl von Anbietern um eine stagnierende Nachfragerzahl konkurrieren muß - mit entsprechenden Auswirkungen sowohl auf die Preis- als auch auf die Mengenkomponente des jeweiligen Ertrages der Anbieter.

4) Der Entwicklungszyklus einer Tourismusregion

Anhand der vorangegangenen Überlegungen lassen sich Ursachen für typische Entwicklungen und Fehlentwicklungen von Tourismusregionen veranschaulichen. Erst die Kenntnis dieser Ursachen erlaubt es, eine Diagnose zu stellen, die jeder Therapie zur Verhinderung von Fehlentwicklungen vorangehen muß. Im Modell wurde die "produzierte Erholung" in Abhängigkeit von der touristischen Erschließung unter Berücksichtigung des negativen externen Effekts dargestellt (vgl. Abb. 14). Die Erholung wurde gleichgesetzt mit dem Nutzen, der die touristische Nachfrage hervorruft.[2] Nun kann gezeigt werden, daß dem Lebenszyklus eines regionalen Fremdenverkehrsmarktes die zeitliche Entwicklung dieses Nutzens zugrunde liegt.

Dazu muß festgestellt werden, in welcher Form die Nachfrage vom Nutzen abhängig ist. Es erscheint zunächst plausibel, drei Abschnitte zu unterscheiden (vgl. Abb. 15). Zunächst reagiert die Nachfrage kaum auf eine Nutzensteigerung (Abschnitt I). Es muß erst eine Nutzenschwelle überschritten werden, damit ein Gebiet in Mode kommen und ein Mitläufereffekt ausgelöst werden kann. Letzterer

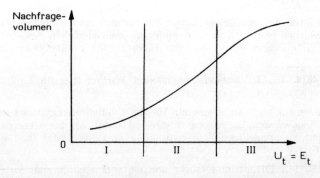

Abb. 15: Die touristische Nachfrage in Abhängigkeit vom Nutzen in einer Region

---

[1] Im Gegensatz zum Kriterium der Exkludierbarkeit ist Rivalität allein vom subjektiven Ermessen abhängig.

[2] Vgl. Gleichung (1'').

bewirkt einen Massenandrang auch bei geringem Nutzenzuwachs (Abschnitt II). In Abschnitt III tritt eine Nachfragesättigung ein, und der Nachfragezuwachs pro zusätzlicher Nutzeneinheit wird wieder geringer.

Wird nun angenommen, daß das abgeleitete Angebot von Periode zu Periode in immer stärkerem Maße ausgedehnt wird (steigende Wachstumsrate von Δ AA[1]), so läßt sich aus der oben hergeleiteten Beziehung zwischen Nutzen und touristischer Erschließung die Entwicklung des Marktvolumens wie folgt darstellen (vgl. Abb. 16).

Aus den getroffenen Prämissen ergibt sich bis zum Sättigungspunkt der typische Verlauf eines Marktes im Sinne des Lebenszyklusmodells. Ab diesem Punkt zeigt sich - bei Annahme einer überproportional wachsenden touristischen Erschließung - die für einen Tourismusmarkt spezifische Gefahr: Aufgrund der Nutzenrückgänge bei Übererschließung verringert sich die Nachfrage und damit das Marktvolumen.

Zur Veranschaulichung dieser Entwicklung des touristischen Marktvolumens in einem Tourismusgebiet sei auf den von BUTLER[2] beschriebenen Entwicklungszyklus von Fremdenverkehrsgebieten zurückgegriffen (vgl. Abb. 17).[3]

---

[1] Das heißt, $\dfrac{d(\Delta\ AA)}{dt} > 0$. Daraus ergibt sich $\dfrac{d^2(\Delta\ AA)}{dt^2} > 0$.

[2] Vgl. BUTLER, R.W., The concept of a tourist area cycle of evolution: Implications for management of resources, in: Canadian Geographer, Bd. 24 (1980), Nr. 1, S. 5 - 12.

[3] Der modellhafte Entwicklungszyklus eines Fremdenverkehrsgebietes beruht auf einem bereits 1963 von CHRISTALLER beschriebenen touristischen Kreislauf: "The typical course of development has the following pattern. Painters search out untouched and unusual places to paint. Step by step the place develops as a so-called artist colony. Soon a cluster of poets follows, kindred to the painters; then cinema people, gourmets, and the jeunesse dorée. The place becomes fashionable and the entrepreneur takes note. The fisherman's cottage, the shelter-huts become converted into boarding houses and hotels come on the scene. Meanwhile the painters have fled and sought out another periphery - periphery as related to space, and metaphorically, as "forgotten" places and landscapes. Only the painters with a commercial inclination who like to do well in business remain; they capitalize on the good name of this former painter's corner and on the gullability of tourists. More and more townsmen choose this place, now en vogue and advertised in the newspapers. Subsequently the gourmets, and all those who seek real recreation, stay away. At last the tourist agencies come with their package rate travelling parties; now, the indulged public avoids such places. At the same time, in other places the same cycle occurs again; more and more places come into fashion, change their type, turn into everybody's tourist haunt." CHRISTALLER, W., Some considerations of tourism location in Europe: the peripheral regions - underdeveloped countries - recreation areas, in: Regional Science Association Papers, 12. Jg. (1964), S. 103.

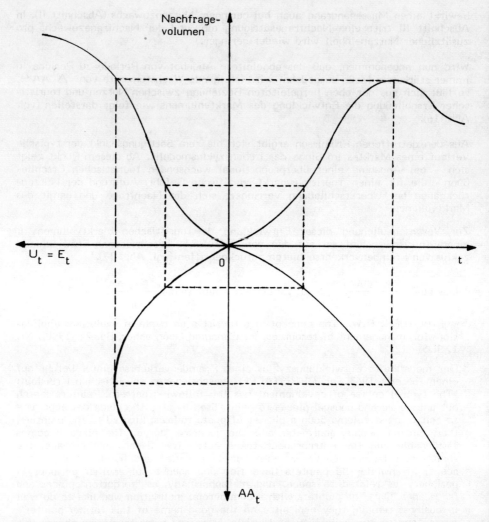

Abb. 16: Entwicklung des touristischen Marktvolumens in einem Tourismusgebiet

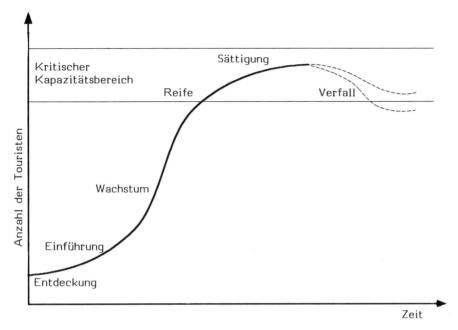

Abb. 17: Hypothetische Entwicklung eines regionalen Tourismusmarktes

Q u e l l e :   In Anlehnung an BUTLER, R.W., The concept of a tourist area
cycle of evolution, a.a.O., S. 7

BUTLER unterscheidet in diesem Entwicklungszyklus sechs Phasen, [1] entsprechend dem Lebenszyklusmodell eines Produktes:[2]

- Entdeckung   (Exploration)
- Einführung   (Involvement)
- Wachstum   (Development)
- Reife   (Consolidation)
- Sättigung   (Stagnation)
- Verfall   (Decline)

Die Entdeckungsphase ist gekennzeichnet durch eine kleine Anzahl von Touristen, die einen noch "unberührten" Raum genießen. Fremdenverkehrseinrichtun-
gen sind nicht vorhanden; die Gäste integrieren sich in die Gemeinschaft.

Nimmt die Zahl der Touristen zu und kann eine gewisse Regelmäßigkeit der Be-
suche festgestellt werden, entstehen auf Initiative einiger Einheimischer die
ersten Versorgungseinrichtungen (Einführungsphase). In Erwartung eines saisonalen Rhythmus versucht man sich den Wünschen der Touristen anzupassen; erste
Werbemaßnahmen werden eingeleitet.

---

[1] Vgl. zu den einzelnen Phasen BUTLER, R.W., a.a.O., S. 6 ff.

[2] Vgl. hierzu u.a. MEFFERT, H., Marketing: Grundlagen der Absatzpolitik,
Wiesbaden 1986[7], S. 369 ff.

Für die Wachstumsphase charakteristisch ist eine wachsende lokale Fremdenverkehrsindustrie. Natürliche und kulturelle Attraktionen werden gezielt ver-
marktet, und dieses ursprüngliche Angebot wird durch künstliche, bisher nicht
am Ort vorhandene Angebote ergänzt. Die Initiative und Kontrolle der Einheimischen nimmt zugunsten der Fremdbestimmung ab. Das lokale Angebot wird
verändert. Die Zahl der Touristen zur Hauptsaison erreicht oder übersteigt
bereits die Zahl der Einheimischen. Der Individual-Tourist wird ersetzt durch
den "institutionalisierten" Touristen.[1]

In der Reifephase nehmen bei weiter wachsender Touristenzahl die Zuwachsraten ab. Die Zahl der Touristen ist größer als die Zahl der Einheimischen. Der
Tourismus ist zum dominierenden Wirtschaftsfaktor geworden und erfordert ein
aufwendiges Marketing, um weitere Nachfrage zu wecken und die Saison auszu-
dehnen. Erster Widerstand gegen die Fremdbestimmung regt sich unter der einheimischen Bevölkerung.

In der Sättigungsphase sind die Grenzen des ursprünglichen Angebots erreicht.
Sichtbar werden ökologische, soziale und ökonomische Probleme. Die Region
hat ein durchaus positives Image, aber sie ist aus der Mode gekommen. Man
bemüht sich um den Pauschaltouristen und um Tagungs- und Kongreßbesucher.
Große Anstrengungen sind notwendig, um eine Auslastung zu gewährleisten.
Das ursprüngliche Angebot wird mehr und mehr durch "künstliches" - abgeleitetes - ersetzt. Die Region verliert durch die Zerstörung ihre ursprüngliche
Attraktivität. Wenn es nicht gelingt, durch neue Attraktionen konkurrenzfähig
zu bleiben, sinkt die Anziehungskraft der Region und damit die Zahl der Urlauber. Urlauber, die sich dennoch für die Region entscheiden, kommen nicht
mehr aufgrund der touristischen Attraktionen, sondern werden gelockt von
immer günstiger werdenden Angeboten der Reiseveranstalter. BUTLER spricht
in diesem Zusammenhang von einem "tourist slum".[2]

Bei weiterer touristischer Erschließung, die das ursprüngliche Angebot noch
mehr beeinträchtigt, kommt es zum Verfall. Je nach Ausmaß des vom abgeleiteten Angebot ausgehenden negativen externen Effekts ist der Verfall mehr
oder weniger stark.

In der Herleitung des Lebenszyklus wird deutlich, daß die Bereitsteller des
touristischen Angebots den späteren Verfall selbst herbeiführen.

Die Annahme ist plausibel, daß der einzelne Anbieter den Tourismusmarkt vor
dem Verfall bewahren will. Aufgrund des oben geschilderten Gefangenendilem-
mas ergreift er jedoch keine Maßnahmen, die den Verfall verhindern. Insofern
handelt er langfristig gegen seine eigenen Präferenzen. Die Bewahrung des

---

[1] Vgl. COHEN, E., Toward a sociology of international tourism, in: Social
Research, 39. Jg. (1972), S. 168 ff. COHEN unterscheidet zwischen dem institutionalisierten (institutionalized) Touristen, der Leistungen des Fremden-
verkehrsgewerbes in Anspruch nimmt, und dem nicht-institutionalisierten
(noninstitutionalized), dem Individual-Touristen.

[2] BUTLER, R.W., a.a.O., S. 9.

Kollektivgutes "ursprüngliches Angebot" durch Verhinderung der Übererschließung weist daher Züge eines meritorischen Gutes auf.[1]

Gerade in der Wachstumsphase lassen sich die Anbieter durch kurzfristige
Markterfolge zu immer weiterer Erschließung verleiten und entziehen sich damit letztlich langfristig die eigene Grundlage.[2] Solange Erfolge zu verzeichnen
sind, besteht Nicht-Rivalität; das heißt, daß einem Anbieter keine Ertragseinbußen aufgrund von zusätzlichen Anbietern entstehen. Der Kollektivgutcharakter
ist in dieser Phase somit besonders stark ausgeprägt, und daß langfristig den
eigenen Präferenzen zuwider gehandelt wird, ist besonders wenig offensichtlich.

Es ist aufgrund dieses Kollektivgutcharakters nicht davon auszugehen, daß die
Anbieter des ursprünglichen Angebots Maßnahmen gegenüber dem Verfall ergreifen (Gefangenendilemma) bzw. ihr in der Wachstumsphase so erfolgreiches Verhalten ändern. Die Nicht-Antizipierbarkeit des Sättigungspunktes und der sich
bei zunehmender Erschließung sofort anschließende Verfall erfordern ein politisches Handeln schon in der Phase, in der die touristische Erschließung so erfolg-
reich zu sein scheint.

B.   KONSEQUENZEN FÜR DIE TOURISMUSPOLITIK

Grundsätzlich sollte eine staatliche Tourismuspolitik nur dann allokativ in den
Wirtschaftsablauf eingreifen, wenn der Marktprozeß zu ineffizienten Ergebnissen gelangt. Die Ausführungen haben gezeigt, daß das ursprüngliche Angebot
durch die Bereitstellung von abgeleitetem Angebot vermindert wird. Dieser vom
abgeleiteten Angebot ausgehende negative externe Effekt wird von den Bereitstellern des abgeleiteten Angebots nicht berücksichtigt.

Man kann nun einerseits durch entsprechende Maßnahmen auf eine Verringerung
des abgeleiteten Angebots hinwirken (Nutzungseinschränkung) und andererseits
abgeleitetes Angebot, das sich besonders zerstörerisch auf das ursprüngliche
Angebot auswirkt, durch schonendere Erschließung ersetzen (Substitution).

---

[1] Vgl. MUSGRAVE, R.A., MUSGRAVE, P.B., KOLLMER, L., Die öffentlichen
Finanzen in Theorie und Praxis, Bd. 1, Tübingen 1978[2], S. 76 ff. Das merito-
rische Gut muß nicht zwangsweise die Eigenschaften eines Kollektivgutes aufweisen. Vgl. dazu ERLEI, M., Paternalismus und/oder Individualismus. Zur
Problematik der Abgrenzung meritorischer Güter, Volkswirtschaftliche Diskussionsbeiträge, hrsg. von der Westfälischen Wilhelms-Universität, Münster, Beitrag Nr. 107, Münster 1988, S. 44 ff.

[2] Das Problem der Zerstörung eigener Grundlagen - der natürlichen Basis des
Fremdenverkehrs - wird veranschaulicht dargestellt bei TSCHURTSCHEN-
THALER, P., Der Beitrag einer umweltorientierten Fremdenverkehrspolitik zu
den regionalen wirtschaftspolitischen Zielen, in: Revue de tourisme, 42. Jg.
(1987), Nr. 2, S. 9.

1) Korrektur von Marktfehlern durch Eingriffe in das Preis- und Mengengerüst des abgeleiteten Angebots

Der Marktfehler äußert sich darin, daß durch die Nichtberücksichtigung des negativen externen Effekts zu viel abgeleitetes Angebot bzw. zu wenig ursprüngliches Angebot bereitgestellt wird. Die Korrektur dieses Marktfehlers muß daher zwangsläufig in der Minderung bzw. Begrenzung der touristischen Erschließung bestehen.

Dazu können je nach Art der touristischen Erschließung Verbote geeignet sein; diese wären allerdings auf die jeweiligen Spezialfälle zuzuschneiden. [1] Als allgemeiner Lösungsansatz kommt etwa die Erhebung einer Pigou-Steuer in Frage. [2]

Um Ansatzpunkt und Höhe der Pigou-Steuer bestimmen zu können, müssen die optimalen Produktionspläne (bei gegebenen Preisen für Produkt und Faktoren) [3] mit und ohne Berücksichtigung des negativen externen Effekts verglichen werden. Üblicherweise werden zu diesem Zweck die optimalen Produktionspläne der Anbieter, also deren am Markt geäußerte Faktornachfrage und ihr Güterangebot, mit dem gesellschaftlichen Optimum verglichen. Da sich hier der negative Effekt auf die Produktivität desjenigen Anbieters, der den negativen externen Effekt verursacht, auswirkt (Verursacher = Geschädigter), müssen die optimalen Produktionspläne mit und ohne Berücksichtigung des negativen externen Effekts verglichen werden. [4] Bei Nichtberücksichtigung des externen Effekts handelt es sich um die am Markt realisierte Lösung - diejenige Lösung, die der Anbieter selbst zumindest kurzfristig für optimal hält.

Unter der Annahme, daß die "produzierte Erholung" E [5] in vollem Umfang abgesetzt werden kann, läßt sich folgende Gewinnfunktion [6] schreiben: [7]

(10) $G = p \cdot E - K$.

---

[1] Ein Verbot weiterer touristischer Erschließung entspricht nach dem entwickelten Modell dem Gebot, ein Mindestmaß ursprünglichen Angebots bereitzustellen.

[2] Vgl. zu den Möglichkeiten der Korrektur externer Effekte durch wirtschaftspolitische Eingriffe SOHMEN, E., a.a.O., S. 230 ff.

[3] Vgl. zum optimalen Produktionsplan SCHUMANN, J., Grundzüge der mikroökonomischen Theorie, Berlin u.a. 1987 [5], S. 137 ff.

[4] Vgl. Gleichung (6). Nicht ein anderer Wirtschaftsteilnehmer, sondern der Verursacher selbst in einer späteren Periode wird hier geschädigt. An der Internalisierungsbedürftigkeit des externen Effekts ändert sich dadurch aus den gegebenen Gründen nichts. Man könnte hier von einem "intertemporalen" externen Effekt sprechen.

[5] Vgl. Gleichung (2).

[6] Fixkosten werden nicht berücksichtigt. Der Preis für eine Einheit UA ist aus der Perspektive der Anbieter gleich Null zu setzen.

[7] Auf den Index t wird im folgenden verzichtet. Es wird der Produktionsplan eines repräsentativen Anbieters für eine beliebige Periode betrachtet.

Dabei ist G der Gewinn, p der Preis für eine (Güter-) Einheit Erholung (E), und K sind die Kosten.

Unterstellt man einen Faktorpreis q_{AA} für eine (Faktor-) Einheit AA,[1] so ist

$$(10') \qquad G = p \cdot E - q_{AA} \cdot AA \quad .$$

Für die "touristische Produktionsfunktion" bei Nichtberücksichtigung des negativen externen Effekts (E_{ohne}), wenn also den Anbietern UA als gegeben und von AA unbeeinflußbar erscheint, gilt gemäß Gleichung (2'):

$$(11) \qquad E_{ohne} = E^{AA} (AA) + E^{UA} (UA) \quad \text{mit} \quad UA = \overline{UA}^{POT} \quad .$$

Daraus folgt:

$$(11') \qquad E_{ohne} = E^{AA} (AA) + E^{UA} (\overline{UA}^{POT}) \quad .$$

Diese "Produktionsfunktion" wird nun unmittelbar in die Gewinngleichung (10') eingesetzt:

$$(12) \qquad G_{ohne} = p \cdot (E^{AA} (AA) + E^{UA} (\overline{UA}^{POT})) - q_{AA} \cdot AA \quad .$$

Die gewinnmaximierende Produktionsmenge ist erreicht, wenn der Grenzgewinn $G_{ohne}{}'(AA)$ gleich Null ist. Die Bedingung 1. Ordnung für ein Gewinnmaximum lautet somit:

$$(13) \qquad G_{ohne}{}' = \frac{dG_{ohne}}{dAA} = p \cdot \frac{dE^{AA}}{dAA} - q_{AA} = 0$$

$$\Rightarrow \quad p \cdot \frac{dE^{AA}}{dAA} = q_{AA}$$

Zur Überprüfung der Bedingung 2. Ordnung für ein Gewinnmaximum sei auf Gleichung (3) zurückgegriffen. Da

$$\frac{d^2 E^{AA}}{dAA^2} < 0 \quad ,$$

ist auch $G_{ohne}{}'' < 0$. Die Bedingung 2. Ordnung ist damit erfüllt.

Fußnote 1 siehe folgende Seite

Gleichung (13) ist die Optimal-Bedingung, die aussagt, daß der Wert des Grenzproduktes gleich dem Faktorpreis ist. Das heißt, daß der Anbieter des Gutes "Erholung" für eine zusätzliche Einheit AA im Optimum gerade soviel zu zahlen bereit ist, wie er durch die Bereitstellung dieser Einheit verdienen kann.

Man kann den Ausdruck $p \cdot \dfrac{dE^{AA}}{dAA}$ daher auch als marginale Zahlungsbereitschaft für eine Einheit AA bezeichnen, die im Optimum dem Faktorpreis q_{AA} entspricht.

Unter Berücksichtigung des negativen externen Effekts gilt die in Gleichung (2'') aufgestellte "touristische Produktionsfunktion":

$$(2'') \qquad E = E^{AA} \, (AA) + E^{UA} \, (UA \, (\, \Sigma \; VUA \; (AA) \,) \,) \quad .$$

Somit lautet die Gewinnfunktion:

$$(14) \qquad G = p \cdot (E^{AA} \, (AA) + E^{UA} \, (UA \, (\Sigma \; VUA \; (AA) \,) \,) \,) - q_{AA} \cdot AA$$

Diese Funktion ist zu maximieren:

$$(15) \qquad G' = p \cdot \frac{dE^{AA}}{dAA} + p \cdot \frac{dE^{UA}}{dUA} \cdot \frac{dUA}{dAA} - q_{AA} = 0 \quad .$$

Daraus folgt:

$$(15') \qquad p \cdot \frac{dE^{AA}}{dAA} + p \cdot \frac{dE^{UA}}{dUA} \cdot \frac{dUA}{dAA} = q_{AA} \; [1]$$

bzw.[2]

$$p \cdot \frac{dE^{AA}}{dAA} + p \cdot \frac{dE^{UA}}{dUA} \cdot (- \, \alpha) = q_{AA}$$

$$<=> \; p \cdot \frac{dE^{AA}}{dAA} - p \cdot \alpha \; \frac{dE^{UA}}{dUA} = q_{AA}$$

$$<=> p \cdot \frac{dE^{AA}}{dAA} = q_{AA} + p \cdot \alpha \cdot \frac{dE^{UA}}{dUA}$$

Fußnote 1 von der vorhergehenden Seite

Für AA liegt keine Bestandsgleichung vor; daher finden die Schattenpreise von AA explizit keine Berücksichtigung.

Fußnoten 1 und 2 siehe folgende Seite

Die marginale Zahlungsbereitschaft für eine (Faktor-) Einheit AA würde sich demnach unter Berücksichtigung des negativen externen Effekts gegenüber dem tatsächlichen verwirklichten Produktionsplan um den Betrag

$$p \cdot \alpha \cdot \frac{dE^{UA}}{dUA} \quad \text{vermindern.}$$

Wie aus Gleichung (15') hervorgeht, muß der Preis einer Einheit AA genau um diesen Betrag erhöht werden, damit AA in einem Umfang nachgefragt wird, als berücksichtige der Produzent wirklich den negativen externen Effekt (vgl. Abb. 18 und Abb. 19).

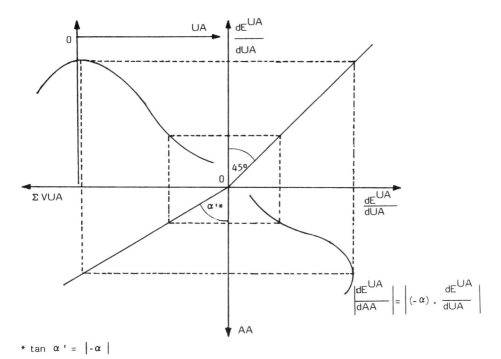

$$* \tan \alpha ' = \left| -\alpha \right|$$

Abb. 18: Die Herleitung der Kurve der Grenzproduktivität

Fußnoten von der vorhergehenden Seite

[1] $G'' < 0$; vgl. Gleichungen (3) und (9).

[2] $\dfrac{dE^{UA}}{dAA} = (-\alpha) \cdot \dfrac{dE^{UA}}{dUA}$; vgl. die Gleichungen (6) bis (6'').

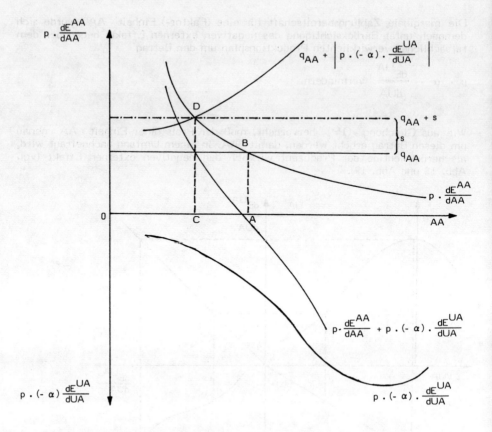

A: Faktornachfrage AA ohne Berücksichtigung des externen Effekts

B: Faktormarkt-Gleichgewicht ohne Berücksichtigung des externen Effekts

C: Faktornachfrage AA mit Berücksichtigung des externen Effekts

D: Optimum bei Berücksichtigung des externen Effekts

Abb. 19: Die richtige Allokation von AA und UA durch Erhebung einer Pigou-Steuer

In Abb. 18 wird die Kurve der Grenzproduktivität

$$\left|\frac{dE^{UA}}{dAA}\right| = \left|- \alpha \cdot \frac{dE^{UA}}{dUA}\right|$$ hergeleitet; dazu wird auf Abb. 13 zurückge-

griffen. Da diese Kurve die Grenzproduktivität des ursprünglichen Angebots darstellt, ist sie grundlegend für Abb. 19, in der die volkswirtschaftlich optimale Allokation von AA und UA unter Berücksichtigung des negativen externen Effekts bestimmt wird.

In Abb. 19 ist $\overline{OA}$ der am Markt realisierte Faktoreinsatz von AA, also der Faktoreinsatz AA ohne Berücksichtigung des negativen externen Effekts.

$$p \cdot (- \alpha) \cdot \frac{dE^{UA}}{dUA}$$ ist die marginale Zahlungsbereitschaft für den von AA

auf UA ausgehenden externen Effekt. Da es sich um einen negativen externen Effekt handelt, ist gewissermaßen auch die Zahlungsbereitschaft negativ. In diesem Umfang müßte die Bereitstellung jeder zusätzlichen Einheit von AA belastet werden, damit diejenige Faktornachfrage AA realisiert wird, die bei einer tatsächlichen Berücksichtigung des negativen externen Effekts durch die Produzenten von E vorläge.

Diese Menge wird beschrieben durch die Strecke $\overline{OC}$. Bei AA = $\overline{OC}$ ist die marginale Zahlungsbereitschaft unter Berücksichtigung des externen Effekts gleich q_{AA}. Damit nur diese Menge auch ohne Berücksichtigung des externen Effekts von den Produzenten nachgefragt wird, muß der Faktorpreis q_{AA} genau um den Betrag der marginalen Zahlungsbereitschaft für den externen Effekt erhöht werden.

Der Staat muß somit eine Pigou-Steuer (s) in Höhe von $s = p \cdot \alpha \cdot \frac{dE^{UA}}{dUA}$ auf die Bereitstellung von einer Einheit AA erheben, denn damit würde sich die individuelle Gewinnmaximierung des Anbieters an der Gewinnfunktion

$$G = p \cdot E - (q_{AA}+s) \cdot AA$$

oder

$$G = p \cdot E - q_{AA} \cdot AA - s \cdot AA$$

orientieren.

Trotz der Erhöhung des Faktorpreises von einer Einheit AA um s, sinkt der Gewinn nicht. Aufgrund der richtigen Allokation von AA und UA wird die Produktivität $\frac{E}{AA} + \frac{E}{UA}$ soweit gesteigert, daß die Kostenerhöhung durch Mehrproduktion von E kompensiert bzw. überkompensiert wird.

In der Praxis würde die Erhebung einer Pigou-Steuer den Staat jedoch vor erhebliche Probleme stellen.[1] Als Beispiele seien genannt:

- Informationsprobleme bei der Steuerbemessung,

- mangelnde Bestimmbarkeit der Grenzproduktivität von AA bzw. UA sowie

- das unterschiedliche Ausmaß des externen Effekts je nach Ausprägung des abgeleiteten Angebots.

Ziel dieser Ausführung war es jedoch nicht, die praktische Ausgestaltung des staatlichen Eingriffs zu beschreiben, sondern die Natur des Marktfehlers darzustellen und für seine Behebung die Richtung zu weisen.

2) Strategie der qualitativen Tourismusentwicklung

Eine Alternative zur Neutralisierung der durch die Nichtberücksichtigung des negativen externen Effekts entstehenden Fehlallokation wäre eine Therapie, die direkt die Intensität des negativen externen Effekts selbst zu vermindern suchte. In der Terminologie des mikroökonomischen Modells aus dem Gliederungspunkt III. A. 3) hieße das: die Reduzierung des Intensitätsparameters α .[2] Nichts anderes verbirgt sich etwa hinter der von FISCHER entwickelten Strategie der qualitativen Fremdenverkehrsentwicklung als einen "Ansatz für eine Neuorientierung der Fremdenverkehrspolitik".[3]

Ansatzpunkte dieser qualitativen Fremdenverkehrsentwicklung sind:

- Prioritätensetzung zugunsten des ursprünglichen Angebots,

- Steuerung und Verantwortung der Entwicklung durch die direkt Betroffenen,

- gemeinsame Erarbeitung eines langfristigen Konzepts als Leitlinie für die Förderung des Fremdenverkehrs.

Somit umschreibt der Begriff "qualitative Tourismuspolitik" "die strategisch ausgerichtete, landschaftsgerechte Förderung und Gestaltung des Fremdenverkehrs durch ein gemeinsam getragenes, konzeptionelles Vorgehen aller Betroffenen".[4] Der Begriff "landschaftsgerecht" kann ersetzt werden durch den weitergefaßten Ausdruck "das ursprüngliche Angebot schonend".

---

[1] Zu berücksichtigen sind auch die grundsätzlich mit einer Steuererhebung einhergehenden Probleme wie höhere Steuerlast, höhere Staatsquote etc.

[2] In Abb. 14 wird veranschaulicht, wie sich eine Senkung des Parameters α auf die Produktion von Erholung und damit letztlich auf das Marktvolumen auswirkt.

[3] FISCHER, D., a.a.O., S. 179.

[4] Ebenda, S. 190.

In Abb. 20 wird die qualitative Tourismuspolitik systematisiert.

Da der Fremdenverkehr für das ursprüngliche Angebot immer Folgen hat, können negative Einflüsse nicht gänzlich vermieden werden; die Prioritäten der qualitativen Tourismuspolitik grenzen jedoch irreversible, unverhältnismäßige Eingriffe deutlich ein. Die Erhaltung des ursprünglichen Angebots wird somit zum wesentlichen Orientierungspunkt für die langfristige Steuerung der touristischen Angebotsentwicklung.

C. DAS TOURISMUSKONZEPT ALS GRUNDLAGE STAATLICHER TOURISMUS-POLITIK

Im Rahmen der Theorie der Wirtschaftspolitik ist die "wirtschaftspolitische Konzeption" zu einem feststehenden Begriff geworden - als "ein für die Gesamtheit aller Handlungen der Entscheidungsträger geltendes Leitbild". [1] Gemäß der Definition "wirtschaftlicher Rationalität" als zielgerichtetes Handeln sind rationale Entscheidungen[2] nur zu gewährleisten, wenn die "Entscheidungen über zu treffende Maßnahmen an einem rationalen wirtschaftspolitischen Konzept orientiert sind".[3]

Folgende Merkmale sind kennzeichnend für eine wirtschaftspolitische Konzeption:

- Ausgangspunkt ist eine Situationsanalyse der historisch wie aktuell gegebenen wirtschaftlichen Lage.

- Zentrales Merkmal der Konzeption sind die ordnungspolitischen Prinzipien für die Wirtschaftsordnung, in der das Konzept gelten soll.

- Die verfolgten wirtschaftspolitischen Ziele müssen ausdrücklich definiert sein. Dabei sind Zielkonflikte und Zielinterdependenzen zu berücksichtigen.

---

[1] PÜTZ, Th., Grundlagen der theoretischen Wirtschaftspolitik, Stuttgart 1971, S. 185. Vgl. dazu auch ders., Die wirtschaftspolitische Konzeption, in: Zur Grundlegung wirtschaftspolitischer Konzeptionen, hrsg. von H.-J. SERAPHIM, Schriften des Vereins für Socialpolitik, N.F., Bd. 18, Berlin 1960, S. 9 ff.

[2] Demnach muß eine Tourismuspolitik, die dem Rationalitätsprinzip genügt, diejenigen Maßnahmen durchführen, die mit Hilfe der ihr verfügbaren Mittel den gegebenen Zustand des Tourismussystems möglichst weit in Richtung auf einen gewünschten Zustand verändern. Vgl. zur Rationalität der Entscheidungen u.a. GÄFGEN, G., Theorie der wirtschaftlichen Entscheidungen, Tübingen 1974³, S. 26 ff., TIETZE, M., Die Rationalität in den Wirtschaftswissenschaften oder der homo oeconomicus und seine Verwandten, in: Jahrbuch für Sozialwissenschaft, Bd. 32 (1981), S. 118 ff.

[3] PÜTZ, Th., Grundlagen der theoretischen Wirtschaftspolitik, a.a.O., S. 184.

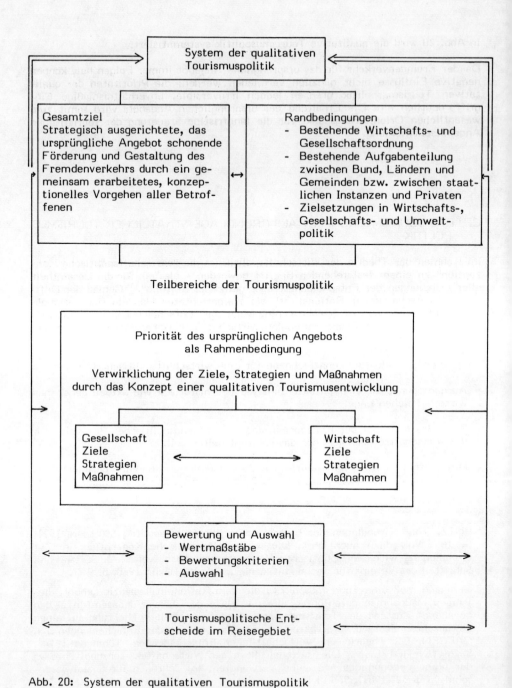

Abb. 20: System der qualitativen Tourismuspolitik

Q u e l l e : In Anlehnung an FISCHER, D., a.a.O., S. 183

- Auf diesen drei Grundelementen der Konzeption müssen Wege zur Erreichung der gegebenen Ziele unter Beachtung der formulierten Restriktionen aufbauen.[1]

Die wirtschaftspolitische Konzeption stellt somit einen "Zusammenhang von Grundsätzen, Zielen und Methoden" dar. Auch um den Anforderungen an Konstanz und Langfristigkeit der Ausrichtung der Tourismuspolitik Rechnung tragen zu können, ist die Formulierung eines Tourismuskonzeptes als "wirtschaftspolitische Konzeption" unerläßlich.[2]

Ausgehend von einem Fremdenverkehrsbegriff,[3] der eine in Zukunft gerade im Fremdenverkehr unerläßliche, interdisziplinäre und ganzheitliche Betrachtungsweise zugrunde legt, definiert KASPAR ein Tourismuskonzept: "Ein Fremdenverkehrskonzept stellt keine Planung mit zwingendem Charakter, kein Freipaß für staatliche Interventionen dar; es gibt Auskunft über die heutige Lage, wägt Vor- und Nachteile der Gegenwartslösung ab und weist Maßnahmen für eine bessere, rationellere und wirtschaftlichere Lösung für die Zukunft auf. Bei diesem Maßnahmenkatalog, der insbesondere die Aufgabenbereiche der verschiedenen Träger der Fremdenverkehrspolitik in optimaler Weise abgrenzt, müssen alle einschlägigen Gesichtspunkte politischer, wirtschaftlicher und sozialer Natur berücksichtigt werden."[4]

Ergänzend wird aufgrund der vorangegangenen Diskussion hinzugefügt, daß Ziele und Maßnahmen im Rahmen der qualitativen Tourismuspolitik herzuleiten sind.

Der Begriffsumschreibung entsprechend schlägt sich die gewünschte zukünftige Fremdenverkehrsentwicklung im Tourismuskonzept nieder; dieses Konzept wird damit zur Leitlinie einer gezielten marktgerichteten und koordinierten Tourismuspolitik. Es bietet die Möglichkeit, den Auswirkungen einer bisher überwiegend pragmatischen und kurzfristig orientierten Fremdenverkehrspolitik entgegenzutreten. Gleichzeitig ermöglicht das systemanalytische Vorgehen die Lösung komplexer Probleme. Durch die konzeptionelle Denkweise grenzt sich das Tourismuskonzept klar von früheren fremdenverkehrspolitischen Ansätzen ab. Ein nächster Schritt besteht dann darin, den systematisierenden Denkprozeß bei weiteren konzeptionellen Arbeiten auf anderen, politischen Ebenen durchzusetzen.

---

[1] Vgl. SCHACHTSCHABEL, H.G., Wirtschaftspolitische Konzeptionen, Stuttgart 1976[3], S. 15 ff.

[2] PÜTZ, Th., Grundlagen der theoretischen Wirtschaftspolitik, a.a.O., S. 184.

[3] Vgl. Gliederungspunkt II. A.

[4] KASPAR, C., Warum ein schweizerisches Fremdenverkehrskonzept?, in: Festschrift zum 60. Geburtstag von Zentralpräsident SHV E. SCHERZ, "Hotellerie und Fremdenverkehr", Bern 1969, S. 32; zitiert in: BEZZOLA, A., Probleme der Eignung und der Aufnahmekapazität touristischer Bergregionen der Schweiz, St. Galler Beiträge zum Fremdenverkehr und zur Verkehrswirtschaft, Reihe Fremdenverkehr, Bd. 7, Bern, Stuttgart 1975, S. 16. Vgl. auch dazu die Begründung des schweizerischen Fremdenverkehrskonzeptes bei KRIPPENDORF, J., Schweizerische Fremdenverkehrspolitik zwischen Pragmatismus und konzeptioneller Politik, in: Schweizerische Wirtschaftspolitik zwischen gestern und morgen, Festgabe zum 65. Geburtstag von Hugo SEIBER, hrsg. von E. TUCHTFELDT, Berlin 1976, S. 447 ff.

Die vorhergehenden Ausführungen haben gezeigt, daß konzeptionelles Vorgehen in der Tourismuspolitik notwendig ist, da aufgrund von Marktunvollkommenheiten auf der Angebotsseite der Marktprozeß zu ineffizienten Ergebnissen gelangen kann.

An erster Stelle des konzeptionellen Vorgehens steht die Diagnose, die sich in Anlehnung an das mikroökonomische Modell an folgenden Leitlinien ausrichten kann:

(1) die Bestimmung des aktuellen Verhältnisses zwischen ursprünglichem und abgeleitetem Angebot,

(2) die entsprechende Zuordnung einer Phase im Lebenszyklus,

(3) Prognose der auf diese Phase folgenden Entwicklung des Tourismusmarktes anhand des Lebenszyklusmodells.

Funktionieren dezentrale Marktmechanismen nicht, so sind im nächsten Schritt Maßnahmen zur Therapie von übergeordneter Stelle zu ergreifen. Es kann sich hier - wie beschrieben - einerseits um Maßnahmen zur quantitativen Verringerung des abgeleiteten Angebots handeln, andererseits ist es möglich, das abgeleitete Angebot so zu modifizieren, daß die Beanspruchung sinkt. Abb. 21 verdeutlicht in Anlehnung an einen Programmablaufplan dieses konzeptionelle Vorgehen.

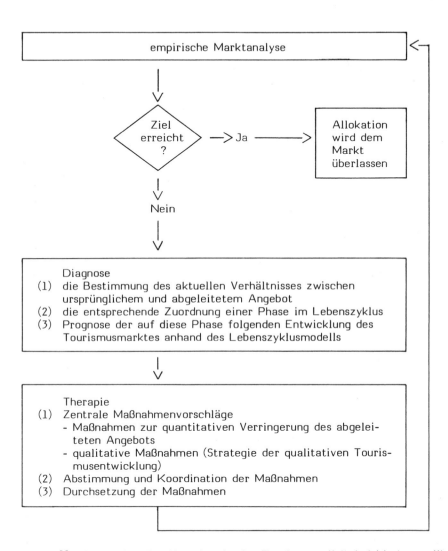

Abb. 21: Konzeptionelles Vorgehen in der Tourismuspolitik bei Marktunvollkommenheiten auf der Angebotsseite

IV. GEGENWÄRTIGE SITUATION UND AUS- SICHTEN DES TOURISMUS IN DER BUNDESREPUBLIK DEUTSCHLAND

A. BESTANDSAUFNAHME

1) Statistische Erfassung des Tourismus

Für die Fremdenverkehrspolitik wie auch für die touristische Planung in der Bundesrepublik Deutschland von wesentlicher Bedeutung ist eine detaillierte Angebots- und Nachfrageanalyse, die Prognosen der touristischen Entwicklung zuläßt. Es gilt, anhand statistischer Daten und Indikatorenbündel das Wesen und die Wirkungen des Tourismus zu erfassen.

Bei der Nachfrageanalyse handelt es sich neben quantitativ-statistischen Analysen der Nachfrageentwicklung (Anzahl der Gäste oder Gästeübernachtungen) vor allem um die qualitativ-strukturierten Analysen der Gäste und ihrer Verhaltensmuster. Letzteres ist entscheidend, weil sich das touristische Angebot an den Wünschen und Verhaltensmustern der Gäste ausrichtet. Um die Gestaltungskräfte der touristischen Nachfrage in der Bundesrepublik kennenzulernen, sind sozioökonomische Einflußgrößen wie Alter, Beruf und sozialer Status sowie Herkunft, wirtschaftliche Verhältnisse und die durchschnittlichen Ausgabenbeträge im Urlaub zu untersuchen. Diese Faktoren, die durch Veränderung der konjunkturellen Lage oder der politischen Verhältnisse sowie Wechsellagen der Mode einem ständigen Wandel unterworfen sind, sind in der Fremdenverkehrsplanung zu berücksichtigen.

Bei der Angebotsanalyse geht es im besonderen um die Frage der Eignung eines Raumes für den Tourismus bzw. Chancen und Möglichkeiten einer touristischen Entwicklung. Natur- und kulturbezogene Faktoren, touristische Infrastrukturen und Institutionen des Tourismus werden erfaßt und auf ihre Attraktivität hin überprüft. Gleichzeitig ist eine Quantifizierung der Fremdenverkehrsindustrie mit den Problembereichen Kapazität, Kapazitätsauslastung, Rentabilität etc. notwendig.

Drei Datenquellen, die Zeitreihen zur Fremdenverkehrsentwicklung in der Bundesrepublik liefern, geben im wesentlichen Aufschluß über die touristischen Angebots- und Nachfragestrukturen: der Mikrozensus, die Reiseanalysen des Studienkreises für Tourismus e.V. sowie die amtliche Fremdenverkehrsstatistik.

Zur Quantifizierung der Reiseströme sind als wichtigste Informationsquellen über Urlaubs- und Erholungsreisen der Bundesbürger im In- und Ausland die Erhebungen des Statistischen Bundesamtes in Wiesbaden (Mikrozensus) und die Reiseanalysen des Studienkreises für Tourismus e.V., Starnberg, zu nennen. Seit 1962 erhebt das Statistische Bundesamt im Rahmen des Mikrozensus, einer Befragung von 0,1 % aller Haushalte in der Bundesrepublik Deutschland,[1] Angaben u.a. über

---

[1] Dadurch wird das Reiseverhalten von ca. 60.000 Personen in ca. 22.000 Haushaltungen ermittelt. Die Stichprobe erfaßt auf repräsentativer Basis die gesamte in der Bundesrepublik einschließlich Berlin (West) lebende Wohnbevölkerung.

Fortsetzung der Fußnote siehe folgende Seite

Reiseintensität, -ziel, -zeit, -dauer, -begleitung, über die Art der Reise sowie die überwiegend benutzte Unterkunftsart. Es liegen jedoch keine über einen längeren Zeitraum vergleichbare Ergebnisse vor, da Erhebungen nicht regelmäßig, sondern nur in den Jahren 1962 - 1972 und 1978/79 - 1981/82 mit variierenden Fragenkatalogen stattfanden. 1983 und 1984 wurde der Mikrozensus aufgrund des Volkszählungsurteils ausgesetzt. Die seit der Wiedereinführung 1985 durchgeführten Befragungen im Rahmen des Mikrozensus haben den amtlichen Charakter allerdings verloren, da die Auskunftserteilung zum Reiseverhalten seit 1983 freiwillig ist.[1] Die daraus resultierenden erheblichen Antwortausfälle erschweren eine ausführliche Auswertung, und der gekürzte sowie geänderte Fragebogen läßt kaum Vergleiche zu den vorangegangenen Erhebungen zu.[2]

Bei der Reiseanalyse handelt es sich um eine sozial- und wirtschaftswissenschaftliche Grundlagenuntersuchung, die systematisch und kontinuierlich das Urlaubs- und Reiseverhalten der Bundesbürger aufgrund einer Befragung von ca. 6.000 Personen im Alter von mindestens 14 Jahren seit 1970 jährlich erfaßt. Die Reiseanalyse ermöglicht neben den Aussagen über Reiseintensität, Reiseziele, Reisearten, Reiseform, verwendete Verkehrsmittel, Unterkunft und Aktivitäten im Urlaub auch eine tiefergehende Analyse unter motivations- und verhaltenspsychologischen Gesichtspunkten aufgrund der Auseinandersetzung mit den sozio-psychologischen Hintergründen des Reisens.

Die skizzierten Erhebungsunterschiede zwischen Mikrozensus und Reiseanalyse sowohl bei der Grundgesamtheit als auch beim Stichprobenumfang führen zu Differenzen zwischen den jeweiligen Aussagen des Statistischen Bundesamtes und des Studienkreises für Tourismus e.V. So ermittelt z.B. der Studienkreis[3] für das Jahr 1979 eine Reiseintensität von 57,0 %, für 1980 von 57,7 %, während der Mikrozensus[4] für den Zeitraum April 1979 bis März 1980 eine Reiseintensität von 49,9 % ausweist.

Es ist auffallend, daß in der Literatur fast ausschließlich die Ergebnisse der Reiseanalyse des Studienkreises für Tourismus e.V. herangezogen werden, obwohl die Erhebungen des Statistischen Bundesamtes ohne Zweifel methodischer und da-

---

Fußnote 1 von der vorhergehenden Seite

Hierzu zählen auch die in der Bundesrepublik einschließlich Berlin (West) ansässigen Ausländer, nicht jedoch Angehörige ausländischer Streitkräfte und diplomatischer Vertretungen. Vgl. Statistisches Bundesamt (Hrsg.), Materialien zum Mikrozensus, Wiesbaden 1986.

---

[1] Gemäß § 4 Abs. 3 des Gesetzes über die Datendurchführung einer Repräsentativerhebung der Bevölkerung und des Erwerbslebens (Mikrozensusgesetz) vom 21.2.1983 (BGBl. I, S. 201 f.), das die frühere Rechtsgrundlage abgelöst hat, besteht keine Auskunftspflicht im Urlaubsreiseteil. Vgl. dazu WOHLMANN, R., Mikrozensus 1980 und Reiseanalyse 1980. Ein methodischer Vergleich, hrsg. vom Studienkreis für Tourismus e.V., Starnberg 1983, S. III.

[2] Vgl. ZUCKER-STENGER, W.H., Ist die Tourismusforschung für die Zukunft gerüstet? Ökonometrische Grundlagenuntersuchung erforderlich, in: Fremdenverkehrswirtschaft International, o.Jg. (1988), Nr. 12, S. 5 - 8.

[3] Vgl. Studienkreis für Tourismus e.V. (Hrsg.), Reiseanalysen, a.a.O.

[4] Vgl. Statistisches Bundesamt (Hrsg.), Fremdenverkehr, Urlaubs-, und Erholungsreisen, Fachserie 6, Reihe 7.3, Jg. 1979/80, Stuttgart und Mainz.

her genauer sind. Ein Vergleich zwischen Mikrozensus und Reiseanalyse ist nicht Gegenstand dieser Untersuchung.[1] Es ist jedoch festzuhalten, daß neben der sehr konsumentengerechten Aufarbeitung des Datenmaterials gerade die Lückenlosigkeit der Angaben, die ohne weitere Modifikation Anwendung finden können, ein großer Vorteil der Reiseanalyse ist.

Hinzu kommt, daß die Reiseanalyse nicht nur vergangenheitsorientiert, sondern auch zukunftsorientiert ist, indem sie Wünsche und Absichten miterhebt. In der folgenden Darstellung der touristischen Nachfrage ist es daher sinnvoll, auf die durchgehenden statistischen Angaben der Reiseanalyse zurückzugreifen.[2]

Das Statistische Bundesamt liefert außerdem Informationen über die Tourismusbranche im Zuge der amtlichen Fremdenverkehrsstatistik. Neunzehn verschiedenen Fachserien sind Daten zum touristischen Angebot in der Bundesrepublik zu entnehmen.[3] In der Veröffentlichung "Tourismus in Zahlen"[4] des Statistischen Bundesamtes werden in diesem Jahr erstmalig tourismusspezifische Angaben aus dem gesamten Arbeitsbereich der amtlichen Statistik zusammengetragen und ergänzt durch Informationen nationaler und internationaler Organisationen. Aufgrund der unterschiedlichen Quellen weist das Datenangebot viele Lücken, Definitionsprobleme und Abgrenzungsfragen und somit große Informations- und Aussagemängel auf. Einige Beispiele mögen dies verdeutlichen:

---

[1] Vgl. die detaillierten Ausführungen bei WOHLMANN, R., Mikrozensus 1980 und Reiseanalyse 1980. Ein methodischer Vergleich, a.a.O.

[2] In der jüngsten Literatur werden häufig Befragungen und Ergebnisse des BAT-Freizeit-Forschungsinstitutes, Hamburg, zitiert - eine seit 1984 stattfindende Repräsentativumfrage mit 2000 Interviews. Inwieweit die Erhebung eine Alternative zur Reiseanalyse darstellt, bleibt zu überprüfen. Da die Ergebnisse erst seit 2 Jahren vorliegen, können sie nicht für die folgende Untersuchung herangezogen werden. Ergänzend sei auf die seit 1987 vom Emnid-Institut, Bielefeld, durchgeführte Reisetrend-Untersuchung hingewiesen. Insgesamt werden hier pro Jahr 12.000 Bundesbürger befragt (dreimal jährlich im Januar, Mai und September je 4.000 Personen). Der Standardteil zielt ab auf die tatsächlich durchgeführten Reisen der letzten vier Monate und die zukünftigen Reisevorhaben in den nächsten acht bis neun Monaten.

[3] In dieser Untersuchung werden im wesentlichen folgende Fachserien ausgewertet: Statistisches Bundesamt (Hrsg.), Ankünfte und Übernachtungen in Beherbergungsstätten, Fachserie F, Reihe 8, Jg. 1960 - 1976, Stuttgart, Mainz; dass. (Hrsg.), Übernachtungen in Beherbergungsstätten, Fachserie 6, Reihe 7.1, Jg. 1977 - 1983, Stuttgart, Mainz; dass. (Hrsg.), Beherbergung im Reiseverkehr, Fachserie 6, Reihe 7.1, Jg. 1984 - 1988, Stuttgart, Mainz; dass. (Hrsg.), Beherbergungskapazität, Fachserie 6, Reihe 7.2, Jg. 1960 - 1980, Stuttgart, Mainz; dass. (Hrsg.), Beherbergungskapazität, Fachserie 6, Reihe 7.2 (sechsjährig), Jg. 1981 und 1987, Stuttgart, Mainz; dass. (Hrsg.), Urlaubs- und Erholungsreisen, Fachserie 6, Reihe 7.3, Jg. 1976 - 1982 und 1985 - 1988, Stuttgart, Mainz.

[4] Vgl. Statistisches Bundesamt (Hrsg.), Tourismus in Zahlen, Wiesbaden 1988.

- Aufgrund einer Gesetzesänderung zur Datenerfassung in Beherbergungsstätten [1] sind die Erhebungen seit 1981 nicht mehr begrenzt auf 2.400 Berichtsgemeinden mit mindestens 5.000 Übernachtungen, sondern es werden alle Beherbergungsbetriebe mit mindestens neun Betten erfaßt, während Privatvermieter nicht mehr der Berichtspflicht zur Bundesstatistik unterliegen.[2] Dies hatte z.B. zur Folge, daß mit Ablauf des Jahres 1980 rund 100.000 Privatquartiere und ca. 13.000 weitere Beherbergungsstätten mit weniger als neun Betten aus der Berichtspflicht zur Bundesstatistik entlassen wurden. Das entsprach einem Anteil von 69,5 % aller berichtspflichtigen Betriebe und 20,6 % aller Übernachtungen.[3] In den letzten Jahren werden aufgrund dieser Gesetzesänderung in den einzelnen bundesdeutschen Fremdenverkehrsregionen 30 % und mehr der Bettenkapazität nicht mehr statistisch registriert. [4]

- Bis 1983 wurden Großstädte als eine Gemeindegruppe gesondert ausgewiesen. Seit 1984 werden sie den sonstigen Gemeinden zugerechnet, so daß eine Differenzierung nach Städtetourismus, Erholungstourismus und Kurverkehr erschwert wird. [5]

- Internationale Vergleiche sind aufgrund unterschiedlicher Methoden der Datenerhebung der statistischen Zentralämter sehr problematisch. Grundsätzlich werden zwei Formen, die Grenzmethode und die Standortmethode,[6] unterschieden. Während es durch die Grenzmethode möglich ist, die genaue Zahl der Ausländer und ihre Aufenthaltsdauer (incl. ausländische Tagesausflügler) zu ermitteln, kann durch die Standortmethode der Fremdenverkehr innerhalb eines Landes genau lokalisiert werden. Sowohl Ausländer als auch Inländer werden erfaßt, und die Verteilung der Frequenzen auf die verschiedenen Rangklassen der Beherbergungskategorien ist ersichtlich.[7] Im Hinblick auf die unterschiedliche Art der Erfassung der Struktur der touristischen Ströme sowie der Technik der Statistik sind die beiden Methoden kaum vergleichbar. Nur eine gleichzeitige Anwendung beider Methoden liefert den größten Informationsgehalt. Die statistischen Zentralämter erheben allerdings in den meisten Fällen die Daten nur nach einer Methode. So wenden z.B. Kanada, die USA und

---

[1] Vgl. Gesetz über die Statistik der Beherbergung im Reiseverkehr (BeherbStatG) vom 14. Juli 1980 (BGBl. I, S. 953).

[2] Vgl. Statistisches Bundesamt (Hrsg.), Übernachtungen in Beherbergungsstätten, Jg. 1981, a.a.O.

[3] Vgl. DORN, S., Inlandsreiseverkehr 1985 - Ergebnisse der Beherbergungsstatistik und Aufbau des neuen Berichtssystems, in: Wirtschaft und Statistik, o.Jg.(1986), S. 529.

[4] Vgl. WERNER, J., Fremdenverkehr ohne Statistik - eine Fahrt ins Blaue?, in: Fremdenverkehrswirtschaft International, o.Jg. (1988), Nr. 5, S. 102.

[5] Vgl. Statistisches Bundesamt (Hrsg.), Beherbergung im Reiseverkehr, Jg. 1984, a.a.O.

[6] Die Grenzmethode erfaßt die Touristen beim Grenzübertritt. Die Standortmethode oder lokale Methode ermöglicht eine Erfassung der Gäste am Ort des Aufenthalts z.B. durch Hotelregistrierung.

[7] Vgl. zu den unterschiedlichen Erhebungsformen KASPAR, C., Die Fremdenverkehrslehre im Grundriß, a.a.O., S. 54 ff.

Goßbritannien die Grenzmethode, die Bundesrepublik Deutschland, Österreich und die Schweiz die Standortmethode an. Die Nichtvergleichbarkeit zeigt sich z. B. daran, daß die amtliche britische Statistik (International Passenger Survey) 1981 12,7 Mio britische Übernachtungen in der Bundesrepublik auswies, während das Statistische Bundesamt nur 1,9 Mio Übernachtungen britischer Gäste erfaßte.[1] Diese große Differenz ist neben schlechter Meldemoral der erfaßten Betriebe und der Änderung des Reiseverkehrsstatistikgesetzes in der Bundesrepublik besonders auf die unterschiedlichen Erhebungsformen zurückzuführen.

Es zeigt sich deutlich, daß die verfügbaren Daten zum Tourismus die Gesamtentwicklung in der Bundesrepublik nur unvollständig zu kennzeichnen vermögen.[2] Diese Probleme der Datenerhebungen sind bei der Auslegung und Kommentierung veröffentlichter touristischer Statistiken zur Kennzeichnung des bundesdeutschen Tourismus zu berücksichtigen.

Zielsetzung im folgenden ist es, in einem ersten Schritt die Entwicklung des bundesdeutschen Reiseverhaltens der letzten 30 Jahre vor dem Hintergrund des allgemeinen Strukturwandels aufzuzeigen, der unter anderem durch eine neue Raum- und Naturbewertung, durch die Einschätzung der Reise als positiv sanktionierte Verhaltensweise, durch Arbeitszeitverkürzung, durch zunehmende Urbanisierung sowie durch Erhöhung des Realeinkommens gekennzeichnet ist.

In einem zweiten Schritt werden das touristische Angebot in der Bundesrepublik und der Stellenwert des Tourismus in Politik und Volkswirtschaft diskutiert.

2) Struktur und Entwicklung der touristischen Nachfrage

Nach den Kriterien Herkunft, allgemeiner Reisezweck und Reisedauer läßt sich die touristische Nachfrage in der Bundesrepublik Deutschland systematisch im Überblick darstellen (vgl. Abb. 22).

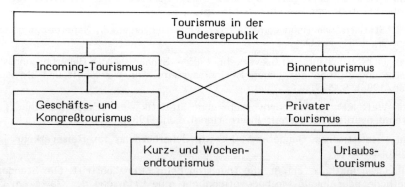

Abb. 22: Die touristische Nachfrage in der Bundesrepublik Deutschland

---

[1] Vgl. ROTH, P., Der Ausländerreiseverkehr in der Bundesrepublik Deutschland, in: Zeitschrift für Wirtschaftsgeographie, 28. Jg. (1984), S. 157.

[2] Vgl. Deutscher Bundestag (Hrsg.), Fremdenverkehrspolitik, BT-Drucks. 10/5455 vom 9.5.1986; ders., BT-Drucks. 10/5454 vom 9.5.1986.

Gemäß der vorgenommenen Abgrenzung werden im folgenden - nach grundsätzlichen Überlegungen zur Entwicklung des bundesdeutschen Reiseverhaltens - die Inlandsnachfrage (Binnentourismus) und die ausländische Nachfrage in der Bundesrepublik (Incoming-Tourismus) untersucht. Entsprechend dem allgemeinen Reisezweck empfiehlt sich eine Unterteilung in Geschäfts- und Kongreßreisen und Ferienreisen. Auf eine differenzierte Betrachtung des Geschäfts- und Kongreßtourismus muß allerdings aufgrund der unzureichenden statistischen Erfassung verzichtet werden.[1]

a) Reiseintensität und Reiseverhalten

Kenntnisse über das Reiseverhalten der bundesdeutschen Bevölkerung basieren im wesentlichen - wie schon erwähnt - auf der amtlichen Statistik und den Marktuntersuchungen sozial- und wirtschaftswissenschaftlicher Forschungsinstitute.[2] Trotz der geschilderten Erhebungsunterschiede belegen die Daten der amtlichen Statistiken und die Reiseanalysen zwei wesentliche Trends, die das Reiseverhalten der Bundesbürger in seiner quantitativen Dimension kennzeichnen: die bis 1980 nahezu kontinuierliche - nur im Rezessionsjahr 1976 unterbrochene - Steigerung der Teilnahmeraten am Fremdenverkehr und die wachsende Bedeutung des Kurzzeitreiseverkehrs.

Im folgenden werden einige Kennziffern zur Charakterisierung des Reiseverhaltens der bundesdeutschen Bevölkerung aufgeführt.

Erste Aussagen ermöglicht ein Rückblick auf die Entwicklung der Reiseintensität[3] seit 1954 (vgl. Tab. 3).

Im Verlauf der letzten 33 Jahre hat die Reiseintensität der bundesdeutschen Bevölkerung um mehr als 40-%-Punkte zugenommen. 1954 unternahmen lediglich 9,3 Mio (24,0 %) der damals 39,1 Mio Bundesbürger über 14 Jahre eine oder mehrere Urlaubsreisen. Seit Mitte der fünfziger Jahre stieg die Reiseintensität sprunghaft an und erreichte bereits 1970 41,6 %. Zum ersten Höhepunkt der Reiseintensität kam es 1975 mit 55,9 %, obwohl die wirtschaftliche Rezession nicht

---

[1] Eine erste umfangreiche Bestandsaufnahme des Tagungs- und Kongreßtourismus liegt seit Mai 1988 vor. Aufgrund fehlender Vergleichbarkeit zu früheren Erhebungen können allerdings keine Schlußfolgerungen gezogen werden. Vgl. MERKET-SAVAL, I., Kongreß- und Tagungs-Studie. Ein Volumen von rund 17 Mill. Tagungsteilnehmern?, in: Fremdenverkehrswirtschaft International, o.Jg. (1988), Nr. 12, S. 47 und 49.

[2] Vgl. Gliederungspunkt IV. A. 1.

[3] Die Reiseintensität kennzeichnet in diesem Fall den Anteil der bundesdeutschen Bevölkerung über 14 Jahre, der im Verlauf eines Kalenderjahres mindestens eine Urlaubsreise mit einer Dauer von mindestens fünf Tagen unternommen hat.

Tab. 3: Reiseintensität der bundesdeutschen Bevölkerung in den Jahren
1954 - 1988

Jahr	Bevölkerung über 14 Jahre Mio	Anzahl der Reisenden Mio	Anteil der Reisenden %
1954	39,1	9,3	24,0
1956	38,0	9,9	26,0
1958	41,3	11,5	28,0
1960	42,2	11,8	28,0
1962	42,7	13,7	32,0
1964	43,2	16,8	39,0
1966	44,3	18,7	42,0
1968	43,1	16,8	39,0
1970	44,5	18,5	41,6
1972	44,5	21,8	49,0
1974	44,7	23,5	52,5
1975	44,9	25,1	55,9
1976	45,2	24,0	53,0
1977	45,3	24,3	53,7
1978	45,9	25,8	56,2
1979	46,4	26,5	57,0
1980	47,0	27,1	57,7
1981	47,5	26,6	55,9
1982	47,9	26,3	55,0
1983	48,1	26,2	54,4
1984	48,3	26,7	55,3
1985	48,3	27,6	57,1
1986	48,3	27,5	57,0
1987	48,2	31,1	64,6
1988	48,7	31,6	64,9

Q u e l l e : DIVO-INSTITUT (Hrsg.), Urlaubsreisen 1968, zitiert in: Studienkreis
für Tourismus e.V. (Hrsg.), Urlaubsreisen 1954 - 1985. 30 Jahre Erfassung des touristischen Verhaltens der Deutschen durch soziologische Stichprobenerhebungen, Starnberg 1986, S. 1; Studienkreis für
Tourismus e.V. (Hrsg.), Urlaubsreisen 1954 - 1985, a.a.O., S. 1;
ders. (Hrsg.), Reiseanalyse, a.a.O.

zu übersehen war.[1] Mit einem Jahr Verzögerung[2] - die meisten Reiseentscheidun-
gen werden nach Erhebungen des Studienkreises für Tourismus e.V. bereits 6 Monate
im voraus getroffen - ging 1976 zum ersten Mal die Reiseintensität zurück. Dem

---

[1] Die Wirtschaftszyklen der Bundesrepublik stellen sich in dem genannten Zeitraum
wie folgt dar:
bis 1973   Konjunkturaufschwung
1974 - 1975   Rezession
1976 - 1980   Konjunkturerholung
1981 - 1982   Rezession
ab 1983   Konjunkturerholung
vgl. dazu Statistisches Bundesamt (Hrsg.), Statistisches Jahrbuch 1986 für die
Bundesrepublik Deutschland, a.a.O.

Fußnote 2 siehe folgende Seite

Rückgang allerdings folgte bereits ab 1977 wieder eine stetige Zunahme. Den nächsten Höhepunkt erreichte die Reiseintensität mit 57,7 % 1980. Es kam zu einer Steigerung, obwohl in Politik und Wirtschaft immer häufiger von einer Weltwirtschaftskrise gesprochen wurde. Aufgrund der wirtschaftlichen Rezession sank die Reiseintensität dann 1981 um 1,8 %. Dies war, da die gespannte Wirtschaftslage länger anhielt als Mitte der 70er Jahre, ein vergleichsweise geringer Rückgang, verreisten doch 1976 2,9 % weniger als 1975. Nachdem eine Verbesserung der Lage 1981 nicht absehbar war, ging die Reiseintensität 1982 um 0,9 % und 1983 um 0,6 % gegenüber dem jeweiligen Vorjahr zurück. Im Gegensatz zur ersten Rezession 1974 und zur Ölpreiskrise 1979 hat die Rezession 1981/82 somit nachhaltig Spuren hinterlassen. Die Wende setzte 1984 ein. Seither steigt der Anteil der Urlaubsreisenden und erreichte 1988 mit 64,9 % die vorläufig höchste Reiseintensität.

Die Zunahme der Reiseintensität bei Urlaubsreisen bis 1980 war - allerdings mit einer zeitlichen Verzögerung von einigen Jahren - begleitet von einer Zunahme der Kurzreiseintensität[1] (vgl. Tab. 4).

Tab. 4: Kurzreiseintensität und -häufigkeit in den Jahren 1974 - 1987

Jahr	Kurzreisende	Anteil der Kurzreisenden an der Bevölkerung	Kurzreisen
	Mio	%	Mio
1974	12,7	28,3	32,2
1975	9,4	21,1	21,7
1976	11,2	24,8	28,0
1977	12,1	26,7	30,6
1978	13,0	28,4	37,0
1979	10,8	23,2	26,8
1980	12,1	25,7	28,1
1981	17,8	37,5	43,2
1982	14,1	29,4	31,3
1983	14,3	29,8	33,8
1984	15,5	32,1	35,4
1985	15,7	32,6	35,8
1986	15,3	31,6	36,1
1987	16,4	34,1	40,9
1988	17,7	36,4	43,1

Q u e l l e : Studienkreis für Tourismus e.V. (Hrsg.), Reiseanalyse, a.a.O.

_____

Fußnote 2 von der vorhergehenden Seite

Als Beispiel sei angeführt, daß bei einer Befragung im Januar 1977 nur 20 % der Befragten hinsichtlich des Urlaubs oder einer Urlaubsreise noch unsicher waren. Vgl. dazu Studienkreis für Tourismus e.V. (Hrsg.), Reiseanalyse 1977, a.a.O.

_____

[1] Kurzreisen sind Reisen von zwei- bis viertägiger Dauer.

Die Entwicklungen verliefen jedoch nicht parallel. 1975/76 und 1980/81 - in den beiden Jahren sinkender Urlaubsreiseintensität - fällt eine steigende Kurzreiseintensität auf, was zur Vermutung veranlaßt, daß bei sich verschlechternden wirtschaftlichen Verhältnissen die längere Urlaubsreise durch eine Kurzreise ersetzt wird. 1982 kam es dennoch zu einem Rückgang der Kurzreiseintensität von 37,5 % auf 29,4 %.

Eine Erholung setzte bereits 1983 ein. Die positive wirtschaftliche Entwicklung seit 1983 führte zu einer erneuten Steigerung auf 32,1 % im Jahr 1984. Dieses Niveau konnte in den folgenden beiden Jahren annähernd gehalten werden. 1987 war dann gegenüber dem Vorjahr ein deutliches Plus zu verzeichnen. 1988 haben bereits 36,4 % der Bundesbürger über 14 Jahre mindestens eine Kurzreise gemacht. Damit ist dieser Bereich in den letzten 3 Jahren kontinuierlich gewachsen.

Der Anstieg der Kurzreisen ist u.a. auch auf die Verkürzung der Wochenarbeitszeit ("35-Stunden-Woche") zurückzuführen. Die 1984 geschlossenen Tarifverträge[1] haben in Verbindung mit der Eröffnung von Flexibilisierungsspielräumen bei der Arbeitszeitgestaltung[2] (z.B. Gleitzeitarbeit) eine Phase der Verkürzung der Wochenarbeitszeit eingeleitet, deren Ende noch nicht absehbar ist (vgl. Tab. 5).

Tab. 5: Entwicklung der durchschnittlichen tariflichen Wochenarbeitszeit in den Jahren 1980 - 1987

Jahr	Wochenarbeitszeit[a] Std.
1980	40,1
1981	40,1
1982	40,0
1983	40,0
1984	40,0
1985	39,8
1986	39,5
1987	39,3

[a] ohne Beamte

Q u e l l e : Vgl. NEIFER, E., Tarifliche Arbeitspolitik - Ein Instrument der Beschäftigungspolitik?, Europäische Hochschulschriften: Reihe 5, Volks- und Betriebswirtschaft, Bd. 954, Frankfurt a.M. u.a. 1985, S. 51

Die Steigerungsrate, die noch deutlicher bei der Urlaubsreiseintensität zum Ausdruck kommt - immerhin steigt die Reiseintensität von 57,0 % (1986) auf 64,9 % (1988) - ist ungewöhnlich. Ließen die Jahre 1984/85/86 bei stabiler wirtschaftlicher Lage und stagnierender Zahl der Reisenden die Vermutung aufkommen, daß

---

[1] Vgl. zur Arbeitszeitverkürzung ACHTEN, U., Mehr Zeit für uns, Dokumente und Bilder zum Kampf um die Arbeitszeitverkürzung, Köln 1984.

[2] Vgl. zu Formen der Arbeitszeitgestaltung HEGNER, F., Flexiblere Gestaltung der Arbeitszeiten - Empirische Befunde aus zwei aktuellen Studien, Vortrag beim GfP-Workshop in Bonn am 28./29.11.1985.

der Tourismus seine Grenzen erreicht hätte, bzw. selbst bei einer außerordentlichen Konjunkturentwicklung die Reiseintensität nur geringfügig anwachsen würde, so kam es 1987 zu einer Wende. Kurzreiseintensität und Urlaubsreiseintensität stiegen sprunghaft an. Mögliche Ursachen mögen neben der anhaltenden positiven wirtschaftlichen Lage u.a. zusätzliche arbeitsfreie Werktage durch die Abgeltung von Arbeitszeitverkürzungen sein.

Um konkretere Aussagen darüber machen zu können, ist es sinnvoll, sich mit dem Reiseverhalten - z.B. den Reisearten, Reiseformen und Reisegewohnheiten - im Rückblick auseinanderzusetzen.

Bei der Interpretation von Zeitreihen ist jedoch zu beachten, daß die Partizipationschancen ungleich verteilt sind, wie das bereits bei der Diskussion der Bestimmungsfaktoren der touristischen Nachfrage ausgeführt wurde:[1] Hohes Haushaltseinkommen, berufliche Dispositionsfreiheit, Verfügung über geregelte und rechtlich garantierte Freizeit, gehobene Berufsqualifikation und Bildung sowie urbane Wohn- und Lebensformen sind wesentliche Determinanten der quantitativen Dimension des bundesdeutschen Reiseverhaltens (vgl. Tab. 6).

Eine detaillierte Differenzierung im Reiseverhalten der bundesdeutschen Bevölkerung, die auf den Einfluß sozio-ökonomischer ebenso wie auf die Verknüpfung von Verhaltensweisen mit bestimmten persönlichkeits- und sozialpsychologischen Merkmalen zurückzuführen ist, führt über den Rahmen dieser Untersuchung hinaus. Unter Vernachlässigung der sozialen und ökonomischen Steuerfaktoren sowie der individuellen Entscheidungen sollen nationale Durchschnittswerte im folgenden weiterhin untersucht werden, um die Entwicklungen/Veränderungen der qualitativen Dimension der Nachfrage im Fremdenverkehr darstellen zu können.

Ausgangspunkt hierbei ist die Wahl des Reiseziels. Nach Ergebnissen des Studienkreis für Tourismus e.V. fällt zunächst, nachdem die Entscheidung für eine Urlaubsreise schon feststeht, die Entscheidung für das Reiseziel, dann erst für die Unterkunft, Verkehrsmittel und die Organisationsform.[2] Die Reisezielwahl ist abhängig sowohl von Erfahrungen, die man bei früheren Reisen sammelte, von Wunschvorstellungen, den Bedürfnissen und Erwartungen als auch von den momentanen und persönlichen Gegebenheiten wie Gesundheitszustand, körperliches und seelisches Wohlbefinden, mitreisende Familienangehörige, finanzielle Möglichkeiten.

Unabhängig von der Konjunktur, in deren Schwächephasen die Vermutung naheliegend ist, daß ein Urlaubsziel im eigenen Land an Attraktivität gewinnt, ist der Anteil der Inlandsreisenden in der Bundesrepublik seit 1954 von 84,9 % bis auf 30,3 % 1987 kontinuierlich gesunken (vgl. Tab. 7). 1988 konnte das Inland erstmals prozentual eine leichte Zunahme verzeichnen. Da parallel zu dieser Entwicklung die Reiseintensität jährlich anwuchs, blieb die Zahl der Deutschland-Urlauber relativ konstant. Letzteres zeigt allerdings, daß nicht etwa das Produkt "Reisen in Deutschland" schwächer geworden ist, sondern die Entscheidung für den Ort des Urlaubs zunächst eine emotionale ist. Diese Entscheidung ist für die Bundesbürger nun in erster Linie von den Sehnsüchten Sonne, Strand und Meer bestimmt (vgl. Tab. 8).

---

[1] Vgl. Gliederungspunkt III. A. 1).

[2] Vgl. Studienkreis für Tourismus e.V., Reiseanalyse 1980, a.a.O.

Tab. 6: Reisende und Nichtreisende nach sozio-demographischen und sozio-
ökonomischen Merkmalen

	1981/82 Wohnbe-völke-rung %	1981/82 nicht gereiste Personen %	1981/82 Reisen-de %	1984/85 Wohnbe-völkerung %	1984/85 nicht ge-reiste Personen %	1984/85 Reisen-de %	1985/86 Wohnbe-völke-rung %	1985/86 nicht gereiste Personen %	1985/86 Reisen-de %
Nach Altersgruppen									
6 - 13 Jahre	14,7	15,5	13,9	13,6	14,8	11,8	13,7	15,2	11,7
14 - 24 Jahre	17,9	19,0	16,8	17,8	19,7	14,8	17,6	20,1	14,5
25 - 44 Jahre	27,4	22,7	32,2	26,9	23,9	31,5	27,1	23,2	31,9
45 - 64 Jahre	24,3	22,8	25,7	26,2	23,6	30,2	26,3	23,3	29,9
65 und mehr Jahre	15,7	19,9	11,4	15,5	18,0	11,7	15,4	18,2	11,9
Insgesamt	100,0	100,0	100,0	100,0	100,0	100,0	100,0	100,0	100,0
Nach Beteiligung am Erwerbsleben und Stellung im Beruf									
Erwerbstätige									
- Selbständige außerhalb der Land- und Forst-wirtschaft	3,1	2,6	3,7	3,1	2,5	4,0	3,1	2,4	3,9
- Selbständige innerhalb der Land- und Forstw.	0,8	1,4	-	0,6	0,9	0,2	0,6	0,9	0,3
- Mithelfende Familien-angehörige	1,4	1,9	0,8	1,0	1,3	0,6	1,0	1,3	0,7
- Beamte	3,7	2,6	4,9	3,6	2,5	5,3	3,7	2,5	5,3
- Angestellte	16,0	10,6	21,5	15,5	11,7	21,3	16,4	11,2	22,9
- Arbeiter	16,2	17,1	15,4	16,2	16,4	15,9	16,0	16,5	15,5
- Auszubildende	2,3	2,9	1,7	2,6	3,1	1,8	2,4	3,0	1,7
Erwerbstätige zusammen	43,6	39,1	48,1	42,5	38,3	49,1	43,4	37,7	50,3
Erwerbslose	-	-	-	3,7	4,4	2,6	3,4	4,2	2,4
Erwerbspersonen zusammen	-	-	-	46,2	42,7	51,6	46,7	41,9	52,7
Nicht-Erwerbspersonen	56,4	60,9	51,9	53,8	57,2	48,4	53,3	58,1	47,3
Insgesamt	100,0	100,0	100,0	100,0	100,0	100,0	100,0	100,0	100,0
Nach monatlichem Haushaltsnettoeinkommen									
unter 800 DM	3,5	4,6	2,3	3,0	4,0	1,4	2,7	3,7	1,5
800 - 1.199 DM	5,8	7,5	4,1	5,3	6,6	3,4	5,2	6,5	3,5
1.200 - 1.599 DM	8,6	10,1	7,1	7,6	8,5	6,1	7,0	7,8	5,9
1.600 - 1.999 DM	12,4	13,5	11,3	11,2	11,7	10,5	10,8	11,9	9,4
2.000 - 2.499 DM	16,4	16,6	16,1	16,8	17,2	16,1	16,3	16,9	15,6
2.500 - 2.999 DM	12,7	11,4	14,0	11,3	10,7	12,2	12,0	11,7	12,4
3.000 - 3.999 DM	19,2	16,5	22,0	17,5	15,1	21,2	17,7	15,0	21,1
4.000 - 4.999 DM	-	-	-	8,5	7,1	10,6	9,2	7,5	11,2
5.000 und mehr DM	16,3	12,1	20,4	7,1	5,3	10,0	8,1	6,0	10,8
Sonstige Haushalte	5,2	7,7	2,7	11,7	13,8	8,6	10,9	12,8	8,7
Insgesamt	100,0	100,0	100,0	100,0	100,0	100,0	100,0	100,0	100,0
Nach Gemeindegrößenklassen (in Einwohnern)									
unter 5.000	14,0	18,4	9,6	14,2	16,8	10,1	13,2	16,1	9,8
5.000 - 9.999	10,2	12,3	8,1	11,7	12,8	9,9	11,4	12,4	10,0
10.000 - 19.999	15,7	17,4	14,1	16,2	16,9	15,1	15,7	17,0	14,2
20.000 - 49.999	18,7	17,8	19,5	16,7	16,3	17,2	16,3	16,1	16,6
50.000 - 99.999	9,5	9,0	10,0	10,0	9,4	10,9	10,3	9,7	11,1
100.000 - 199.999	7,1	5,7	8,4	8,2	7,8	8,9	8,1	7,7	8,5
200.000 - 499.999	8,4	7,1	9,6	8,7	8,0	9,9	8,4	7,9	9,1
500.000 und mehr	16,5	12,3	20,7	14,4	12,1	17,9	16,5	13,0	20,7
Insgesamt	100,0	100,0	100,0	100,0	100,0	100,0	100,0	100,0	100,0

Q u e l l e : Statistisches Bundesamt (Hrsg.), Urlaubs- und Erholungsreisen, jeweilige Jahrgänge, a.a.O.

Tab. 7: Reiseziele Inland/Ausland der Haupturlaubsreisen[a] in den Jahren 1954 - 1988

| Jahr | Inlandsreisende | | Auslandsreisende | | Reisende insgesamt |
	%	Mio	%	Mio	Mio
1954	84,9	7,9	15,1	1,4	9,3
1956	79,8	7,9	20,2	2,0	9,9
1958	73,0	8,4	27,0	3,1	11,5
1960	68,6	8,1	31,4	3,7	11,8
1962	59,9	8,2	40,1	5,5	13,7
1964	57,1	9,6	42,9	7,2	16,8
1966	51,9	9,7	48,1	9,0	18,7
1968	48,8	8,2	51,2	8,6	16,8
1970	45,9	8,5	54,1	10,0	18,5
1972	43,1	9,4	56,9	12,4	21,8
1974	41,9	9,8	58,1	13,6	23,4
1976	42,4	10,1	57,6	13,7	23,8
1978	39,1	10,1	60,9	15,7	25,8
1980	37,8	10,2	62,2	16,8	27,0
1982	38,6	10,2	61,4	16,2	26,4
1984	34,5	9,2	65,5	17,5	26,7
1985	33,7	9,3	66,3	18,3	27,6
1986	33,7	9,3	66,3	18,3	27,6
1987	30,0	9,4	69,2	21,6	31,1
1988	30,3	9,9	68,9	21,8	31,6

[a] Die Haupturlaubsreise ist diejenige Reise, die vom Befragten im Falle mehrerer Reisen von jeweils mindestens fünf Tagen als subjektiv bedeutendste Reise empfunden wird.

Q u e l l e : Studienkreis für Tourismus e.V. (Hrsg.), Urlaubsreisen 1954 - 1985, a.a.O., S. 4; ders. (Hrsg.), Reiseanalyse, a.a.O.

So stehen an der Spitze der Beliebtheitsskala mit Anteilen von 11,3 % bzw. 11,7 % Italien und Spanien (1988). Spanien als Reiszielland konnte seinen Anteil an den Haupturlaubsreisen der Bundesbürger von 1970 - 1987 fast verdreifachen. Jugoslawien und Griechenland haben ebenfalls an Attraktivität - wenn auch im geringeren Maße - gewonnen. Österreich hingegen mußte in diesem Zeitraum einen Rückgang von deutschen Urlaubern von 5,3 %-Punkten hinnehmen und verlor somit schon 1982 seine Spitzenposition innerhalb der Reiszielländer. Anfang der 70er Jahre dürften neben kurzen Anfahrtswegen vertraute Lebensgewohnheiten und die Verwendung der deutschen Sprache ausschlaggebend für das Reiseziel Österreich gewesen sein. Seitdem ist die Gruppe der im wahren Wortsinn Unerfahrenen, die in der "Auslandsreise"[1] ein Risiko sieht, immer kleiner geworden.

---

[1] In der Literatur findet Österreich als Zielland oft innerhalb des Inlandstourismus Beachtung, da sich die Reisemotive für die Wahl Österreich oder Bundesrepublik zum größten Teil entsprechen.

Tab. 8: Reiseziele der Haupturlaubsreisen im Ausland in den Jahren 1970 - 1988

Land	1970 %	1971 %	1972 %	1973 %	1974 %	1975 %	1976 %	1977 %	1978 %	1979 %	1980 %	1981 %	1982 %	1983 %	1984 %	1985 %	1986 %	1987 %	1988 %
Österreich	15,0	15,5	14,2	15,3	15,1	15,1	16,0	12,6	12,2	12,7	13,0	12,4	9,9	11,7	9,7	9,6	9,3	9,7	8,2
Italien	12,0	10,5	10,5	9,5	9,0	8,8	8,3	9,5	10,1	11,3	9,9	10,6	12,0	12,9	13,2	12,3	12,3	12,4	11,3
Spanien	5,0	6,5	7,3	6,0	8,7	8,5	7,7	10,2	10,3	10,2	9,2	10,2	11,1	10,5	10,9	11,5	12,6	13,5	11,7
Frankreich	2,0	2,8	3,2	3,4	3,5	3,7	4,2	5,1	5,7	4,5	4,3	5,9	5,3	3,7	5,5	5,4	5,3	5,8	6,6
Jugoslawien	2,0	3,5	4,2	3,6	4,0	3,6	3,8	3,2	4,9	3,6	4,3	3,6	4,2	3,6	4,2	6,0	5,5	5,1	5,0
Skandinavien	-	2,4	3,0	3,5	3,8	2,7	3,8	2,5	3,6	3,4	3,6	3,3	3,2	1,5	1,0	1,6	3,4	2,6	3,7
Griechenland	2,0	1,1	0,8	1,0	0,9	1,4	1,1	2,1	2,2	2,5	2,2	2,5	2,3	2,4	2,9	3,1	3,4	3,8	3,4
Osteuropa (ohne DDR)	-	1,6	2,1	2,2	2,3	2,4	2,3	2,3	1,9	2,5	2,1	2,5	2,5	2,9	2,6	2,8	2,8	2,9	2,6
Sonstige europäische Länder	14,0	8,9	7,1	7,2	6,5	5,6	5,8	6,6	5,9	6,3	6,5	6,2	5,6	8,6	10,0	8,5	6,3	6,6	6,9
Außereuropäische Länder	1,0	2,0	2,1	1,8	2,6	2,4	2,3	2,6	2,6	4,3	5,3	4,5	4,7	4,6	5,6	5,1	5,5	6,8	9,5
Ausland insges.	53,0	54,8	54,6	53,5	56,4	54,2	55,3	56,7	59,4	61,3	60,4	61,7	60,8	62,4	65,6	65,9	66,4	69,2	68,9

Q u e l l e : Studienkreis für Tourismus e.V. (Hrsg.), Urlaubsreisen 1954 - 1985, a.a.O., S. 6; ders. (Hrsg.), Reiseanalyse, a.a.O.

Bei der Auswahl eines Reiselandes verhalten sich die bundesdeutschen Touristen aber auch durchaus preis- und wechselkursbewußt. So hat Italien, das erhebliche Kaufkraftvorteile in den siebziger Jahren für Bundesdeutsche bot, in den entsprechenden Jahren zunehmend an Bedeutung gewonnen, wohingegen Österreich auch aufgrund von erheblichen Preissteigerungen eine deutliche Abnahme von Besuchern verzeichnen muß (vgl. Tab. 9). Die mangelnde Attraktivität der skandinavischen Länder ist nicht zuletzt auf das hohe Preisniveau zurückzuführen.

Tab. 9: Entwicklung der Reisegeldparitäten [a] zwischen der Bundesrepublik Deutschland und den wichtigsten touristischen Zielländern in den Jahren 1970 - 1986

Land	1970	1975	1980	1984	1985	1986
Dänemark	0,84	0,83	0,82	0,81	0,79	0,78
Frankreich	1,03	1,02	1,00	1,03	0,99	1,02
Großbritannien	1,06	1,19	0,94	0,92	0,87	1,04
Italien	1,04	1,22	1,26	1,11	1,13	1,09
Niederlande	1,13	1,03	1,02	1,03	1,02	1,02
Österreich	1,23	1,05	1,00	0,94	0,94	0,91
Schweiz	0,98	0,86	0,83	0,74	0,72	0,70
Spanien	1,30	1,13	1,00	1,00	0,99	0,99

[a] Die Reisegeldparität gibt die Kaufkraft der DM im Ausland an, die sich einerseits aus den Devisenkursen und andererseits aus den jeweiligen Preisen derjenigen Waren und Dienstleistungen ergibt, die von bundesdeutschen Urlaubern und Geschäftsreisenden üblicherweise gekauft werden.

Q u e l l e : Statistisches Bundesamt (Hrsg.), Tourismus in Zahlen, a.a.O., S. 92

Eine vergleichende Betrachtung der Reiseströme deutscher Urlauber ins Ausland verdeutlicht, daß während der letzten 17 Jahre gravierende Verschiebungen in der Beliebtheitsskala nicht stattgefunden haben. Nach wie vor sind die Mittelmeerländer und Österreich die bevorzugten deutschen Zielländer. [1]

Ein deutlicher Wandel zeigt sich bei den Reisemotiven bzw. der Reiseart. Auf die Frage: "Als was würden Sie Ihre (Haupt-)Urlaubsreise am ehesten bezeichnen?" stellten 1974 67 % aller Befragten die Suche nach Ausspannung und Erholung in den Vordergrund (vgl. Tab. 10). In jüngster Zeit zeigt sich ein stärkerer Trend zu einer aktiveren Urlaubsgestaltung: 25 % kennzeichneten 1987 ihren Urlaub als eine Vergnügungs- und Erlebnisreise; die Studienreise, der Gesundheitsurlaub und der Sporturlaub gewannen sehr an Bedeutung. Schwerpunktmäßig wurde allerdings auch 1984 die Urlaubsreise wieder als Erholungs- bzw. Strand- und Badeurlaub erlebt.

---

[1] Eine Analyse der bundesdeutschen Zielgebiete und spezieller Verhaltensmuster im Deutschlandtourismus erfolgt im Anschluß an die allgemeinen Ausführungen zum Reiseverhalten.

Tab. 10: Reisearten der Haupturlaubsreisen in den Jahren 1974 - 1987

Urlaubsart	1974 %	1976 %	1978 %	1980 %	1982 %	1984 %	1985 %	1986 %	1987 %
Vergnügungs- urlaub, Er- lebnisreise	12	15	18	15	19	28	23	21	25
Ausruhurlaub, Erholungsreise	67	67	66	67	20	22	30	25	24
Strand-, Bade-, Sonnenurlaub	-	-	-	-	22	22	19	24	24
Verwandten-, Bekannten- besuch	2	2	2	2	7	6	6	6	6
Studien-, Be- sichtigungs-, Bildungsurlaub	4	2	3	4	6	7	7	9	8
Sporturlaub	3	3	2	3	4	5	5	6	5
Abenteuerreise	-	-	-	-	1	2	1	1	1

Q u e l l e : Studienkreis für Tourismus e.V. (Hrsg.), Reiseanalyse, a.a.O.

Die beschriebene Neigung zu einer aktiveren Urlaubsgestaltung äußert sich auch in der Wahl der Unterkunft. So erzielte die Nutzung von Ferienwohnungen einen deutlichen Zuwachs, da diese Unterkunftsart einen größeren Spielraum in der Urlaubsgestaltung erlaubt und wenig Rücksichtnahme auf andere Urlauber erfordert (vgl. Tab. 11). An der Spitze der Urlaubsunterkünfte der Haupturlaubsreise steht seit 1970 immer noch das Hotel, eine Folge des noch steigenden Anteils der Auslandsreisen und im besonderen der Reisen in den Mittelmeerraum, verbunden mit der Zunahme der Veranstalterreisen[1] (vgl. Tab. 12). Die Art der Unterkunft hängt

---

[1] Veranstalterreisen werden alle Reisen genannt, bei denen bestimmte Leistungen eines Veranstalters in Anspruch genommen werden. Dabei werden in der Literatur folgende Formen unterschieden:
1. Die Vollpauschalreise. Bei ihr wird eine komplette Reise gebucht mit Transport, Unterkunft und Verpflegung, die als Programm von Veranstaltern zusammen angeboten werden.
2. Die Teilpauschalreise. Bei ihr wird eine Teilleistung gebucht, entweder die Unterkunft - und man reist als Selbstfahrer an - oder der Transport, wobei man sich um die Unterkunft selbst kümmert.
Vgl. DUNDLER, F., Urlaubsreisen 1987. Einige Ergebnisse der Reiseanalyse 1987, hrsg. vom Studienkreis für Tourismus e.V., Starnberg 1988, S. 50. In den Katalogen der Veranstalter wird zunehmend eine dritte Möglichkeit beschrieben: die IT-Reise (Inclusive Tour). Hier handelt es sich um eine individuelle Zusammenstellung der Reise aus Transport und Unterkunft auf der Basis eines Einzelarrangements.

Tab. 11: Unterkunftsarten der Haupturlaubsreisen in den Jahren 1954 - 1988

Unterkunftsart	1954 %	1966 %	1968 %	1970 %	1972 %	1974 %	1976 %	1978 %	1980 %	1982 %	1984 %	1985 %	1986 %	1987 %	1988 %
Hotel	14	21	22	21	22	21	19	24	25	24	29	26	31	35	27
Gasthaus	-	-	-	-	5	6	5	6	5	6	5	4	-	-	-
Pension	15	29	25	21	21	20	20	18	18	16	14	16	15	16	12
Privatzimmer	17	16	13	20	15	14	13	13	11	10	8	10	9	8	7
Verwandte, Bekannte	43	22	20	17	15	13	14	12	12	13	10	10	9	9	12
Camping, Caravaning	5	7	11	9	8	9	9	10	10	11	12	10	11	11	12
Ferienhaus, Ferienwohnung	-	-	6	7	3	8	9	9	10	10	18	14	21	16	21
Andere	6	5	3	5	11	9	11	8	9	10	4	10	4	5	-

Q u e l l e : Studienkreis für Tourismus e.V. (Hrsg.), Urlaubsreisen 1954 - 1985, a.a.O., S. 11; ders. (Hrsg.)
Reiseanalyse, a.a.O.

sehr stark von der Organisationsform und dem Ziel der Reise ab. Beim Veranstaltungstourismus, der gerade in Spanien und Griechenland sowie außereuropäischen Ländern die überragende Rolle spielt,[1] dominiert das Hotel. Mit der Entwicklung

Tab. 12: Organisationsform der Haupturlaubsreisen in den Jahren 1970 - 1988

Organisa-tionsform	1970 %	1972 %	1974 %	1976 %	1978 %	1980 %	1982 %	1984 %	1985 %	1986 %	1987 %	1988 %
Veranstal-terreise	17	19	20	21	25	26	26	30	34	35	41	40
Individual-reise	83	81	80	79	75	74	74	70	66	65	59	60
Insgesamt	100	100	100	100	100	100	100	100	100	100	100	100

Q u e l l e : Studienkreis für Tourismus e.V. (Hrsg.), Reiseanalyse, a.a.O.

des Pauschaltourismus und der damit verbundenen wachsenden Bedeutung der Reiseveranstalter hängt die kontinuierliche Steigerung der Marktbedeutung des Flugtourismus ab (vgl. Tab. 13). Sein Anteil am Urlaubsreiseverkehr stieg von 8,0 % 1970 auf bereits 13,0 % 1972, und das Jahr 1987 signalisiert mit 22,7 % einen weiteren Aufwärtstrend.

Tab. 13: Verkehrsmittel der Haupturlaubsreisen in den Jahren 1970 - 1988

Verkehrs-mittel	1970 %	1972 %	1974 %	1976 %	1978 %	1980 %	1982 %	1984 %	1985 %	1986 %	1987 %	1988 %
PKW	61	57	59	64	60	59	59	60	60	62,0	55,1	57,3
Bahn	24	23	20	17	17	16	14	11	11	10,0	11,3	9,7
Bus	7	7	7	6	7	8	9	8	10	9,5	9,8	9,6
Flugzeug	8	13	12	12	14	16	16	18	18	18,6	22,7	22,0
Sonstige	-	-	2	1	2	1	2	3	2	1,7	1,1	1,4
Insgesamt	100	100	100	100	100	100	100	100	100	100	100	100

Q u e l l e : Studienkreis für Tourismus e.V. (Hrsg.), Reiseanalyse, a.a.O.

Das Flugzeug drängte vor allem Bus und Bahn als Transportmittel zurück. Der Anteil der Busreisenden ging von 1954 bis 1964 von 17,0 % auf 10,0 % zurück.[2] Bis 1980 stagnierte der Anteil bei 7,0 %. Im Jahr 1982 deutete sich mit 9,0 % wieder

---

[1] 1988 waren nach Befragungen des Studienkreises für Tourismus e.V. in Spanien 79,1 % der Touristen Pauschalreisende, in Griechenland 72,7 %, in außereuropäischen Ländern 70,4 %. Vgl. Studienkreis für Tourismus e.V. (Hrsg.), Reiseanalyse 1988, a.a.O.

[2] Vgl. ebenda, Urlaubsreisen 1954 - 1985, a.a.O., S. 7, passim.

eine verstärkte Nachfrage nach Busreisen an, was auf die inzwischen komfortabler gewordenen Busse zurückzuführen sein könnte. Diametral zur Aufwärtsentwicklung im Flugreisetourismus steht die stetige Abnahme der Urlaubsreisenden mit der Bahn. Während das Flugzeug von dem ständig wachsenden Auslandstourismus wesentlich profitiert, wird die Bahn von diesen Veränderungen in den Reisegewohnheiten besonders stark betroffen. 1954 verreisten noch 56 % aller Urlauber mit der Bahn. Aufgrund des geringen Motorisierungsgrades waren die Haushalte auf öffentliche Verkehrsmittel angewiesen. 85 % verbrachten damals ihren Urlaub in deutschen Feriengebieten, die mit der Bahn recht gut zu erreichen waren. Geht man allerdings davon aus, daß 1954 erst 6 % aller Haushalte motorisiert waren und 19 % aller Urlaubsreisen mit dem Auto gemacht wurden, bedeutet dies, daß schon damals fast jeder Haushalt mit eigenem PKW diesen für seine Urlaubsreise benutzte.[1]

PKW-Besitz war also auch schon damals sehr eng mit dem Gebrauch dieses Verkehrsmittels für die Urlaubsreise verbunden. Der eigene PKW gewährleistet nicht nur die im Urlaub so sehr gewünschte Mobilität und Unabhängigkeit, sondern schafft gleichzeitig Kostenvorteile im Vergleich zu anderen Verkehrsmitteln, insbesondere bei Mehrpersonenfahrten. Folglich wuchs seit 1954 mit zunehmender Verbreitung des PKW der Anteil der Autoreisen boomartig. Bei Befragungen wird immer wieder festgestellt, daß die negativen Gesichtspunkte, wie Unfallgefahr, Staus und Streß, die positive Einstellung zur Autoreise nur wenig beeinflussen.[2] Der hohe Anteil an PKW-Touristen konnte bis 1986 trotz verstärkter Umweltdiskussionen konstant gehalten werden. 1987 mußte er erstmalig - aufgrund der gestiegenen Flugpauschalreisen - Anteilsverluste hinnehmen.

Abschließend ist die Ausgabenbereitschaft für Reisen zu untersuchen. Aufwendungen für Urlaubsreisen werden u.a. in der amtlichen Statistik neben Freizeitausgaben im engeren Sinne[3] unter "Ausgaben für Freizeitgüter" innerhalb der Wirtschaftsrechnung privater Haushalte als spezieller Bereich der Einkommensverwendung zusammengestellt. Die Freizeitausgaben der privaten Haushalte wuchsen zwischen 1965 und 1983 rascher als die verfügbaren Einkommen. So stieg im Beobachtungszeitraum 1965/83 der Anteil der Freizeitaufwendungen am Haushaltseinkommen bei den Rentnerhaushalten um 3,7 Prozentpunkte auf 8,9 %, bei den Arbeitnehmerhaushalten mit mittlerem Einkommen lag diese Quote bei 12,6 %.[4] Der Anteil der Urlaubsausgaben am gesamten Freizeitbudget erhöhte sich in diesem Zeitraum überdurchschnittlich, jedoch mit unterschiedlicher Dynamik bei den

---

[1] Vgl. WOHLMANN, R., Die Verkehrsmittel der deutschen Urlaubsreisenden 1954 - 1985, unveröffentlichtes Referat zur Jahrestagung 1985 "Urlaubsverkehrsmittel früher und heute" des Studienkreises für Tourismus e.V. in Fürth am 6. und 7. Dezember 1985.

[2] Vgl. MEYER, G., und MEYER, W., Autotourismus, hrsg. vom Studienkreis für Tourismus e.V., Starnberg 1975.

[3] Freizeitausgaben im engeren Sinne sind in zehn Gruppen gegliedert: Bücher, Zeitschriften, Zeitungen; Rundfunk, Fernsehen einschließlich Gebühren; Kraftfahrzeug; Sport und Camping; Gartenpflege, Tierhaltung; Spiele, Spielzeug; Besuch von Bildungs- und Unterhaltungsstätten; Fotografieren, Filmen; Handwerkzeug und Heimwerkgeräte; sonstiger Freizeitbedarf.

[4] Vgl. HEMMER, E., Entwicklung und Struktur der Freizeitausgaben (Dokumentation), in IW-Trends, o.Jg.,(1984), Heft 3, S. 45.

drei Haushaltstypen Rentnerhaushalte, Arbeitnehmerhaushalte mit mittlerem Einkommen sowie besser verdienende Beamten- und Angestelltenhaushalte (vgl.Tab.14).

Tab. 14: Freizeit- und Urlaubsaufwendungen ausgewählter privater Haushalte in den Jahren 1965 - 1988

Jahr	Monatliche Ausgaben je Haushalt in DM					
	Haushaltstyp I[a]		Haushaltstyp II[b]		Haushaltstyp III[c]	
	Urlaub	Freizeit insgesamt	Urlaub	Freizeit insgesamt	Urlaub	Freizeit insgesamt
1965	3,56	21,07	23,15	94,05	71,30	233,51
1970	7,31	35,12	33,18	134,42	100,65	301,52
1975	20,27	63,92	84,11	283,08	163,19	502,61
1980	31,94	106,86	130,13	405,66	260,97	737,33
1981	31,62	112,00	130,08	422,89	267,67	756,70
1982	35,39	122,53	123,28	428,48	270,77	765,20
1983[d]	46,56	141,29	115,22	438,27	280,83	807,32
1984[d]	45,93	156,08	134,29	503,08	284,23	902,94
1985	51,32	170,50	130,40	506,44	281,89	902,90
1986	59,64	194,50	139,72	532,04	287,50	917,28
1987	76,22	230,98	129,30	539,41	273,59	936,53
1988	67,26	213,62	152,33	598,05	285,19	969,65

[a] 1- bis 2-Personen-Haushalte von Renten- und Sozialhilfeempfängern mit niedrigem Einkommen

[b] 4-Personen-Arbeitnehmerhaushalte mit mittlerem Einkommen

[c] 4-Personen-Arbeitnehmerhaushalte von Beamten und Angestellten mit höherem Einkommen

[d] Für die Jahre 1984 und 1985 wurde der Nachweis der Daten an die jetzt gültige Systematik der Einnahmen und Ausgaben der privaten Haushalte, Ausgabe 1983, angepaßt.

Q u e l l e : HEMMER, E., a.a.O., S. 46; Statistisches Bundesamt (Hrsg.), Statistisches Jahrbuch für die Bundesrepublik Deutschland, Jahrgänge 1988 und 1989

Entscheidend ist hierbei die Entwicklung seit 1980: Die Auswirkungen der lang andauernden Konjunkturschwäche, besonders gekennzeichnet durch Arbeitsplatzrisiko und gedämpftes Einkommenswachstum, drückten den Anteil der Reiseausgaben an den Freizeitausgaben des Arbeitnehmerhaushalts in der Spitze von 32,1 % (1980) auf 26,3 % (1983),beim Beamten- und Angestelltenhaushalt war ein Rückgang um 0,6 % auf 34,8 % zu verzeichnen. In den folgenden Jahren liegen die Reiseausgaben der Arbeitnehmer im Durchschnitt bei 25 % der Freizeitausgaben, die der Beamten und Angestellten bei 30 %. Der Druck auf die Urlaubsaufwendungen ist dabei weniger das Ergebnis geringerer Reiseintensität (vgl. Tab. 3) als vielmehr des Sparens "im und am Urlaub". So zeigt sich u.a. eine Wende bei der Urlaubsdauer: Die durchschnittliche Reisedauer fiel von 18,8 Tagen (1977) - dem Höchststand - auf 17,2 Tage (1981) und hat sich trotz des allein im Zeitraum 1977 - 1986 um 5 Tage gestiegenen Urlaubsanspruchs in der Nähe dieses Wertes stabilisiert.[1] Urlaubsdauer, Wahl des Reiseziels, Ausgaben am Urlaubsort werden zu Sparfaktoren, auf die Reise selbst wird dagegen in der Regel nicht verzichtet.

Ergänzend sei auf Ergebnisse einer Untersuchung der konjunkturellen Abhängigkeit der touristischen Nachfrage in der Bundesrepublik 1950 - 1984 hingewiesen.[2] Die Studie greift auf Daten des Mikrozensus, der Reiseanalyse und der Zahlungsbilanz

Fußnoten 1 und 2 siehe folgende Seite

der Deutschen Bundesbank zurück.[1] Trotz teilweise nur bruchstückhaft vorliegender Daten und der schwierigen Vergleichbarkeit der unterschiedlichen Zeitreihen werden einige interessante Trends aufgezeigt:[2]

- Die Reiseausgaben der Bundesrepublik sind nominell - allerdings nicht real - nahezu durchweg gestiegen.
- Die preisbereinigten Reiseausgaben - wie auch die nominellen - weisen im Vergleich zur gesamtwirtschaftlichen Entwicklung größere Schwankungen auf.
- In den Jahren 1970 - 1980 sind die Reiseausgaben überproportional zum Einkommen und zum gesamten privaten Konsum gestiegen. Seit 1980 ist jedoch ein auffallender Rückgang der preisbereinigten Reiseausgaben festzustellen.

Festzuhalten ist demnach, daß die Reiseausgaben trotz nomineller Zuwächse unter Berücksichtigung der Einkommenszuwächse, der Inflation und des gestiegenen Gesamtkonsums seit einigen Jahren stagnieren.

Der Einfluß der sozio-ökonomischen Faktoren auf die Reiseausgaben ist in Tab. 15 abzulesen (vgl. Tab. 15). Betrachtet man die Einkommensentwicklung und die Ausgaben für Urlaubsreisen nach den sozio-ökonomischen Merkmalen Einkommen, Berufsgruppe, Alter und Reisegruppengröße, so sind folgende Aussagen zu machen:[3]
1. Der Anteil der Reiseausgaben an den Ausgaben für den Privaten Verbrauch ist geringfügig, aber kontinuierlich gestiegen, wohingegen der Anteil des gesamten Privaten Verbrauchs am ausgabefähigen Einkommen beträchtlichen Schwankungen unterliegt.
2. Der Einfluß der Einkommenshöhe auf die Ausgaben der Urlauber zeigt einen plausiblen Zusammenhang: die Ausgaben steigen tendenziell mit wachsendem Einkommen.
3. Bei der Analyse der Reiseausgaben in Abhängigkeit von der sozialen Stellung des Urlaubers liegen erwartungsgemäß die Ausgaben der Selbständigen im Urlaubsreiseverkehr an der Spitze. Von wesentlicher Bedeutung ist, daß der Anteil der Reiseausgaben am Privaten Verbrauch bei den Nichterwerbstätigen trotz niedrigstem Einkommen dem der Selbständigen nahezu entspricht. Es zeigt sich, daß Urlaubsreisen nahezu für alle Gesellschaftsschichten möglich sind. Änderungen des Ausgabeverhaltens sind in Anbetracht der Einkommens-

---

Fußnoten 1 und 2 von der vorhergehenden Seite

[1] Vgl. Tab. 1 und Studienkreis für Tourismus e.V. (Hrsg.), Reiseanalyse, a.a.O.

[2] Vgl. FREYER, W., Reisen und Konjunktur, in: Jahrbuch für Fremdenverkehr, 33. Jg. (1986), S. 57 - 108.

---

[1] In der Zahlungsbilanz sind Teilbilanzen "Reiseverkehr mit dem Ausland" sowie "Personenbeförderung" enthalten. Diese weisen auf der Ausgabenseite grundsätzlich alle Ausgaben Bundesdeutscher für Reisen ins Ausland aus.

[2] Vgl. FREYER, W., Tourismus: Einführung in die Fremdenverkehrsökonomie, a.a.O., S. 103. Die wesentlichen Ergebnisse der erwähnten Studie werden von Freyer hier zusammengefaßt.

[3] Vgl. in diesem Zusammenhang auch KOCH, A., Die Ausgaben im Fremdenverkehr in der Bundesrepublik Deutschland, Schriftenreihe des Deutschen Wirtschaftswissenschaftlichen Instituts für Fremdenverkehr an der Universität München, Heft 35, München 1980. Es handelt sich um eine detaillierte Untersuchung der Ausgabenstruktur im Fremdenverkehr in der Bundesrepublik Deutschland.

Tab. 15: Einkommensentwicklung und Reiseausgaben nach sozio-ökonomischen Merkmalen in den Jahren 1969, 1973, 1978 und 1983

	1969 Ausgabefähige Einkommen u. Einnahmen	1969 Aufwendungen Privaten Verbrauch Insges.	%	darunter Urlaubs- u.Erholungsreisen	%	1973 Ausgabefähige Einkommen u. Einnahmen	1973 Aufwendungen Privaten Verbrauch Insges.	%	darunter Urlaubs- u.Erholungsreisen	%	1978 Ausgabefähige Einkommen u. Einnahmen	1978 Aufwendungen Privaten Verbrauch Insges.	%	darunter Urlaubs- u.Erholungsreisen	%	1983 Ausgabefähige Einkommen u. Einnahmen	1983 Aufwendungen Privaten Verbrauch Insges.	%	darunter Urlaubs- u.Erholungsreisen	%
Haushalt insges.	17.712	13.980	79	589	4	26.188	19.643	75	999	5	34.422	26.380	77	1.551	6	41.566	31.600	76	2.098	7
Nach monatlichem Haushaltsnettoeinkommen																				
unter 800 DM	6.053	5.571	92	173	3	7.574	6.950	92	264	4	8.005	7.795	97	278	4	7.986	9.327	117	490	5
800 - 1.199 DM	13.040	11.284	87	407	4	12.866	11.060	86	520	5	12.402	11.078	89	555	5	12.224	12.003	98	603	5
1.200 - 1.799 DM	19.183	15.629	81	609	4	19.459	16.032	82	747	5	18.439	16.111	87	921	6	18.388	16.590	90	944	6
1.800 - 2.499 DM	26.455	20.252	77	896	4	27.581	21.591	78	997	5	26.477	22.123	84	1.265	6	26.263	22.715	86	1.448	6
2.500 - 4.999 DM	-	-	-	-	-	41.164	29.308	71	1.603	5	44.551	33.983	76	1.986	6	44.559	35.371	79	2.216	6
5.000 und mehr DM	43.548	28.369	65	1.657	6	83.923	41.708	50	3.365	8	83.335	50.981	61	3.544	7	85.337	54.784	64	4.251	8
Nach sozialer Stellung der Bezugsperson/des Haushaltsvorstandes																				
Landwirt	21.831	15.563	71	113	1	28.633	21.381	75	227	1	41.213	31.335	76	468	1	52.942	40.671	77	793	2
Selbständiger	30.569	19.865	65	974	5	47.424	27.267	57	1.784	7	66.981	38.153	57	2.527	7	76.077	45.945	60	3.630	8
Beamter	24.443	19.545	80	986	5	36.804	27.367	74	1.531	6	49.610	37.764	76	2.332	6	57.475	43.423	76	3.041	7
Angestellter	22.769	17.631	77	923	5	32.712	24.340	74	1.406	6	44.229	33.677	76	2.184	6	52.495	39.007	74	2.882	7
Arbeiter	16.820	14.052	84	447	3	25.556	20.177	79	765	4	35.036	27.719	79	1.242	4	42.529	33.499	79	1.664	5
Nichterwerbstätige	11.498	9.633	84	446	5	16.903	13.599	80	767	6	22.524	18.313	81	1.218	7	27.613	22.540	82	1.604	7
Nach Alter der Bezugsperson/des Haushaltsvorstandes																				
unter 25 Jahre	12.861	11.257	87	408	4	19.126	15.817	83	698	4	22.854	19.587	86	994	5	22.407	20.244	90	1.246	6
25 - 34 Jahre	18.926	15.175	80	534	4	29.377	22.179	75	1.008	5	37.369	29.020	78	1.348	5	39.877	31.409	79	1.714	5
35 - 44 Jahre	22.201	17.371	78	679	4	32.675	24.087	74	1.155	5	45.071	33.703	75	1.896	6	54.414	40.386	74	2.527	6
45 - 54 Jahre	21.882	16.964	78	741	4	31.531	23.247	74	1.164	5	43.602	32.541	75	1.826	6	54.414	40.298	74	2.689	7
55 - 64 Jahre	16.294	12.745	78	563	4	24.091	17.940	74	972	5	34.150	25.940	75	1.654	6	42.947	32.141	75	2.287	7
65 und mehr Jahre	11.985	9.707	81	479	5	17.003	13.251	78	791	6	23.320	18.298	79	1.308	7	27.700	21.655	78	1.670	8
Nach Haushaltsgröße und Typ																				
- 1 Person	8.739	7.354	84	359	5	13.131	10.528	80	620	6	17.813	14.528	82	975	7	22.199	18.156	82	1.353	7
- 2 Personen	16.568	13.128	79	658	5	25.046	18.729	75	1.121	6	33.461	25.675	77	1.758	7	42.185	32.064	76	2.484	8
- 3 Personen	21.188	16.617	78	718	4	31.258	23.289	75	1.161	5	42.459	32.189	76	1.798	6	52.251	39.280	75	2.368	6
- 4 Personen	22.858	17.728	78	668	4	33.795	24.886	74	1.152	5	47.449	35.580	75	1.854	5	59.026	43.575	74	2.544	6
- darunter Ehepaare mit 2 Kindern	22.798	17.710	78	682	4	33.694	24.833	74	1.165	5	47.630	35.698	75	1.883	5	59.107	43.669	74	2.575	6
- 5 und mehr Pers.	25.652	19.815	77	560	3	36.853	27.293	74	984	4	52.351	38.731	74	1.641	4	66.104	48.095	73	2.227	5
- darunter Ehepaare mit 3 Kind.	24.332	18.998	78	640	3	36.019	26.565	74	1.122	4	50.996	37.886	74	1.857	5	64.807	47.384	73	2.434	5

Q u e l l e : Vgl. Statistisches Bundesamt (Hrsg.), Tourismus in Zahlen, a.a.O., S. 18

verhältnisse und der Kosten eines Urlaubs heute nicht mehr zwingend notwendig.

4. Für die Urlauber gilt tendenziell, daß mit zunehmendem Alter die Ausgaben sinken. Allerdings zeigen die Zahlen, daß der Urlaub für ältere Menschen trotz der ökonomischen Begrenzungen der Handlungsspielräume - sie verfügen über das niedrigste ausgabefähige Einkommen - an Bedeutung gewinnt. So steigt der Anteil der Reiseausgaben am Privaten Verbrauch kontinuierlich.

5. Bei der Untersuchung des Einflusses der Reisegruppengröße auf die Reiseausgaben ist eindeutig festzustellen, daß die Ausgaben pro Kopf sinken, je mehr Personen zusammen verreisen. Erklärungen sind u.a. die rationelle Nutzung der Transportmittel und der Unterkünfte und - bedingt durch größere Personenzahl - größere Zurückhaltung bei den Ausgaben.

Während das Verhalten der Urlaubsreisenden unter soziologischen, psychologischen und wirtschaftlichen Gesichtspunkten untersucht wurde, können - wie bereits erwähnt - entsprechende Aussagen über das Reiseverhalten im Geschäfts- und Kongreßtourismus aufgrund mangelnder Daten nicht getroffen werden. Da Geschäfts- und Kongreßreisen als Teil der Produktion, als Investition oder Vorleistung für die gesamtwirtschaftlichen oder betrieblichen Produktionsprozesse zu sehen sind, ist zu vermuten, daß die Reisetätigkeit konjunkturbeeinflußt erfolgt. In diesem Zusammenhang stellt FREYER einige Plausibilitätsüberlegungen an, die bedeutsam sind für die spätere Aufzeichnung der Chancen und Risiken im bundesdeutschen Tourismus.[1] Folgende Abhängigkeiten sind anzunehmen:

- Geschäftsreisen werden mit gewissen Zeitverzögerungen gegenüber der konjunkturellen Entwicklung unternommen.

- Sie erfolgen antizyklisch, soweit sie geschäftsvorbereitend sind. Zusätzliche Reiseaktivitäten werden unternommen zur Anbahnung neuer Geschäfte besonders in rezessiven Phasen.

- Geschäftsreisen erfolgen prozyklisch, soweit aufgrund günstiger Ertragslagen neue Investitionen und Geschäftsreiseaktivitäten außerhalb des normalen betrieblichen Standortes notwendig sind.

- Geschäftsreisen erfolgen konjunkturunabhängig, wenn sie durch das jeweilige Gewerbe verursacht und unabhängig von der geschäftlichen Entwicklung sind, z.B. Filialbesuche.

---

[1] Vgl. FREYER, E., Reisen und Konjunktur, a.a.O., S. 76 ff., passim.

Tab. 16: Übernachtungen in Beherbergungsstätten nach Bundesländern in den Jahren 1960 - 1988

Bundesland	Übernachtungen									
	1960 Tsd	1965 Tsd	1970 Tsd	1975[a] Tsd	1980[a] Tsd	1984[b] Tsd	1985 Tsd	1986 Tsd	1987 Tsd	1988 Tsd
Schleswig-Holstein	9.787,4	12.819,2	18.134,9	22.601,3	22.769,9	16.328,1	16.322,3	17.075,9	17.137,1	17.180,7
Hamburg	2.539,5	2.782,1	2.979,6	2.497,2	2.922,3	2.879,1	2.979,1	3.042,3	3.143,6	3.455,9
Niedersachsen	14.983,0	18.095,3	20.841,7	25.938,5	27.615,9	22.415,2	23.568,8	24.183,1	25.147,5	26.704,7
Bremen	687,3	727,2	768,3	712,9	751,3	741,7	784,8	787,8	822,3	883,0
Nordrhein-Westfalen	16.978,6	20.997,1	23.950,6	27.599,6	30.822,7	28.099,7	28.590,9	29.206,5	29.524,1	31.283,9
Hessen	14.084,2	18.742,7	21.296,9	25.467,5	27.510,2	23.331,4	24.388,7	24.559,5	25.463,7	26.352,7
Rheinland-Pfalz	7.560,7	8.709,8	10.061,0	13.052,1	14.580,9	15.321,8	15.667,3	15.776,5	16.178,4	16.489,8
Baden-Württemberg	23.812,2	30.249,5	34.500,1	40.836,7	45.034,2	33.168,4	32.200,2	34.684,5	35.842,5	37.192,2
Bayern	34.995,6	42.659,6	48.672,3	64.944,0	73.197,1	59.722,0	60.891,8	63.023,5	65.447,6	67.415,3
Saarland	378,3	517,8	593,0	878,3	1.197,8	1.144,6	1.219,3	1.205,1	1.285,5	1.392,3
Berlin (West)	3.405,8	2.223,0	2.869,3	2.699,7	3.461,4	4.801,5	5.468,7	5.060,2	5.799,1	5.980,4
Bundesgebiet	129.213,2	158.523,2	184.667,5	227.227,8	249.963,8	207.953,4	213.081,9	218.605,0	225.791,4	234.330,9

[a] 1975 und 1980 sind Jugendherbergen und Kinderheime nicht berücksichtigt.
[b] Ab 1981 werden nur Beherbergungsstätten mit neun und mehr Betten erfaßt.

Q u e l l e : Statistisches Bundesamt (Hrsg.), Tourismus in Zahlen, a.a.O., S. 57; dass. (Hrsg.), Beherbergung im Reiseverkehr, a.a.O.

Tab. 17: Übernachtungen ausländischer und inländischer Gäste in Beherbergungsstätten nach Bundesländern in den Jahren 1981 - 1988

Bundesland	1981 Insgesamt Tsd	1981 Inländer %	1981 Ausländer %	1982 Insgesamt Tsd	1982 Inländer %	1982 Ausländer %	1983 Insgesamt Tsd	1983 Inländer %	1983 Ausländer %	1984 Insgesamt Tsd	1984 Inländer %	1984 Ausländer %	1985 Insgesamt Tsd	1985 Inländer %	1985 Ausländer %	1986 Insgesamt Tsd	1986 Inländer %	1986 Ausländer %	1987 Insgesamt Tsd	1987 Inländer %	1987 Ausländer %	1988 Insgesamt Tsd	1988 Inländer %	1988 Ausländer %
Schleswig-Holstein	14.924,1	97	3	14.559,2	97	3	14.261,6	97	3	16.328,1	97	3	16.322,3	96	4	17.075,9	96	4	17.137,1	96	4	17.180,7	96	4
Hamburg	3.006,8	64	36	2.753,6	65	35	2.659,6	67	33	2.879,1	65	35	2.979,1	63	37	3.042,4	65	35	3.143,6	66	34	3.455,9	66	34
Niedersachsen	21.970,0	94	6	21.215,0	95	5	20.405,3	95	5	22.415,2	93	7	23.568,8	93	7	24.183,1	93	7	25.147,5	93	7	26.704,7	93	7
Bremen	677,7	73	27	635,3	74	26	624,4	74	26	741,7	74	26	784,8	73	27	787,9	74	26	822,3	74	26	883,0	75	25
Nordrhein-Westfalen	28.844,2	88	12	27.133,9	87	13	25.891,3	87	13	28.099,7	86	14	28.590,9	86	14	29.206,5	85	15	29.524,1	85	15	31.283,9	85	15
Hessen	24.431,9	86	14	22.268,8	85	15	21.062,3	84	16	23.331,4	83	17	24.388,7	82	18	24.559,5	83	17	25.463,7	84	16	26.352,7	84	16
Rheinland-Pfalz	14.478,3	85	15	14.180,7	85	15	14.011,9	83	17	15.321,8	78	22	15.667,3	77	23	15.776,5	77	23	16.178,4	77	23	16.489,8	78	22
Baden-Württemberg	35.411,6	90	10	32.053,7	89	11	30.771,3	88	12	33.168,4	88	12	33.200,2	87	13	34.684,5	88	12	35.842,5	88	12	37.192,2	88	12
Bayern	60.843,4	92	8	56.207,4	91	9	55.983,9	91	9	59.722,0	88	12	60.891,8	88	12	63.023,5	89	11	65.447,6	89	11	57.415,3	89	11
Saarland	1.163,3	89	11	1.120,1	91	9	999,1	91	9	1.144,6	90	10	1.219,3	90	10	1.205,1	90	10	1.285,5	90	10	1.392,3	90	10
Berlin (West)	4.210,5	81	19	3.963,4	82	18	4.167,8	81	18	4.801,5	81	19	5.468,7	80	20	5.060,2	80	20	5.799,1	79	21	5.980,4	78	22
Bundesgebiet	209.961,6	90	10	196.091,1	89	11	190.838,5	89	11	207.953,4	87	13	213.081,9	87	13	218.605,0	87	13	225.791,4	87	13	234.330,9	87	13

Quelle: Statistisches Bundesamt (Hrsg.), Übernachtungen in Beherbergungsstätten, a.a.O.; dass. (Hrsg.), Beherbergung im Reiseverkehr, a.a.O.

b) Die Entwicklung des Inlandsreiseverkehrs

b₁) Die touristische Gesamtnachfrage

Ein wichtiger Indikator des Reiseverkehrs in der Bundesrepublik Deutschland sind die Ergebnisse der Beherbergungsstatistik, die Ankünfte und Übernachtungen in- und ausländischer Gäste in spezifischen Beherbergungsstätten - gegliedert nach Bundesländern - registriert. Die statistische Erfassung dieser beiden Größen ist jedoch - wie bereits erläutert - mit methodischen Mängeln behaftet, so daß der Aussagewert der Übernachtungen und Ankünfte begrenzt ist.[1] Aufgrund der Umstellung des Berichtssystems - seit 1981 werden nur noch Beherbergungsbetriebe mit mindestens neun Betten erfaßt - und der damit verbundenen mangelnden Vergleichbarkeit sind im folgenden die Zeiträume bis 1980 und 1981 - 1988 getrennt zu analysieren.

Zwischen 1960 und 1980 verdoppelte sich die Anzahl der Übernachtungen in der Bundesrepublik (vgl. Tab. 16).

Entsprechend dem Rückgang der Reiseintensität (vgl. Tab. 3) sank die Anzahl der Übernachtungen aufgrund der wirtschaftlichen Rezession in den Jahren 1982 und 1983 (vgl. Tab. 17). Die Wende setzte 1984 ein. Seither stiegen die Übernachtungszahlen jährlich um durchschnittlich 3 %. So wurden 1987 in 48.000 Beherbergungsstätten[2] insgesamt 62,5 Mio Ankünfte und 225,8 Mio Übernachtungen registriert. Auf Gäste mit ständigem Wohnsitz außerhalb der Bundesrepublik entfielen 29,1 Mio Übernachtungen - das entspricht einem Anteil von 13 %. Nach einer kontinuierlichen Steigerung der ausländischen Ankünfte und Übernachtungen - 1985 war die Zuwachsrate bei den Übernachtungen der Ausländer nahezu sechs Prozentpunkte höher (7,5 %) als die der Inländer (1,8 %) - kam es 1986 zu einem Einbruch (vgl. Tab. 18). Dies ist im besonderen auf einen starken Rückgang der Ankünfte und Übernachtungen der Gäste aus den Vereinigten Staaten zurückzuführen.[3] Gegenüber 1986 lag 1987 die Zahl der Ankünfte sowohl bei inländischen als auch ausländischen Gästen um jeweils 5 % höher. Bei den ausländischen Gästen konnte jedoch wieder eine höhere Zuwachsrate bei den Übernachtungen (+ 5 %) als bei den Inländern (+ 3 %) verzeichnet werden.

Die Unterschiede in der durchschnittlichen Aufenthaltsdauer - dem Quotienten aus der Anzahl der Übernachtungen und der Anzahl der Ankünfte - zwischen den inländischen und ausländischen Gästen bestätigen sich im untersuchten Zeitraum (vgl. Tab. 17). So liegt seit 1984 die Aufenthaltsdauer bei den ausländischen Gästen mit zwei Tagen wesentlich niedriger als bei den Gästen mit ständigem Wohnsitz innerhalb der Bundesrepublik Deutschland, die vier Tage beträgt. Dies deutet darauf hin, daß sich die ausländischen Gäste im Reiseverkehr mobiler ver-

---

[1] Vgl. dazu Gliederungspunkt IV. A. 1).

[2] Vgl. FLACHMANN, Ch., Inlandsreiseverkehr 1987 - Ergebnisse der Beherbergungsstatistik, in: Wirtschaft und Statistik, o. Jg. (1988), S. 253.

[3] Nähere Erläuterungen erfolgen im Rahmen der Analyse des Incoming-Tourismus, Gliederungspunkt IV. A. 2) b) b₃). Vgl. auch Tab. 24.

Tab. 18: Inlandsreiseverkehr ausländischer und inländischer Gäste in den Jahren 1984 - 1988

Ankünfte		1984	1985	1986	1987	1988
insgesamt	(Tsd.)	57.132	58.676	59.709	62.455	65.064
Inländer	(Tsd.)	45.196	45.989	47.492	49.675	51.951
Ausländer	(Tsd.)	11.935	12.686	12.217	12.780	13.113
Übernachtungen						
insgesamt	(Tsd.)	207.935	213.082	218.605	225.791	234.331
Inländer	(Tsd.)	181.804	185.003	190.793	196.698	204.214
Ausländer	(Tsd.)	26.131	28.079	27.812	29.094	30.117
Durchschnittliche Aufenthaltsdauer						
insgesamt	(Tage)	3,6	3,6	3,7	3,8	3,6
Inländer	(Tage)	4,0	4,0	4,0	4,0	3,9
Ausländer	(Tage)	2,2	2,2	2,3	2,3	2,3

Q u e l l e : Vgl. Statistisches Bundesamt (Hrsg.), Beherbergung im Reiseverkehr, a.a.O.

halten, also häufiger im Verlauf einer Reise das Quartier wechseln als deutsche Touristen.[1]

Die Untergliederung der Übernachtungen nach Bundesländern zeigt seit 1983 bis auf zwei Ausnahmen eine positive Entwicklung (vgl. Tab. 17). Die einzelnen Bundesländer verzeichnen jedoch jährlich sehr unterschiedliche Zuwachsraten. 1986 haben die Flächenländer Schleswig-Holstein (+ 5 %), Baden-Württemberg (+ 5 %) und Bayern (+ 4 %) überdurchschnittliche Zuwachsraten gegenüber dem Vorjahr erzielt. Für Nordrhein-Westfalen und Niedersachsen bewegen sich die Zuwachsraten zwischen 2 und 3 %, gemessen an dem Vorjahresvolumen. Die Anzahl der Übernachtungen stagniert in Bremen, Hessen und Rheinland-Pfalz, negative Ergebnisse verzeichnen Berlin (West) mit - 8 % und das Saarland mit - 1 % gegenüber dem Vorjahr. 1987 hingegen beläuft sich in Berlin (West) die Zuwachsrate auf 15 % und im Saarland auf 7 %. Das weit überdurchschnittliche Ergebnis für Berlin (West) dürfte auf die 750-Jahrfeier der Stadt zurückzuführen sein, die einen regen Besucherstrom nach Berlin gezogen hat. In Niedersachsen, Hessen und Bayern nimmt die Anzahl der Übernachtungen jeweils um 4 % zu, in Baden-Württemberg und in Rheinland-Pfalz um 3 %. Eine durchschnittliche Zuwachsrate hat mit 1 % Nordrhein-Westfalen, in Schleswig-Holstein stagnieren die Übernachtungszahlen.

Im Ausländerreiseverkehr bewegt sich der Anteil der ausländischen Gäste an den Gesamtübernachtungen in den einzelnen Bundesländern zwischen 4 % (Schleswig-Holstein) und 34 % (Hamburg). An zweiter Stelle folgt Bremen mit einem Anteil an Auslandsgästen von 26 %. Der hohe Ausländeranteil in diesen beiden Hafenstädten ist offensichtlich durch die internationale Schiffahrt begründet. Eine vergleichende Betrachtung zeigt, daß die für 1988 ermittelte Struktur über den Zeitraum 1981 - 1988 nahezu unverändert bleibt. Relativ konstant ist auch der

---

[1] Eine differenzierte Betrachtung sowohl des Binnentourismus als auch des Incoming-Tourismus erfolgt im Anschluß an die Darstellung der Gesamtentwicklung.

Anteil der einzelnen Bundesländer an der Gesamtzahl der Übernachtungen. Wie 1987 entfallen 1988 29 % aller Übernachtungen auf Bayern und weitere 16 % auf Baden-Württemberg. Bayern und Baden-Württemberg bleiben damit Hauptzielländer der Deutschlandreisen.

Auch die regionale Struktur, unterschieden nach Heilbädern und Kurorten sowie Seebädern, Erholungsorten (einschließlich Luftkurorte und Sonstige Gemeinden) und Großstädte, verzeichnet keine bedeutenden Anteilsverschiebungen im Zeitablauf (vgl. Tab. 19).

Nach Gliederung der Übernachtungen in Betriebsarten entfallen 1987 60 % der gemeldeten Gästeübernachtungen auf das "klassische" Beherbergungsgewerbe (Hotels, Gasthöfe, Pensionen, Hotels garnis), was einer Zunahme von 3 % entspricht. In den Erholungsheimen, Ferienhäusern, -wohnungen, Hütten und Jugendherbergen werden 6 % mehr Gästeübernachtungen gemeldet. Jeder fünfte Gast wählt eine dieser Beherbergungsformen. Die Übernachtungen in der Gruppe der Erholungs-, Ferien- sowie Schulungsheime können sogar eine Zuwachsrate von 10 % verzeichnen. Die Zuwachsraten der Übernachtungen in den Ferienzentren (+ 5 %) und in den Ferienhäusern und -wohnungen (+ 6 %) bestätigen den seit einigen Jahren zu beobachtenden Trend nach preiswerteren Unterkunftsmöglichkeiten. Diese Beherbergungsmöglichkeiten werden offensichtlich auch für einen längeren Erholungsurlaub bevorzugt, da die durchschnittliche Aufenthaltsdauer 9 Tage beträgt, während sie für Hotels und Gasthöfe bei 2 Tagen liegt (vgl. Tab. 20). Es ist zu vermuten, daß die unterschiedliche Dauer des Aufenthalts auch auf unterschiedliche Zielgruppen, die durch die jeweilige Betriebsart angesprochen werden, zurückzuführen ist. Während Familien ihren jährlichen Erholungsurlaub in Ferienhäusern und -zentren verbringen, werden Hotels und Gasthöfe eher durch den Geschäftsreiseverkehr in Anspruch genommen. Die durchschnittliche Aufenthaltsdauer in der jeweiligen Betriebsart hat sich im Zeitablauf kaum geändert.

Neben den Übernachtungen in Beherbergungsstätten sind die Übernachtungen auf Campingplätzen zu beachten. Sie sind seit 1983 rückläufig. Besonders 1987 nahmen sie gegenüber dem Vorjahr stark ab (- 11 %) (vgl. Tab. 21). Ausschlaggebend dafür dürften die ungünstigen Witterungsbedingungen gewesen sein, die viele Urlauber innerhalb der Bundesrepublik auf andere Beherbergungsformen umsteigen ließen.[1]

Auffallend ist der hohe Anteil der Ausländerübernachtungen an den Gesamtübernachtungen auf Campingplätzen. In den letzten Jahren sind es über 50 % in Rheinland-Pfalz und rd. 35 % in Bayern und Nordrhein-Westfalen. Ohnehin liegt der Ausländeranteil bei den Übernachtungen auf Campingplätzen mit ca. 26 % doppelt so hoch wie bei den Beherbergungsstätten (vgl. Tab. 18 und Tab. 21).

b$_2$) Der Binnentourismus

Ergänzend zu den Ausführungen der touristischen Gesamtnachfrage sei noch auf einige Besonderheiten des Binnentourismus hingewiesen.

---

[1] Vgl. FLACHMANN, CH., a.a.O., S. 254.

Tab. 19: Entwicklung der Fremdenverkehrsübernachtungen in Heilbädern und Kurorten, in Erholungsorten und in Großstädten im Vergleich zur Gesamtnachfrage in der Bundesrepublik Deutschland in den Jahren 1960 - 1983 (Index 1960 = 100)

Jahr	Bundesrepublik Deutschland		Heilbäder und Kurorte einschließlich Seebäder				Erholungsorte einschließlich Luftkurorte u. sonstige Berichtsgemeinden				Großstädte			
	Übernachtungen Mio	Index	Übernachtungen Mio	Index	Marktanteil %	Index	Übernachtungen Mio	Index	Marktanteil %	Index	Übernachtungen Mio	Index	Marktanteil %	Index
1960	127,0	100	52,6	100	41,4	100	53,0	100	41,7	100	21,4	100	16,8	100
1961	135,4	107	58,2	111	43,0	104	54,9	104	40,5	97	22,3	104	16,5	98
1962	141,9	112	60,2	114	42,4	102	58,5	110	41,2	99	23,2	108	16,3	97
1963	147,0	116	62,7	119	42,7	103	60,4	114	41,1	99	23,9	112	16,2	96
1964	152,5	120	65,5	125	43,0	104	62,5	118	41,0	98	24,5	114	16,0	95
1965	157,5	124	68,2	130	43,3	105	63,5	120	40,3	97	25,8	121	16,4	98
1966	165,4	130	70,8	135	42,8	103	68,4	129	41,4	99	26,2	122	15,8	94
1967	166,9	131	72,2	137	43,3	105	69,3	131	41,5	100	25,4	119	15,2	90
1968	166,4	131	72,2	137	43,4	105	69,4	131	41,7	100	24,8	116	14,9	89
1969	173,9	137	75,0	143	43,1	104	72,5	137	41,7	100	26,4	123	15,2	90
1970	182,9	144	78,6	149	43,0	104	75,9	143	41,5	100	28,4	133	15,5	92
1971	193,6	152	82,6	157	42,7	103	82,5	156	42,6	102	28,5	133	14,7	88
1972	201,6	159	85,3	162	42,3	102	88,0	166	43,7	105	28,3	132	14,0	83
1973	211,9	167	90,5	172	42,7	103	93,4	176	44,1	106	28,0	131	13,2	79
1974	216,0	170	93,0	177	43,1	104	96,0	181	44,4	106	27,0	126	12,5	74
1975	227,2	179	99,9	190	43,9	106	99,4	187	43,8	105	27,9	130	12,3	73
1976	226,5	178	97,4	185	43,0	104	100,3	189	44,3	106	28,8	135	12,7	76
1977	231,7	182	97,6	186	42,1	102	103,7	196	44,8	107	30,4	142	13,1	78
1978	238,7	188	100,9	192	42,3	102	106,8	201	44,7	107	31,0	145	13,0	78
1979	243,8	192	102,9	196	42,2	102	108,5	205	44,5	107	32,4	151	13,3	79
1980a	249,9	197	107,1	204b	42,8	103b	109,4	206b	43,8	105b	33,4	156b	13,4	80b
1981a	210,0	100b	85,1	100b	40,5	100b	91,3	100b	43,5	100b	33,6	100b	16,0	100b
1982	196,1	93	75,8	89	38,7	96	87,7	96	44,7	103	32,6	97	16,6	104
1983	190,8	91	71,4	84	37,4	92	86,6	95	45,4	104	32,8	98	17,2	108

a In den Jahren 1980/81 liegt ein statistischer Bruch vor. Seit 1981 werden Privatquartiere und Kleinbetriebe mit weniger als neun Betten nicht mehr berücksichtigt.
b Basisänderung: 1981 = 100

Q u e l l e : Statistisches Bundesamt (Hrsg.), Ankünfte und Übernachtungen in Beherbergungsstätten, a.a.O.; dass. (Hrsg.), Übernachtungen in Beherbergungsstätten, a.a.O.

Tab. 20: Übernachtungen und Aufenthaltsdauer der Gäste in Beherbergungsstätten in den Jahren 1981 - 1988

Betriebsart	1981 Übernachtungen Tsd	1981 Aufenthaltsdauer Tage	1982 Übernachtungen Tsd	1982 Aufenthaltsdauer Tage	1983 Übernachtungen Tsd	1983 Aufenthaltsdauer Tage	1984 Übernachtungen Tsd	1984 Aufenthaltsdauer Tage	1985 Übernachtungen Tsd	1985 Aufenthaltsdauer Tage	1986 Übernachtungen Tsd	1986 Aufenthaltsdauer Tage	1987 Übernachtungen Tsd	1987 Aufenthaltsdauer Tage	1988 Übernachtungen Tsd	1988 Aufenthaltsdauer Tage
Hotels	63.756,1	2,3	61.435,8	2,2	61.196,2	2,2	59.527,6	2,2	61.653,4	2,2	63.343,6	2,2	66.047,7	2,2	72.713,1	2,2
Gasthöfe	23.671,0	3,0	21.857,8	2,9	21.182,6	2,7	21.005,0	2,5	20.851,9	2,5	21.563,6	2,5	21.918,8	2,4	20.025,1	2,4
Pensionen	32.357,0	7,5	28.603,0	7,1	28.186,9	6,8	18.297,0	7,0	17.866,7	6,9	18.125,8	6,7	18.337,0	6,6	16.621,9	6,3
Hotels garnis	18.964,6	2,8	17.862,5	2,7	17.502,0	2,7	28.069,5	3,1	28.137,7	3,1	28.265,9	3,1	28.496,2	3,1	30.899,2	3,2
Erholungs- u. Ferienheime	19.786,1	6,5	18.898,6	6,2	18.561,0	6,0	18.990,2	6,2	19.684,3	6,2	20.249,7	6,0	22.314,1	5,6	22.732,7	5,3
Ferienzentren[a]	-	-	-	-	-	-	3.854,1	6,8	3.911,6	6,6	3.988,8	6,6	4.185,8	6,7	3.340,1	6,4
Ferienhäuser u. -wohnungen	16.238,3	9,6	15.846,1	9,6	16.363,3	9,3	15.172,2	9,7	15.691,9	9,6	16.945,7	9,4	18.022,6	9,3	20.021,3	9,5
Hütten, Jugendherbergen	-	-	-	-	-	-	10.999,5	2,9	10.949,1	2,9	10.760,6	2,8	10.454,9	2,8	10.156,1	2,7
Sanatorien u. Kurkrankenhäuser	35.188,3	28,0	31.587,2	28,5	27.846,5	28,0	32.038,3	26,2	34.335,3	27,2	35.361,4	27,1	36.014,2	26,6	37.820,9	28,1

[a] Bis 1983 wurden Ferienzentren sowie Hütten und Jugendherbergen statistisch nicht gesondert erfaßt.

Quelle: Statistisches Bundesamt (Hrsg.), Übernachtungen in Beherbergungsstätten, a.a.O.; dass. (Hrsg.), Beherbergung im Reiseverkehr, a.a.O.

Tab. 21: Übernachtungen der Gäste auf Campingplätzen nach Bundesländern in den Jahren 1981 - 1988

Bundesland	1981 Übernachtungen Insges. Tsd	1981 darunter Auslandsgäste %	1982 Übernachtungen Insges. Tsd	1982 darunter Auslandsgäste %	1983 Übernachtungen Insges. Tsd	1983 darunter Auslandsgäste %	1984 Übernachtungen Insges. Tsd	1984 darunter Auslandsgäste %	1985 Übernachtungen Insges. Tsd	1985 darunter Auslandsgäste %	1986 Übernachtungen Insges. Tsd	1986 darunter Auslandsgäste %	1987 Übernachtungen Insges. Tsd	1987 darunter Auslandsgäste %	1988 Übernachtungen Insges. Tsd.	1988 darunter Auslandsgäste %
Schleswig-Holstein	3.176,2	6	3.423,0	5	3.507,5	5	2.763,0	6	-	-	2.677,4	7	2.370,0	8	2.>48,5	10
Hamburg	36,3	68	32,0	71	29,0	70	-	-	-	-	-	-	-	-	-	-
Niedersachsen	2.719,7	14	3.359,6	12	3.527,9	15	3.327,5	12	3.009,5	12	3.264,6	10	2.985,4	13	2.980,9	13
Bremen	18,2	30	19,4	28	-	-	-	-	-	-	-	-	-	-	-	-
Nordrhein-Westfalen	1.105,6	45	1.166,7	43	1.159,8	43	992,9	41	901,5	36	966,2	37	917,4	36	906,7	37
Hessen	1.298,3	23	1.474,4	19	1.412,0	36	1.314,1	20	1.282,0	19	1.344,0	18	1.016,1	23	969,5	24
Rheinland-Pfalz	2.584,0	44	3.136,0	42	3.231,2	33	3.206,4	34	3.621,2	32	1.971,8	55	1.702,6	57	2.532,1	53
Baden-Württemberg	2.776,7	33	2.741,2	32	2.610,8	33	2.543,4	32	2.444,1	33	2.495,0	35	2.154,0	36	2.609,5	34
Bayern	3.504,0	20	3.325,5	19	3.265,9	18	3.396,7	21	3.526,9	22	3.616,1	21	3.320,0	24	3.762,2	23
Saarland	76,3	26	62,6	28	60,2	25	-	-	-	-	-	-	-	-	-	-
Berlin	59,9	41	54,0	42	-	-	-	-	-	-	-	-	-	-	-	-
Bundesgebiet	17.355,3	24	18.794,5	23	18.887,9	22	17.737,6	22	17.605,6	22	16.551,2	24	14.670,3	26	16.109,2	27

Q u e l l e : Statistisches Bundesamt (Hrsg.), Übernachtungen in Beherbergungsstätten, a.a.O.; dass. (Hrsg.), Beherbergung im Reiseverkehr, a.a.O.

Die Zahl der Inlandsurlauber ist - wie bereits erwähnt - seit Jahren mit ca. 9 Mio Reisenden konstant, doch nahm der Anteil an den Gesamtreisen infolge der gestiegenen Auslandsreisetätigkeit von 60 % in den sechziger Jahren auf derzeit 30 % ab (vgl. Tab. 6).

Mit 30 % der Touristen ist die Bundesrepublik Deutschland immer noch das beliebteste Urlaubsland der Bundesbürger - deutlich vor Spanien, Italien und Österreich (vgl. Tab. 7). Die Haupturlaubsreisen im Inland verteilen sich zu ca. 83 % auf die Bundesländer Bayern, Schleswig-Holstein, Baden-Württemberg und Niedersachsen (vgl. Tab. 22). Die norddeutschen Bundesländer verdanken ihre Beliebtheit als Reiseziel offensichtlich insbesondere den Seebädern.[1] Es zeigt sich, daß alle Bundesländer im Zeitablauf Rückgänge zu verzeichnen haben, konstant ist nur die Vorrangstellung der vier genannten Bundesländer.

Nicht nur die Umkehr der Gewichtung zwischen Inlands- und Auslandsreisen ist eine Folge der Veränderungen im Reiseverhalten der bundesdeutschen Bevölkerung. Gleichzeitig ist ein Wandel der räumlichen Nachfragepräferenzen für die Ferienregionen innerhalb der Bundesländer nachweisbar (vgl. Abb. 23).

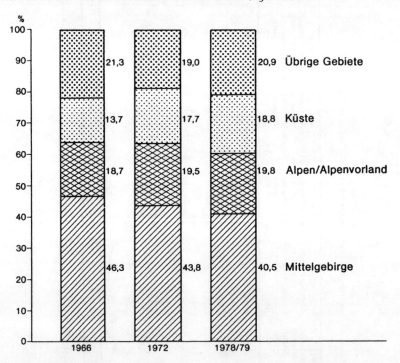

Abb. 23: Zielgebiete der inländischen Urlaubs- und Erholungsreisen

Q u e l l e : NEBE, J.M., Angebots- und Nachfragestrukturen in ausgewählten Fremdenverkehrsgebieten der Bundesrepublik Deutschland, in: Tourismus-Management, a.a.O., S. 80

---

[1] Vgl. dazu unter Gliederungspunkt IV. A. 3) b) b_1), Tab. 29.

Tab. 22: Reiseziele der Haupturlaubsreisen im Inland in den Jahren 1970 - 1987

Reiseziele	1970 %	1971 %	1972 %	1973 %	1974 %	1975 %	1976 %	1977 %	1978 %	1979 %	1980 %	1981 %	1982 %	1983 %	1984 %	1985 %	1986 %	1987 %	1988 %
Bayern	12,0	12,0	10,5	13,3	13,9	14,0	12,4	12,0	12,8	10,0	11,3	12,0	11,1	11,3	9,9	10,2	10,8	9,8	9,8
Baden-Württemberg	7,0	8,0	8,4	8,8	7,9	8,4	7,3	7,5	7,1	6,7	6,9	5,5	6,3	6,8	5,4	5,1	4,6	5,1	5,7
Schleswig-Holstein	6,0	6,7	6,1	5,4	5,6	6,3	6,8	6,8	6,7	6,2	6,3	5,4	5,6	5,5	6,4	6,3	7,2	5,5	5,5
Niedersachsen	5,0	4,1	4,1	6,4	4,8	5,4	6,3	5,1	4,7	4,9	6,1	4,7	5,4	4,9	5,1	4,4	4,8	4,4	3,9
Nordrhein-Westfalen	4,0	4,7	3,3	4,3	4,1	3,2	3,6	2,6	2,5	2,9	1,7	2,9	3,1	2,2	2,5	2,5	1,9	1,2	1,1
Hessen	4,0	3,5	3,9	2,0	2,1	2,4	2,5	2,4	1,9	2,1	1,9	1,8	3,1	2,2	1,8	1,4	1,6	1,7	1,5
Rheinland-Pfalz, Saarland	6,0	2,1	3,7	2,5	2,3	2,3	2,5	3,6	2,2	2,1	1,9	1,9	2,1	2,1	1,7	1,7	1,2	0,9	1,0
Berlin, Hamburg, Bremen	2,0	2,6	3,0	1,4	1,4	1,2	1,0	1,2	1,1	0,8	1,5	1,8	2,0	2,1	1,1	2,0	1,5	1,1	0,7
Inland insgesamt	46,0	43,7	43,0	44,1	41,9	43,2	42,3	41,2	39,1	36,6	37,7	36,0	38,6	37,1	33,9	33,5	33,7	30,0	30,3

Q u e l l e : Studienkreis für Tourismus e.V. (Hrsg.), Urlaubsreisen 1954 - 1985, a.a.O., S. 5; ders. (Hrsg.), Reiseanalyse, a.a.O.

Im untersuchten Zeitraum haben die bundesdeutschen Mittelgebirge als Urlaubs-
gebiete deutliche Verluste hinnehmen müssen.[1]

Tab. 22 schlüsselt die Inlandsreisen nach sozio-ökonomischen Merkmalen auf
(vgl. Tab. 22). So werden 1985/86 73,0 % der Inlandsreisen mit dem PKW
unternommen, das entspricht einer Steigerung um 11,3 % gegenüber 1981/82. An
zweiter Stelle ist die Eisenbahn mit 18,4 % zu nennen. Danach folgt mit großem
Abstand der Bus (7 %).

Die meisten Reisen 1985/86 dauern 8 - 14 Tage (40,8 %), gefolgt von Urlauben
mit einer Dauer von 5 - 7 Tagen. Waren die Anteile der Reisen mit unterschiedlicher Dauer an den gesamten Inlandsreisen im Betrachtungszeitraum
1981/82 - 1984/85 relativ konstant, so ist 1985/86 ein verstärkter Trend zu kürzeren Reisen (5 - 7 Tage) zu verzeichnen.

Hinsichtlich der Wahl der Unterkunftsart zeigen sich 1985/86 gegenüber 1981/82
deutlich veränderte Strukturen. So hat sich der Anteil der Betriebe des "klassischen" Beherbergungsgewerbes von 27,5 % auf 30,8 % erhöht. Der Anteil für die
Privatquartiere hat sich von 42,1 % auf 36,7 % verringert, während der Anteil
für "sonstige Unterkünfte", zu denen u.a. die Ferienhäuser und -appartements
gehören, von 21,1 % auf 21,6 % zunimmt.

Tab. 23: Inlandsreisen nach sozio-ökonomischen Merkmalen

	Inlandsreisen		
	1981/82	1984/85[a]	1985/86
	%	%	%
Nach Verkehrsmitteln			
Eisenbahnen	22,2	18,1	18,4
Bus	8,9	6,5	7,0
Pkw (eigen oder fremd)	65,6	73,8	73,0
Sonstige Verkehrsmittel	3,3	1,7	1,6
Nach Reisedauer			
5 - 7 Tage	22,0	22,8	27,6
8 - 14 Tage	42,5	42,9	40,8
15 - 21 Tage	24,8	23,8	20,5
22 - 28 Tage	7,8	7,7	8,1
29 und mehr Tage	2,8	2,9	3,0
Nach Unterkunftsarten			
Hotel, Gasthof, Fremdenheim, Pension	27,5	31,6	30,8
Heilstätte und Sanatorium	4,0	4,0	4,5
Privatquartier gegen Entgelt	18,0	15,8	14,2
Privatquartier ohne Entgelt	24,1	20,9	23,3
Campingplatz	5,2	5,7	5,6
Sonstige Unterkunft	21,1	22,0	21,6
	100,0	100,0	100,0

[a]Der Berichtszeitraum enthält keine Angaben der Stadt Hamburg.

Q u e l l e : Ergebnisse des Mikrozensus, vgl. DRESCH, A., Urlaubs- und Erholungsreiseverkehr 1984/85, in: Wirtschaft und Statistik, o.Jg.(1987),
S. 637; Statistisches Bundesamt (Hrsg.), Urlaubs- und Erholungsreisen, a.a.O.

Fußnote 1 siehe folgende Seite

b₃) Der Incoming-Tourismus

Die Übernachtungen von Ausländern in der Bundesrepublik haben sich in den
Jahren 1960 - 1980 mehr als verdoppelt. Es war keine stetige Entwicklung, sondern zwei konjunkturelle Einbrüche 1966/67 und 1973/74 ließen die Zahlen tem-
porär zurückgehen (vgl. Abb. 24).

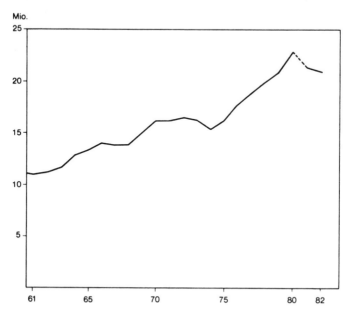

Abb. 24: Die Entwicklung der Übernachtungen ausländischer Gäste in der Bundesrepublik Deutschland in den Jahren 1961 - 1980

Quelle: BECKER, Ch., Der Ausländertourismus und seine räumliche Verteilung in der Bundesrepublik Deutschland, in: Zeitschrift für Wirtschaftsgeographie, 28. Jg. (1984), Heft 1, S. 4

Die positive Entwicklung setzt sich in den achtziger Jahren fort, wobei die Übernachtungen der Ausländer weitgehend entsprechend der Zunahme der gesamten
inländischen Übernachtungen wachsen (vgl. Tab. 17).

Die günstige Gesamtentwicklung des Incoming-Tourismus 1988 wird zum größten
Teil - wie auch in den vorhergehenden Jahren - von Gästen aus dem europäischen
Ausland getragen. So entfallen allein auf EG-Mitgliedsländer 49 % der Ausländer-

---

Fußnote 1 von der vorhergehenden Seite

Bei differenzierter Betrachtung der Touristenströme im Mittelgebirge zeigen
sich deutlich Verschiebungen der Nachfrageentwicklung innerhalb dieses Land-
schaftstyps. So mußte das nördliche Mittelgebirge deutliche Verluste hinnehmen, wohingegen Fremdenverkehrsgebiete wie Mittelrheintal, Mosel, Eifel/-
Hunsrück in der Mitte der Bundesrepublik sowie der Südwesten und Südosten
- wenn auch nur geringfügige - Zuwächse verzeichnen konnten. Vgl. die detaillierten Ausführungen bei NEBE, J.M., a.a.O., S. 77 ff.

übernachtungen (vgl. Tab. 24).[1] Die Übernachtungszahlen der Japaner steigen allein im Jahr 1987 um 13 % gegenüber dem Vorjahr. Wie in den letzten Jahren zu beobachten ist, erfreut sich die Bundesrepublik wachsender Beliebtheit bei den Japanern.

Überdurchschnittlich nehmen 1987 auch die Übernachtungen der Besucher aus den Vereinigten Staaten zu, ihr Anteil an den Übernachtungszahlen beträgt 15 % und entspricht einer Steigerung von 13 % gegenüber dem Vorjahr. 1986 war es - wie bereits erwähnt - zu einem Einbruch des Touristenstroms gekommen, der sich negativ auf die Gesamtzahl der Ausländerübernachtungen auswirkte. So ging die Anzahl der Übernachtungen um ein Viertel gegenüber 1985 zurück (vgl. Tab. 24). Der Kursverfall des Dollar - der durchschnittliche Devisenkurs für 1 US-£ fiel im Jahr 1986 von 2,9424 DM (1985) auf 2,1708 DM[2] - , das Reaktorunglück von Tschernobyl am 26.4.1986 sowie die Terroranschläge gegen US-Amerikaner[3] mögen sich negativ auf das Reiseverhalten ausgewirkt haben.

Es ist sehr aufschlußreich, zur entsprechenden Einordnung des Incoming-Tourismus in ein Fremdenverkehrskonzept das räumliche Verhaltensmuster der Ausländerübernachtungen in der Bundesrepublik zu untersuchen, da die Ausländer beim Besuch der Bundesrepublik andere Prioritäten setzen als die Inlandstouristen (vgl. Abb. 25). Diese Darstellung über die räumliche Verteilung des Ausländertourismus zeigt folgende wesentliche Ergebnisse:

- Der Ausländertourismus konzentriert sich auf Großstädte. Es handelt sich hier vor allem um Geschäftsreisen und Transitreisen. Positive Tendenzen zeigt allerdings auch der Städtetourismus.

- Überdurchschnittlich aufgesucht von Ausländern werden ebenfalls Mittelstädte. Hier sei besonders auf Heidelberg hingewiesen. Kennzeichnend für einen Aufenthalt in Groß- und Mittelstädten ist eine kurze Aufenthaltsdauer (2 Tage)[4] pro Gast in einem einzelnen Quartier.

- Der Kurverkehr findet selten das Interesse von ausländischen Gästen. Bevorzugtes Ziel der Erholungsreisen von Ausländern sind allerdings heilklimatische Kurorte, Kneippkurorte, Luftkurorte und Erholungsorte.

- Deutsche Seebäder üben keine Anziehungskraft auf ausländische Gäste aus.

---

[1] Für die Besucher aus dem EG-Bereich können 1987 zum Teil bemerkenswerte Ergebnisse gemeldet werden. So steigen die Übernachtungszahlen von Besuchern aus Spanien um 12 %, aus Portugal um 11 %, aus Griechenland um 8 % und aus Italien um 7 %. Vgl. FLACHMANN, CH., a.a.O., S. 257.

[2] Vgl. Deutsche Bundesbank (Hrsg.), Durchschnitte der amtlichen Devisenkurse an der Frankfurter Börse, in: Monatsberichte der Deutschen Bundesbank, 40. Jg. (1988), Nr. 12, S. 80*.

[3] So wurde z.B. am 5. April 1986 ein Anschlag auf die Diskothek "La Belle" - ein vorwiegend von US-Amerikanern besuchtes Tanzlokal - in Berlin (West) verübt.

[4] Vgl. Tab. 20.

Tab. 24: Übernachtungen von Auslandsgästen nach ausgewählten Herkunftsländern in den Jahren 1981 - 1988

Herkunftsland	1981 Tsd	%	1982 Tsd	%	1983 Tsd	%	1984 Tsd	%	1985 Tsd	%	1986 Tsd	%	1987 Tsd	%	1988 Tsd	%
EG-Mitgliedsländer	10.951,2	51	10.470	50	10.402,0	48	11.961,6	46	12.483,7	45	13.720,0	50	14.226,0	49	14.766,9	49,6
darunter:																
Belgien/Luxemburg	1.126,0	5	937,0	5	911,5	4	1.035,9	4	1.096,2	4	1.169,6	4	1.216,6	4	1.264,6	4,2
Frankreich	1.198,4	6	1.126,6	5	980,9	5	1.210,2	5	1.294,2	5	1.345,3	5	1.396,9	5	1.466,8	4,9
Italien	809,0	4	851,3	4	889,1	4	998,3	4	1.058,3	4	1.165,2	4	1.247,0	4	1.413,5	4,7
Niederlande	4.620,7	22	4.423,5	21	4.473,8	21	4.983,6	19	5.053,8	18	5.336,1	19	5.641,0	20	5.690,2	19,1
Dänemark	1.008,4	5	967,0	5	951,8	4	1.115,5	4	1.228,9	4	1.356,7	5	1.332,2	5	1.359,1	4,6
Großbritannien/Nord-irland	1.954,5	9	1.939,7	9	1.970,9	9	2.359,6	9	2.479,4	9	2.577,6	9	2.547,0	9	2.558,9	8,6
Andere Länder	10.380,1	49	10.395,2	50	11.197,5	52	13.920,5	54	15.283,1	55	13.836,9	50	14.598,7	51	15.012,5	50,4
darunter:																
Österreich	817,4	4	780,0	4	830,6	4	852,1	3	907,1	3	940,9	3	996,9	3	1.040,0	3,5
Schweden	742,7	3	753,7	4	721,3	3	883,8	3	971,5	4	1.128,2	4	1.166,9	4	1.296,4	4,4
Schweiz	910,8	4	957,4	5	994,5	5	1.101,5	4	1.176,4	4	1.250,0	5	1.308,2	5	1.365,1	4,6
Japan	604,6	3	634,2	3	644,7	3	722,4	3	853,0	3	868,4	3	977,3	3	1.054,9	3,5
USA	2.469,3	12	2.829,0	14	3.527,7	16	4.702,4	18	5.092,0	18	3.795,8	13	4.269,9	15	3.874,8	13,0
Insgesamt	21.331,3	100	20.865,2	100	21.599,5	100	25.872,1	100	27.766,8	100	27.556,9	100	28.824,7	100	29.779,4	12,7

Quelle: Statistisches Bundesamt (Hrsg.), Übernachtungen in Beherbergungsstätten,a.a.O.; dass. (Hrsg.), Beherbergung im Reiseverkehr, a.a.O.

Abb. 25: Räumliche Verteilung der Ausländerübernachtungen in der Bundesrepublik Deutschland

Quelle: BECKER, Ch., Der Ausländertourismus und seine räumliche Verteilung in der Bundesrepublik Deutschland, a.a.O., S. 3

3) Struktur und Entwicklung des touristischen Angebots

a) Das ursprüngliche Angebot

Das ursprüngliche Angebot umfaßt gemäß Definition[1] all diejenigen Faktoren, die die Attraktivität eines Fremdenverkehrsgebietes erst begründen. In Abb. 26 sind beispielhaft einige Landschaften, die sich in besonderem Maße für den Fremdenverkehr eignen, zusammengestellt. Beispiele für kulturell interessante Städte und Kulturdenkmäler sind in Abb. 27 aufgeführt. Es handelt sich jeweils um eine willkürliche Aufzählung, die keinen Anspruch auf Vollständigkeit erhebt.

b) Das abgeleitete Angebot

Drei Bereiche der tourismusabhängigen Leistungserstellung sind zu unterscheiden (vgl. Tab. 25).

- Die typischen Tourismusbetriebe. Diese sind all jene Betriebe, die Leistungen erbringen, die im direkten Zusammenhang mit dem Tourismus stehen.

- Die ergänzende Tourismuswirtschaft. Es handelt sich hier um Betriebe, die den unterschiedlichsten Wirtschaftsbereichen zuzuordnen sind, sich aber in einem bestimmten Bereich auf die Erstellung von Fremdenverkehrsleistungen - typische Tourismusprodukte - spezialisiert haben.

- Die touristische Randindustrie. Sie umfaßt all jene Betriebe, die nach Art ihrer Produktion keine typischen Fremdenverkehrsleistungen herstellen, jedoch infolge eines hohen Tourismusaufkommens überwiegend ihre Produktion und ihre Dienstleistungen für Touristen erbringen.

Die folgenden Ausführungen konzentrieren sich allein auf die typische Tourismusindustrie. Auf eine Darstellung des Leistungsträgers "Transport" kann verzichtet werden, da diese Untersuchung nur den Inlandstourismus betrifft. Inlandsreisen werden zu 73,0 % mit dem privaten PKW unternommen (vgl. Tab. 23), gefolgt von der Bahn mit einem vergleichsweise geringen Anteil von 18,1 %. Eine Zuordnung der touristischen Leistungen im Bereich "Transport" erweist sich bei diesen Verkehrsträgern zudem als sehr problematisch, da der Nah- und Berufsverkehr ausgegrenzt werden muß.

b₁) Die Beherbergungsindustrie

Die Statistik der Beherbergung im Reiseverkehr[2] erfaßt seit 1981 nicht nur die Nachfrage monatlich, sondern auch das Angebot an Bettenkapazität der Beherbergungsstätten mit neun und mehr Gästebetten sowie der Campingplätze im Bundesgebiet einschließlich Berlin (West).[3] Sie bietet eine wichtige Beurteilungsgrundlage

---

[1] Vgl. Gliederungspunkt III. A. 2).

[2] Vgl. Statistisches Bundesamt (Hrsg.), Beherbergung im Reiseverkehr, a.a.O.

[3] Vgl. dass. (Hrsg.), Beherbergungskapazität, Jg. 1981 und 1987, a.a.O.

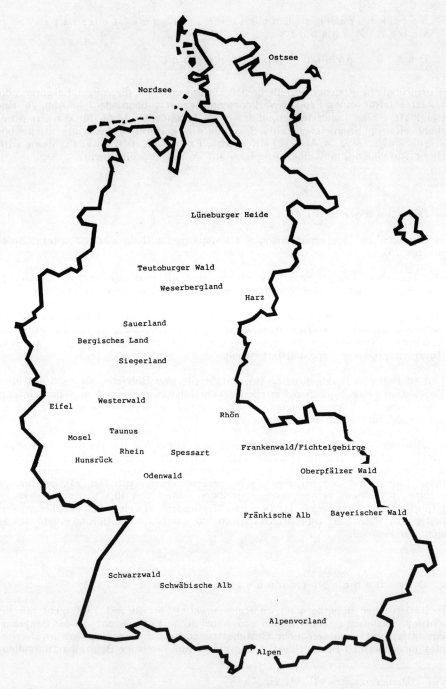

Abb. 26: Natur als ursprüngliches Angebot

Abb. 27: Kultur als ursprüngliches Angebot

Tab. 25: Die Struktur des Angebots: Produkt und Produzenten

Tourismusindustrie i.e.S. Typische Tourismusbetriebe		Ergänzende Tourismusindustrie Tourismusspezialisierte Betriebe		Touristische Randindustrie Tourismusabhängige Betriebe	
Wirtschaftsbereich	Fremdenverkehrsleistung	Wirtschaftsbereich	Fremdenverkehrsleistung	Wirtschaftsbereich	Fremdenverkehrsleistung
Beherbergung	Beherbergungsleistung	Produktion	Produktion	Produktion	Produktion
Verkehr	Beförderungsleistung	Souvenirindustrie	Souvenirs	Sportartikelindustrie	Sportartikel
- Straße	- per Bus, Auto	Reiseausrüster (Leder-waren-, Campingind.)	Reiseausrüstung, Koffer Campingartikel	Bekleidungsindustrie	Freizeit-, Urlaubskleid.
- Schiene	- per Bahn	Fahrzeugbau	Schiffe, Autos, Flug-zeuge, Fahrräder	Fotoindustrie	Fotoartikel
- Luft	- per Flugzeug	Buch- und Zeitschrif-tenverlage	Reiseführer, -zeit-schriften, Landkarten	Kosmetikindustrie	Kosmetika, Sonnen-schutzmittel
- Wasser	- per Schiff	Arzneimittelindustrie	Reiseapotheke	Arzneimittelind.	Arzneimittel
Reiseveranstalter	Pauschalreise			Elektroindustrie	Radios, Uhren
Reisevermittler	Vermittlungsleistung	Dienstleistung	Dienstleistung		
Kongreß- und Tagungs-wesen	Kongreß- und Tagungs-organisation	Fremdenführer, Reise-leiter, Animateure	Reiseleitung, -betreu-ung	Dienstleistung	Dienstleistung
Messen u. Ausstellungen	Messe- und Ausstellungs-organisation	Journalisten	Reiseberichte, -infor-mation	Gastronomie	Verpflegungsleistung
				Sportlehrer	Sportindustrie
Bäderwesen	Kuraufenthalte	Gepäckträger	Gepäcktransport	Friseure	Haarpflege
Fremdenverkehrsämter, -verbände u. -organis.	Vermittlungs-, Beratungs-und Werbeleistung	Kreditinstitute	Geldwechsel, Reise-schecks	Kfz-Betriebe	Kfz-Reparatur
Fremdenverkehrsgemein-den und -gebiete	Touristische Infrastruktur	Kreditkartenorg.	Kreditkarten, Service	Tankstellen, Auto-mobilclubs	Service, Beratung
		Versicherungsuntern.	Reiseversicherung	Bergbahnen, Skilifte	Beförderungsleistung
		Verleihfirmen	Verleih von Autos, Fahrrädern, Booten,...	Spielbanken	Glücksspiele, Unter-haltung
		Automobilclubs	Beratung, Straßendienst	Kulturanbieter (Aussteller, Thea-ter, Kino)	Kulturangebot
		Ausbildungsstätten	Tourismusausbildung	Ärzte	Gesundheitsleistung
		Marktforschungsinsti-tute	Marktforschung Touris-mus	Masseure	Massage
		Behörden, Verwaltung	Verwaltung Touris-musbetr.		
		Regierung, Ministerien, Abgeordnete	Tourismuspolitik		
		Botschaften, Auslands-vertretungen	Tourismusbetreuung		
Typische Tourismusbetriebe bieten typische Fremdenverkehrsleistungen an, die ausschließlich von Touristen/Reisenden nachgefragt werden.		Untypische Tourismusbetriebe, die sich mit typischen Tourismusprodukten auf Touristen als Zielgruppe spezialisiert haben.		Untypische Tourismusbetriebe, die sich mit untypischen Tourismusleistungen auf Touristen als Zielgruppe spezialisieren.	

Quelle: FREYER, W., Tourismus: Einführung in die Fremdenverkehrsökonomie, a.a.O., S. 117

für die kurzfristige Entwicklung im Beherbergungssektor in konjunktureller, saiso-
naler und regionaler Hinsicht. Das qualitative und quantitative Beherbergungsangebot wird seit 1981 sechsjährig im Rahmen einer Kapazitätserhebung erfaßt, da die
Angebotsstruktur im Zeitablauf keinen ausgeprägten Veränderungen unterliegt. Die
bis einschließlich 1980 jährlich durchgeführte Erhebung[1] beschränkte sich auf den
Nachweis der jeweiligen Anzahl der Betriebe, Zimmer und Betten in der Gliederung nach Betriebsarten. Die entsprechende Zuordnung der Betriebsart erfolgte
aufgrund einer Selbsteinschätzung des Auskunftgebers, so daß eine Auswertung der
Angaben besonders im traditionellen Beherbergungsgewerbe im Zeitraum 1960 bis
1980 sehr problematisch ist.[2] Festzuhalten ist eine Zunahme der Betriebe insgesamt in diesem Zeitraum um ca. 33 % (vgl. Tab. 26). Mit der Neugestaltung des
Berichtssystems[3] erfolgte seit 1981 die Gruppierung der Beherbergungsbetriebe
nach Betriebsarten aufgrund vorgegebener Kriterien, die damit Vergleiche innerhalb der einzelnen Gruppen zulassen. So zeigt Tab. 26 einen Rückgang der Betriebe nach 1984, der besonders auf eine Abnahme der kleinen traditionellen Unterkunftsformen - Pensionen, Gasthöfe und Hotels garnis - zurückzuführen ist. Die
Vermutung eines Trends zu größeren Betrieben - allein die Anzahl der Hotels
steigt - liegt nahe.

Die vermutete Konzentration des Beherbergungsangebotes auf eine geringere Anzahl von Betrieben bestätigt sich, wenn man die Entwicklung der Bettenkapazität
im entsprechenden Zeitraum betrachtet (vgl. Tab. 27). Bei abnehmender Anzahl
der Betriebe erhöht sich das Bettenangebot jährlich.

Tab. 27 gibt gleichzeitig Aufschluß über die regionale Verteilung der Bettenkapazität. So entfallen 28 % der Bettenkapazität 1988 auf Bayern, gefolgt von
Baden-Württemberg (15 %), Nordrhein-Westfalen (13 %) und Niedersachsen (12 %).
Die Angaben im Zeitvergleich zeigen, daß sich diese Struktur in den Jahren kaum
verändert hat.

Die Gliederung der Bettenkapazität nach unterschiedlichen Gemeindegruppen stellt
eine weitere Möglichkeit dar, die Struktur des Beherbergungsangebots auch hinsichtlich der Bedeutung spezieller Tourismusformen zu analysieren. In Tab. 28 ist
die Entwicklung der Bettenkapazität in den Gemeindegruppen Heilbäder und Kurorte, Erholungsorte (einschließlich Luftkurorte und Sonstige Berichtsgemeinden)
und Großstädte in den Jahren 1960 - 1980 dargestellt (vgl. Tab. 28). Die Zahlen-
reihen zeigen, daß die Verteilung der Bettenkapazitäten im genannten Zeitraum
nahezu unverändert bleibt. Der Anteil der Heilbäder und Kurorte an der gesamten
Bettenkapazität beläuft sich fast kontinuierlich auf 39 %, der Anteil der Großstädte auf 10 %. Die Auslastung der Bettenkapazität geht hingegen bei Heilbädern
und Großstädten kontinuierlich zurück. Ein Überangebot von Bettenkapazität zeigt
sich besonders bei der Gruppe der Großstädte, die Auslastung ist 1980 um 20 %
niedriger als 1960.

In Tab. 29 wird die Darstellung der Entwicklung der Bettenkapazität nach Gemeindegruppen für die achtziger Jahre fortgesetzt. Hierzu werden die Jahre 1981 und
1987 analysiert. Ein Vergleich zu den achtziger und siebziger Jahren fällt schwer,
da die Kategorien sich geändert haben. So wird seit 1981 differenziert nach prädi-

---

[1] Vgl. Statistisches Bundesamt (Hrsg.), Beherbergungskapazität, Jg. 1960 - 1980,
a.a.O.

[2] Vgl. DRESCH, A., Beherbergungskapazität 1987, in: Wirtschaft und Statistik, o.Jg.
(1988), S. 652 ff.

[3] Vgl. Gesetz über die Statistik der Beherbergung im Reiseverkehr, a.a.O.

Tab. 26: Anzahl der Unternehmen im Beherbergungsgewerbe in den Jahren 1960 - 1988

Beherbergungsstätten	1960[a]	1965	1970	1975	1980	1984[b]	1985	1986	1987	1988
Hotels	22.774	9.328	10.797	9.318	9.563	9.368	9.484	9.517	9.511	10.079
Gasthöfe		12.763	13.137	15.424	15.004	13.089	12.848	12.585	12.091	11.581
Pensionen	14.591	17.371	20.465	12.750	12.850	8.301	8.187	8.029	7.709	6.017
Hotels garnis	-	-	-	5.332	5.674	9.916	9.653	9.433	9.032	10.237
Erholungs- und Ferienheime, Schulungsheime	841	1.118	1.302	1.497	1.719	1.810	1.825	1.840	2.023	2.153
Ferienzentren	-	-	-	-	-	38	40	44	45	30
Ferienhäuser, -wohnungen	-	-	-	4.134	9.423	4.408	4.793	4.897	5.219	5.890
Hütten, Jugendherbergen	1.284	1.220	1.024	871	801	1.057	1.062	1.069	1.014	1.005
Sanatorien	725	880	965	1.024	982	929	920	920	898	915
Insgesamt	42.215	42.680	47.690	50.350	56.016	48.916	48.812	48.334	47.542	47.857

[a]Die Angaben beziehen sich auf das Bundesgebiet ohne Berlin (West).
[b]Seit 1981 werden nur noch Beherbergungsstätten mit neun und mehr Gästebetten erfaßt.

Q u e l l e : Statistisches Bundesamt (Hrsg.), Tourismus in Zahlen, a.a.O., S. 37; dass. (Hrsg.), Beherbergung im Reiseverkehr, a.a.O.

Tab. 27: Bettenkapazität in Beherbergungsstätten nach Bundesländern in den Jahren 1960 – 1988

Bundesland	Bettenkapazität									
	1960	1965	1970	1975[a]	1980[a]	1984[b]	1985	1986	1987	1988
Schleswig-Holstein	53.850	60.322	75.409	121.451	122.340	124.205	121.454	130.641	151.752	168.965
Hamburg	13.150	13.830	15.155	16.260	16.597	18.475	18.516	19.745	21.246	22.890
Niedersachsen	94.837	104.968	119.370	151.875	179.113	177.335	181.141	179.935	211.684	222.225
Bremen	3.232	3.325	3.849	4.153	4.109	4.774	5.110	5.050	5.590	5.829
Nordrhein-Westfalen	102.164	119.473	145.832	168.940	193.352	211.569	219.714	220.226	226.225	233.050
Hessen	71.467	91.368	112.734	143.964	163.064	165.384	163.933	164.813	188.099	181.099
Rheinland-Pfalz	51.515	57.335	73.509	86.016	99.840	128.184	131.634	134.018	150.208	150.839
Baden-Württemberg	115.239	144.916	173.362	224.286	253.476	246.867	246.009	245.852	265.126	268.383
Bayern	199.502	218.683	265.819	330.004	391.127	454.462	456.373	461.151	500.961	509.251
Saarland	2.907	4.460	5.075	7.938	8.850	9.385	9.336	9.402	10.508	10.927
Berlin (West)	8.367	10.188	14.347	14.938	18.422	25.887	26.987	27.244	28.632	30.952
Bundesgebiet	716.230	828.868	1.004.461	1.269.825	1.450.290	1.566.527	1.580.207	1.598.077	1.760.031	1.804.410

[a] 1975 und 1980 umfassen die Angaben keine Jugendherbergen und Kinderheime.
[b] Ab 1981 werden nur Beherbergungstätten mit neun und mehr Betten erfaßt.

Q u e l l e : Statistisches Bundesamt (Hrsg.), Tourismus in Zahlen, a.a.O., S. 53

119

Tab. 28: Entwicklung der Bettenkapazität und der Auslastung in den Heilbädern und Kurorten, Erholungsorten und Großstädten im Vergleich zum Gesamtangebot in der Bundesrepublik Deutschland in den Jahren 1960 - 1980 (Index: 1960 = 100)

Jahr	Bundesrepublik Deutschland				Heilbäder und Kurorte				Erholungsorte einschl.Luftkurorte u.Sonstige Berichtsgemeinden				Großstädte			
	Bettenkapazität		Auslastung		Bettenkapazität		Auslastung		Bettenkapazität		Auslastung		Bettenkapazität		Auslastung	
	Tsd	Index	%	Index	Tsd	Index	%	Index	Tsd	Index	%	Index	Tsd	Index	%	Index
1960	988,2	100	35	100	364,8	100	40	100	521,8	100	28	100	101,6	100	58	100
1961	1.048,4	106	35	100	405,8	111	39	98	537,6	103	28	100	105,0	103	58	100
1962	1.082,2	110	36	103	424,3	116	39	98	550,5	105	29	104	107,4	106	59	102
1963	1.115,3	113	36	103	431,2	118	40	100	565,0	108	29	104	119,1	117	55	95
1964	1.150,7	116	36	103	445,4	122	40	100	581,6	111	29	104	123,7	122	54	93
1965	1.179,5	119	37	106	460,8	126	41	103	591,5	113	29	104	127,2	125	56	97
1966	1.271,6	129	36	103	479,8	132	40	100	657,8	126	29	104	134,0	132	54	93
1967	1.303,9	132	35	100	490,2	134	40	100	675,6	129	28	100	138,1	136	50	86
1968	1.339,3	136	34	97	505,6	139	39	98	690,5	132	28	100	143,2	141	47	81
1969	1.384,6	140	34	97	520,6	143	39	98	714,4	137	28	100	149,6	147	48	83
1970	1.424,6	144	35	100	540,3	148	40	100	728,2	140	29	104	156,1	154	50	86
1971	1.484,3	150	36	103	562,4	154	40	100	763,8	146	30	107	158,1	156	49	84
1972	1.588,6	161	35	100	590,1	162	40	100	833,9	160	29	104	164,6	162	47	81
1973	1.657,7	168	35	100	629,7	173	39	98	854,5	164	30	107	173,5	171	44	76
1974	1.734,6	176	34	97	649,2	178	39	98	907,5	174	29	104	177,9	175	42	72
1975	1.809,3	183	34	97	691,9	190	40	100	929,1	178	29	104	188,3	185	41	71
1976	1.859,8	188	33	94	723,6	198	37	93	950,1	182	29	104	186,1	183	42	72
1977	1.904,2	193	33	94	739,6	203	36	90	974,4	187	29	104	190,1	187	44	76
1978	1.956,4	198	33	94	756,3	207	37	93	1.007,8	193	29	104	192,3	189	44	76
1979	1.990,5	201	34	97	767,6	210	37	93	1.026,9	197	29	104	196,0	193	45	78
1980	2.012,8	204	33,9	97	780,2	214	38	95	1.033,8	198	29	104	198,8	196	46	79

Q u e l l e : Statistisches Bundesamt (Hrsg.), Beherbergungskapazität, a.a.O.; dass. (Hrsg.), Ankünfte und Übernachtungen in Beherbergungsstätten, a.a.O.; sowie dass. (Hrsg.), Übernachtungen in Beherbergungsstätten, a.a.O.

katisierten Gemeinden bzw. Gemeindeteilen,[1] und die Großstädte werden nicht mehr als eigenständige Gruppe aufgeführt.

1987 befinden sich - wie auch 1981 - 57 % aller Beherbergungsstätten in prädikatisierten Gemeinden bzw. Gemeindeteilen. Auch hier zeigen die Ergebnisse, daß sich keine Anteilsverschiebungen in 1987 gegenüber 1981 ergeben. Bemerkenswert ist wiederum der Rückgang der Betriebe bei gleichzeitiger Zunahme der Betten - also eine Konzentration des Bettenangebotes - , was sich besonders stark in den Heilbädern und Sonstigen Gemeinden bemerkbar macht.

Tab. 29: Das Beherbergungsangebot in prädikatisierten Gemeinden bzw. Gemeindeteilen in den Jahren 1981 und 1987

	1981	Betten		1987	Betten	
	Betriebe	insgesamt	je Betrieb	Betriebe	insgesamt	je Betrieb
Heilbäder	11.006	381.500	34,7	10.048	387.250	38,5
Seebäder	4.244	148.800	35,1	4.285	154.790	36,1
Luftkurorte	7.112	214.400	30,1	6.913	224.622	32,5
Erholungs-orte	6.113	173.400	28,4	5.969	193.988	32,5
Sonstige Gemeinden	21.180	684.100	32,3	20.181	752.760	37,5
Insgesamt	49.655	1.602.200	32,3	47.396	1.713.410	36,2

Q u e l l e : Statistisches Bundesamt (Hrsg.), Beherbergungskapazität, a.a.O.

Entfielen noch 1981 durchschnittlich 32 Betten auf einen Betrieb in Sonstigen Gemeinden, so sind es 1987 38. Ähnlich verläuft die Entwicklung bei den Heilbädern. Waren es 1981 35 Betten pro Betrieb, so weist 1987 ein Betrieb im Durchschnitt 38 Betten auf. Das Ergebnis ist umso erstaunlicher, da Kostendämpfungsregelungen im Gesundheits- und Sozialbereich seit Beginn der achtziger Jahre eine Ausweitung der entsprechenden Beherbergungskapazität in Frage stellen. Die Anzahl der Betriebe ist im entsprechenden Zeitraum auch um 8 % zurückgegangen.

Tab. 30 gibt in der Gegenüberstellung der Jahre 1981 und 1987 detailliert Aufschluß über die einzelnen Betriebsarten, die Ausstattung und die Qualität der Beherbergungsstätten (vgl. Tab. 30). 1987 sind 21 % aller Betriebe den Hotels zugeordnet (1981 waren es 19,7 %). Sie beanspruchen mit 31 % den größten Anteil an der gesamten Bettenkapazität, gefolgt von den Hotels garnis und den Gasthöfen mit je 14 %. Der Trend zu größeren Betrieben zeigt sich deutlich bei den Hotels, die mit einem Zuwachs von 23 % im beobachteten Zeitraum ihre Bettenkapazität stärker ausgeweitet haben, als es der Zunahme der Anzahl der Betriebe - nämlich 7 % - entspricht.

---

[1] Nach jeweiligem Landesrecht werden fremdenverkehrsbezogene Prädikate - Mineral- oder Moorbad, Seebad etc. - verliehen. Vgl. DRESCH, A., Beherbergungskapazität 1987, a.a.O., S. 655.

Tab. 30: Ausstattung und Qualität der Beherbergungsstätten in den Jahren 1981 und 1987

	1981 Betriebe	1981 Betten insgesamt	1981 Betten je Betrieb	1987 Betriebe	1987 Betten insgesamt	1987 Betten je Betrieb
Nach Betriebsarten						
Hotels	9.306	432.900	46,5	9.982	530.370	53,1
Gasthöfe	13.688	268.400	19,6	11.745	238.141	20,3
Pensionen	7.739	157.600	20,4	5.953	133.507	22,4
Hotels garnis	10.964	240.700	22,0	10.422	241.426	23,2
Erholungs- u. Ferien-heime, Schulungs-heime	1.724	116.700	67,7	2.110	153.298	72,7
Ferienzentren	35	31.200	890,5	27	22.706	841,0
Ferienhäuser, -wohnungen	4.119	138.000	33,5	5.196	180.123	34,7
Hütten, Jugendherbergen	1.090	98.900	90,7	1.043	94.711	90,8
Sanatorien, Kranken-häuser	990	117.800	119,0	918	119.128	129,8
Nach Ausstattungsklassen						
Betriebe mit ausschl. (Hotel-)Dienstlei-stungsangebot	42.259	1.244.400	29,4	38.105	1.278.938	33,6
- Klasse 1 [a]	9.561	440.800	46,1	15.392	715.737	46,5
- Klasse 2 [b]	9.147	280.200	30,6	8.591	244.830	28,5
- Klasse 3 [c]	22.706	489.200	21,5	13.605	293.544	21,6
- Klasse 4	845	34.200	40,5	517	24.827	48,0
Betriebe mit überwie-gend (Hotel-) Dienst-leistungsangebot	1.607	47.500	29,6	2.170	72.552	33,4
Betriebe ohne (Hotel-) Dienstleistungsange-bot	5.789	310.200	53,6	7.121	361.920	50,8

[a] Mindestens 75 % der Gästezimmer haben Bad oder Dusche und WC.
[b] Mindestens 50 % der Gästezimmer haben Bad oder Dusche.
[c] Alle Gästezimmer haben mindestens fließendes Warmwasser.

Q u e l l e : Statistisches Bundesamt (Hrsg.), Beherbergungskapazität, a.a.O.

Beim Vergleich der Ergebnisse der beiden Jahre fällt auf, daß zwar die Anzahl der "klassischen" Beherbergungsbetriebe (Hotels, Gasthöfe, Pensionen, Hotels garnis) relativ stark abgenommen hat (9 %) bei gleichzeitig mäßigem Anstieg der Beherbergungskapazität um 4 %, die Gruppe der Parahotellerie (Erholungs- und Ferienheime, Schulungsheime, Ferienzentren, Ferienhäuser, -wohnungen etc.) hingegen sowohl hinsichtlich der Anzahl der Betriebe (+ 20 %) als auch der Beherbergungskapazität (+ 17 %) stark expandiert hat. Offensichtlich entsprechen diese Unterkunftsformen immer mehr den Vorstellungen der Urlauber.

Die Sanatorien und Kurkrankenhäuser, die zusätzlich zur Beherbergung und Verpflegung ärztliche oder therapeutische Betreuung anbieten, weisen ebenfalls bei erhöhtem Bettenangebot (+ 1 %) gegenüber 1981 eine reduzierte Anzahl der Betriebe auf (- 7 %). Es bestätigt sich somit der bereits festgestellte Trend zur Konzentration des Bettenangebotes in Heilbädern.

Die Beherbergungsbetriebe lassen sich entsprechend ihrem Dienstleistungsangebot und ihrer Sanitärausstattung bestimmten Ausstattungsklassen zuordnen. So bieten 1987 80 % aller Beherbergungsstätten (1981 85 %) ausschließlich Hoteldienstleistungen an (Gästezimmer als Unterkunftsform), 33 % unter ihnen sind der höchsten Ausstattungsklasse zuzuordnen. Gegenüber 1981 ist das eine Steigerung von fast 60 %. In diesem Ergebnis spiegeln sich die steigenden Anforderungen an Qualität und Ausstattung wider. 5 % der Betriebe (1981 3 %) stellen neben Gästezimmern auch Wohnungen zur Verfügung, wohingegen 15 % der Betriebe den Ferienhäusern und -wohnungen sowie Ferienzentren zuzuordnen sind.

Das Angebot der Beherbergungsbetriebe beschränkt sich zunehmend nicht nur auf Beherbergung und Verpflegung, sondern umfaßt auch zusätzliche Einrichtungen. Sport- oder ähnliche Freizeiteinrichtungen, medizinische Kureinrichtungen, Räume für Konferenzen, Tagungen und Seminare sind mehr und mehr ausschlaggebend für die Wahl einer bestimmten Unterkunft (vgl. Tab. 31). So verfügen 1987 26 % aller Betriebe über eigene Sport- oder ähnliche Freizeiteinrichtungen. Im traditionellen Beherbergungsgewerbe haben 24 % der Betriebe entsprechende Angebote, in der Parahotellerie sind es 30 %. Zwangsläufig ist der Anteil der Betriebe, die diese Leistungen anbieten, bei den Sanatorien und Kurkrankenhäusern besonders groß (84 %). Von den Betrieben, die über eigene Sport- und Freizeiteinrichtungen verfügen, haben nahezu 50 % eine Sauna und 30 % ein Hallen- oder Freibad.

Als letztes und zunehmend an Bedeutung gewinnendes Ausstattungsmerkmal sind Räume für Konferenzen, Tagungen und Seminare zu nennen. Von den 15.334 Betrieben, die über derartige Räume verfügen, zählen 87 % zu den traditionellen Unterkunftsformen.

Abschließend sei zur Abrundung des Angebotsspektrums[1] im Hinblick auf die Gesamtheit der touristischen Infrastruktur noch auf das Campingangebot hingewiesen (vgl. Tab. 32). Seit 1984 stagniert die Anzahl der Campingplätze in der Bundesrepublik. Bayern verfügt 1988 mit 18 % der Campingplätze über den größten Anteil, gefolgt von Nordrhein-Westfalen und Schleswig-Holstein.

---

[1] Der Vollständigkeit halber ist auch noch die Aktion "Urlaub auf dem Bauernhof" zu erwähnen. Der Umfang, in dem die landwirtschaftlichen Betriebe und Forstbetriebe von der Möglichkeit Gebrauch machen, Gästezimmer an Feriengäste zu vermieten, ist allerdings so gering, daß diese Beherbergungsmöglichkeit nicht weiter analysiert wird. Vgl. Statistisches Bundesamt (Hrsg.), Tourismus in Zahlen, a.a.O., S. 39.

Tab. 31: Zusätzliche Einrichtungen in Beherbergungsbetrieben nach Betriebsarten 1987

	Betriebe								Räumen für Konferenzen, Tagungen, Seminare o.ä.
	insgesamt	darunter mit eigenen Sport- oder ähnlichen Freizeiteinrichtungen							
		zusammen	und zwar mit						
			Hallen-/Freibad	Sauna/Solarium	Kegel-/Bowlingbahn	Sport-/Fitnessraum	Tennis-platz/-halle	sonstigen	
Insgesamt	47.396	12.455	4.132	6.143	4.056	2.799	907	3.306	15.334
Hotels	9.982	4.452	1.801	2.546	2.029	1.007	414	773	6.964
Gasthöfe	11.745	2.315	253	567	1.449	155	82	376	5.220
Pensionen	5.953	1.323	466	841	68	290	63	387	609
Hotels garnis	10.422	1.066	379	710	52	191	39	195	567
Zusammen	38.102	9.156	2.899	4.664	3.598	1.643	598	1.731	13.360
Erholungs- u. Ferienheime, Schulungsh.	2.110	1.060	239	232	232	370	104	646	1.118
Ferienzentren	27	27	17	16	17	9	18	13	18
Ferienhäuser, -wohnungen	5.196	1.083	337	694	51	233	98	397	123
Hütten,Jugendherbergen	1.043	358	23	17	11	54	25	298	468
Zusammen	8.376	2.528	616	959	311	666	245	1.354	1.727
Sanatorien-, Kurkrankenhäuser	918	771	617	520	147	490	64	221	247

Quelle: Statistisches Bundesamt (Hrsg.), Beherbergungskapazität, a.a.O.

Tab. 32: Anzahl der Campingplätze nach Bundesländern in den Jahren 1978 - 1988

Bundesland	1978	1980	1984	1985	1986	1987	1988
Schleswig-Holstein	226	228	294	295	293	289	290
Hamburg	4	4	4	4	.	.	.
Niedersachsen	179	177	239	248	249	259	267
Bremen	.	.	.	.	.	.	.
Nordrhein-Westfalen	169	168	354	356	345	345	357
Hessen	139	147	162	161	161	158	159
Rheinland-Pfalz	168	169	253	257	255	255	258
Baden-Württemberg	205	205	227	226	226	206	206
Bayern	227	224	320	344	352	349	354
Saarland	19	17	18	18	.	.	.
Berlin (West)	8	8	.	.	.	.	.
Bundesgebiet	1.344	1.347	1.874	1.912	1.906	1.886	1.915

Q u e l l e :   Statistisches Bundesamt (Hrsg.), Beherbergungskapazität, a.a.O.; dass. (Hrsg.), Beherbergung im Reiseverkehr, a.a.O.

b$_2$) A n g e b o t e   i m   G e s c h ä f t s r e i s e v e r k e h r

Die Bundesrepublik Deutschland gilt im internationalen Vergleich als bedeutender Veranstalter von Kongressen, Tagungen, Messen und Ausstellungen. Ziel der folgenden Ausführungen ist es nicht, das Angebot im Hinblick auf seine Wirkungen auf die Gesamtwirtschaft zu analysieren, sondern Kongresse, Tagungen, Messen und Ausstellungen fremdenverkehrsorientiert als erweitertes Angebot im Rahmen des Städtetourismus zu betrachten.

(1) Das Kongreß- und Tagungswesen

Der internationale Markt für Kongresse und Tagungen ist gekennzeichnet durch eine stetige Zunahme mit allerdings sinkenden Wachstumsraten seit Mitte der siebziger Jahre.[1] Die Bundesrepublik liegt nach Angaben der Union des Associations Internationales (UAI) 1980 mit 269 internationalen Veranstaltungen weltweit an vierter Stelle.[2] Der tatsächliche Umfang des bundesdeutschen Tagungsmarktes

[1] Vgl. WIMMER, V., Zur Bedeutung des Kongreß- und Messewesens für die Tourismuswirtschaft, in: Jahrbuch für Fremdenverkehr, 30./31. Jg. (1982/83), München 1984, S. 91.

[2] Vgl. Union des Associations Internationales (Hrsg.), Les réunions internationales. Tableaux comparatifs sur leur developpement, repartition géographique et saisonnaire, nombre de participants. Etude préparée par le département Congrès, Brüssel 1981; zitiert in: WIMMER, V., a.a.O., S. 91.

wird jedoch wesentlich höher geschätzt, da die Vielzahl der kleineren Tagungen, die z.B. von Firmen und Verbänden in der Bundesrepublik durchgeführt werden, nicht berücksichtigt wird. Nach einer 1981 veröffentlichten Studie über derartige Veranstaltungen liegt die Anzahl zwischen 580.000 - 630.000 entsprechenden Zusammenkünften.[1] Man geht allerdings davon aus, daß nur ein Drittel dieser Veranstaltungen von Bedeutung für den Fremdenverkehr sind.[2]

Kongresse finden überwiegend in Großstädten statt. München, Berlin und Hamburg sind mit jeweils über 30 internationalen Kongressen führend in der Bundesrepublik.[3] Diese Veranstaltungen gewinnen aber auch zunehmend an Bedeutung für größere Fremdenverkehrsorte (vgl. Abb. 28).

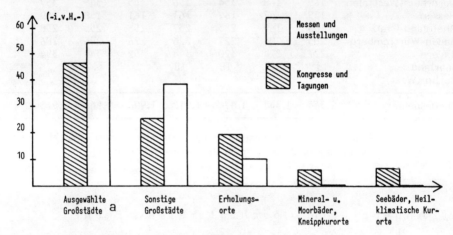

^{a}Hierzu gehören die Städte Hamburg, Bremen, Köln, Düsseldorf, Frankfurt, Berlin (West), Stuttgart und München.

Abb. 28: Regionale Verteilung der Kongresse und Messen in der Bundesrepublik Deutschland im Jahr 1980

Q u e l l e : WIMMER, V., a.a.O., S. 97

---

[1] Vgl. Infratest (Hrsg.), Tagungsmarkt. Tagungs-Usancen und -tendenzen bei Unternehmen und Verbänden in der Bundesrepublik Deutschland. Eine Untersuchung der Infratest Wirtschaftsforschung GmbH im Auftrag der Zeitschrift Congress & Seminar, München 1982, zitiert in: WIMMER, V., a.a.O., S. 91 f.

[2] Hinzu kommt, daß es für das Kongreß- und Tagungswesen keine allgemein anerkannte Definition gibt. Je nach verwendeten Abgrenzungskriterien für Kongresse, Tagungen und Seminare, internationale und nationale Veranstaltungen ergeben sich unterschiedliche Daten. Vgl. BECKER, W., Messen und Ausstellungen - eine sozialgeographische Untersuchung am Beispiel München, Münchener Studien zur Sozial- und Wirtschaftsgeographie, Bd. 31, Regensburg 1986, S. 37 f.

[3] Vgl. ebenda, S. 35 ff., passim.

Im Gegensatz zu Messen und Ausstellungen, deren wichtigste Veranstaltungsorte gleichzeitig internationale Wirtschaftszentren darstellen, findet man im Kongreß-wesen auch Standorte, die aus politischen oder kulturellen Gründen unter der Voraussetzung ausreichender und zweckentsprechender Einrichtungen und Anlagen (vgl. Tab. 31) gewählt werden.[1]

Für den Städtetourismus sind folgende Zusammenhänge[2] maßgeblich:

- Eine Zunahme der Kongreßdauer ist mit steigender Teilnehmerzahl zu beobachten. 94 % aller eintägigen Veranstaltungen werden von weniger als 500 Teilnehmern besucht.

- Internationale Kongresse erstrecken sich normalerweise über einen Zeitraum von 3 - 5 Tagen.

(2) Messen und Ausstellungen

Die Bundesrepublik gilt weltweit als das wichtigste Messeland, gefolgt von Großbritannien und den USA. 1984 fanden 30 % der internationalen Messen und Ausstellungen in der Bundesrepublik statt.[3] Wurden 1960 auf 49 überregionalen Fachmessen und -ausstellungen 5,5 Mio Besucher und 38.000 Aussteller gezählt, erhöhten sich die entsprechenden Zahlen bei 87 Veranstaltungen im Jahr 1984 auf 7,5 Mio Besucher und 80.000 Aussteller.[4] Diese Entwicklung, die in Abb. 29. ausführlich dargestellt ist, läßt eine Tendenz zur Spezialisierung internationaler Messen erkennen, die einen Rückgang der Besucherzahlen je Veranstaltung zur Folge hat.

Von weltweit 485 Veranstaltungsorten sind 138 in der Bundesrepublik angesiedelt.[5] Es gibt in der Bundesrepublik im Gegensatz zum Ausland keinen zentralen Messe-und Ausstellungsort. Finden beispielsweise in Frankreich 35 % der Veranstaltungen in Paris, in Großbritannien sogar 63 % in London statt, kann man in der Bundesrepublik mehrere gleichrangige Zentren feststellen.[6] Allgemein gültige Standortbedingungen lassen sich nicht herleiten. Notwendige Voraussetzungen sind jedoch neben Messe- und Ausstellungsflächen ausreichende Beherbergungskapazität und eine

---

[1] Bereits 1980 wurde der Bestand kongreßgeeigneter Hallen und Säle auf 200 getrennt operierende Einheiten geschätzt. Allein 1978 waren 40 Hallen im Bau oder in der Planung. Vgl. TIETZ, B., a.a.O., S. 888.

[2] Vgl. WIMMER, V., a.a.O., S. 92.

[3] Vgl. BECKER, W., a.a.O., S. 27.

[4] Vgl. ebenda, S. 25 f.

[5] Vgl. auch zu den folgenden Ausführungen ebenda, S. 28 ff.

[6] Zu diesen Zentren zählen in erster Linie Hannover, Köln, Frankfurt, Düsseldorf, Berlin und München.

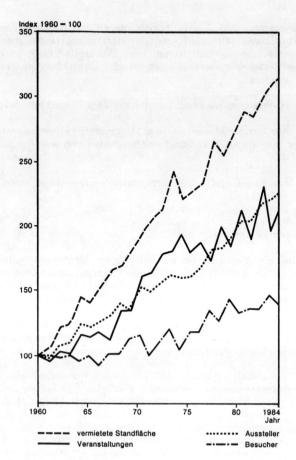

Index 1960 = 100

- - - - - vermietete Standfläche
———— Veranstaltungen
·········· Aussteller
–·–·–· Besucher

Abb. 29: Entwicklung des Messe- und Ausstellungswesens in der Bundesrepublik Deutschland seit 1960

Q u e l l e : BECKER, W., a.a.O., S. 26

zentrale Verkehrslage. Standortbestimmend ist zudem Messetradition und die Konzentration bestimmter Wirtschaftsbranchen (z.B. Leder in Offenbach, Spielwaren in Nürnberg) sowie Image einer Stadt.

4) D i e   B e d e u t u n g   d e s   T o u r i s m u s   i n   d e r   G e - s a m t w i r t s c h a f t

Wesentliches Kriterium zur Beurteilung der ökonomischen Bedeutung des Fremdenverkehrssektors in der Bundesrepublik Deutschland ist sein meßbarer Beitrag zum Nettosozialprodukt zu Faktorkosten (Volkseinkommen). Doch die Feststellung des Beitrags stößt nach wie vor auf nicht gelöste methodische und Datenerfassungsprobleme.

Ausgangswert für die Berechnung des Volkseinkommens im Rahmen der volkswirtschaftlichen Gesamtrechnung ist der Produktionswert, der im Fremdenverkehr dem durch die touristische Nachfrage erzielten Umsatz entspricht.[1] Die Bestimmung der fremdenverkehrsbedingten Umsätze ist äußerst problematisch, da sie sich nur nachfrageseitig durch unmittelbare Befragung der Konsumenten ermitteln lassen.[2] Zur gesamten touristischen Nachfrage, soweit sie im Inland wirksam wird, zählen der mit Übernachtungen verbundene Fremdenverkehr, der Ausflugsverkehr, der Tagesgeschäftsreiseverkehr[3] sowie der Transitverkehr. Hinzuzurechnen sind ferner die Umsätze, die durch Auslandsreisen der Bundesbürger im Inland wirksam werden, wobei es sich in der Hauptsache um Transportleistungen im Personenverkehr bundesdeutscher Verkehrsträger und um inlandswirksame Umsätze der Reiseveranstalter und Reisemittler handelt.[4] 1986 betragen die auf entsprechende Weise errechneten Umsätze im Inland (einschließlich der Deviseneinnahmen aus dem Reiseverkehr) 96,1 Mrd DM; 56 % dieser Umsätze gehen auf Tagesbesuche und nur 44 % auf Aufenthalte mit Übernachtung zurück. Vergleicht man mit diesem Ergebnis das Ausgabeverhalten der Bundesdeutschen im Ausland, so ist festzustellen, daß nur 7 % der Ausgaben auf Auslands-Tagesreisen zurückzuführen sind (vgl. Tab. 33).

In einem nächsten Schritt ist nun der Beitrag des Fremdenverkehrs zum Volkseinkommen zu errechnen. Neben der Ermittlung des aus der ersten Umsatzstufe resultierenden Beitrags des Fremdenverkehrs zum Nettoinlandsprodukt zu Faktorkosten, ist es sinnvoll, auch die zweite Umsatzstufe (Vorleistungen anderer Wirtschaftsbereiche) in die Berechnung des auf den Tourismus zurückgehenden Beitrags zum Volkseinkommen einzubeziehen. So ergibt sich 1986 bei einem Umsatz im Tourismus von 96,1 Mrd DM und einer Wertschöpfungsquote von 34,8 % ein Einkommen von 33,5 Mrd DM der ersten Umsatzstufe. Berücksichtigt man ferner die zweite Umsatzstufe unter Zurechnung der kalkulatorischen Ausgaben der Benutzer von privaten PKW, so gelangt man zu einem Einkommen von 68,9 Mrd DM (vgl. Tab. 34). Der gesamte Beitrag des Fremdenverkehrs zum Volkseinkommen in der Bundesrepublik liegt somit bei ca. 4,6 %, wovon allein 1,1 % auf Verkehrsleistungen mit dem privaten PKW entfallen.

---

[1] Vgl. Gliederungspunkt II. C. 1).

[2] Grundlegend für die Bestimmung der touristischen Umsätze sind die 1978 und 1984 vorgenommenen Ausgabenstrukturuntersuchungen im Fremdenverkehr. Vgl. dazu: KOCH, A., Die Ausgaben im Fremdenverkehr in der Bundesrepublik Deutschland, Schriftenreihe des Deutschen Wirtschaftswissenschaftlichen Instituts für Fremdenverkehr an der Universität München, Heft 35, München 1980, sowie Heft 37, München 1985.

[3] Untersuchungen mit fremdenverkehrsrelevanten Themenstellungen beschränkten sich bis Mitte der achtziger Jahre allein auf den mit Übernachtungen verbundenen Fremdenverkehr. Eine umfassende Untersuchung aus dem Jahre 1987 gibt erstmalig Aufschluß über die Bedeutung des Ausflugs- und Geschäftsreiseverkehrs (ohne Übernachtung). Durch die nunmehr nahezu vollständige Erfassung aller touristischen Nachfragearten und der von ihnen ausgehenden ökonomischen Wirkungen ist es möglich, die Stellung des Tourismus in der Gesamtwirtschaft zu beurteilen. Vgl. KOCH, A., ZEINER, M., FEIGE, M., Die ökonomische Bedeutung des Ausflugs- und Geschäftsreiseverkehrs (ohne Übernachtung) in der Bundesrepublik Deutschland, Schriftenreihe des Deutschen Wirtschaftswissenschaftlichen Instituts für Fremdenverkehr an der Universität München, Heft 39, München 1987.

[4] Vgl. zur Ermittlung der touristischen Umsätze Deutsches Wirtschaftswissenschaftliches Institut für Fremdenverkehr an der Universität München (Hrsg.), Grundlagen "Fremdenverkehr", unveröffentlichtes Manuskript, S. 5 f.

Tab. 33: Touristische Umsätze im Inland und touristische Ausgaben Bundesdeutscher
im Ausland 1986

| | Umsätze Inland (ohne MWST) | | | Ausgaben |
	Ausländer[a] Mio	Inländer Mio	Insgesamt Mio	Ausland[b] Mio
Tourismus mit Übernachtung				
- Umsatz am Aufenthaltsort	4.800,0	24.125,0	28.925,0	29.412,8
- Zusätzliche Ausgaben der Pauschalreisenden[c]	-	-	-	6.800,0
- Bahn	-	3.304,0	3.304,0	-
- Flug	-	6.265,0	6.265,0	4.684,0
- Bus	-	477,0	477,0	-
- Schiff/Fährschiff	-	-	-	844,0
- Reisebüro/-veranstalter ohne Beherberg./Verpfleg.	-	3.358,5	3.358,5	-
Zwischensumme	4.800,0	37.529,5	42.329,5	41.780,8
	(35,1 %)	(45,5 %)	(44,1 %)	(92,9 %)
Tourismus ohne Übernachtung				
- Umsatz am Aufenthaltsort				
- Ausflug	3.500,0	28.702,9	32.202,9	2.632,2
- Tagesgeschäftsreise	900,0	11.649,1	12.549,1	539,0
- Transitreisende	4.485,0	x	4.485,0	x
- Bahn	-	1.096,0	1.096,0	-
- Flug	-	2.500,0	2.500,0	-
- Bus	-	926,0	926,0	-
Zwischensumme	8.885,0	44.874,0	53.759,0	3.171,2
	(64,9 %)	(54,5 %)	(55,9 %	(7,1 %)
Tourismus insgesamt	13.685,0	82.403,5	96.088,5	44.952,0
	(100,0 %)	(100,0 %)	(100,0 %)	(100,0 %)

[a] Deviseneinnahmen, Quelle: Deutsche Bundesbank
[b] Devisenausgaben,   Quelle: Deutsche Bundesbank
[c] Schätzung: Dieser Betrag enthält Ausgaben für Leistungen, die nicht im Pauschalangebot
enthalten sind, sowie Nebenausgaben am Aufenthaltsort (Zahl der Pauschalreisen, lang-
und kurzfristig x DM 500).

Q u e l l e : Vgl. Deutscher Reisebüro-Verband e.V. (Hrsg.), Wirtschaftsfaktor Tourismus.
Eine Grundlagenstudie der Reisebranche, München 1989, S. 13 f.

Tab. 34: Nettowertschöpfung (Nettoinlandsprodukt zu Faktorkosten) im Tourismus 1986

	Umsatz (ohne MWST)	Wertschöpfungsquote[a]	Nettowertschöpfung 1. Umsatzstufe	Nettowertschöpfung 2. Umsatzstufe[b]	Beitrag zur Nettowertschöpfung insges.	darunter Beitrag zur Nettowertschöpfung durch die Reisebranche
	Mio DM	%	Mio DM	Mio DM	%	%
Tourismus mit Übernachtungen						
- Umsatz am Aufenthaltsort	28.925,0	42,0	12.148,5	x	x	x
- Bahn	3.304,0	65,9	2.177,3	x	x	x
- Flug	6.265,0	30,0	1.879,5	x	x	x
- Bus	477,0	26,0	124,0	x	x	x
- Reisebüro/-veranstalter ohne Beherberg./Verpfleg.	3.358,5	31,6	1.061,3	x	x	x
Zwischensumme	42.329,5	41,0	17.390,6	7.481,7	1,7	0,5
	(44,1 %)		(51,9 %)			
Tourismus ohne Übernachtung						
- Umsatz am Aufenthaltsort						
- Ausflug	32.202,9	28,8	9.274,4	x	x	x
- Tagesgeschäftsreise	12.549,1	30,0	3.764,7	x	x	x
- Transitreisende ohne Übernachtung	4.485,0	30,0	1.345,5	x	x	x
- Bahn	1.096,0	65,9	722,3	x	x	x
- Flug	2.500,0	30,0	750,0	x	x	x
- Bus	926,0	26,0	240,8	x	x	x
Zwischensumme	53.759,0	29,9	16.097,7	11.298,4	1,8	0,1
	(55,9 %)		(48,1 %)			
Insgesamt	96.088,5	34,8	33.488,3	18.780,1	3,5	x
	(100,0 %)		(100,0 %)			
+ Pkw-Verkehr	x	x	x	16.629,7	1,1	x
Nettowertschöpfung insgesamt	x	x	x	68.897,7	4,6	0,6

[a]Die Werte wurden aus den jeweiligen Kostenstrukturen der Branchen ermittelt.
[b]Vereinfachend wurde der Durchschnitt aller Wirtschaftsbereiche zugrunde gelegt.

Q u e l l e : Vgl. Deutscher Reisebüro-Verband e.V. (Hrsg.), a.a.O., S. 15

Ist der Beitrag des Volkseinkommens bekannt, so können Rückschlüsse auf den Beschäftigungseffekt gezogen werden, denn die Systematik der Beschäftigungsstatistik ermöglicht es nicht, daraus Angaben über die Beschäftigung im Fremdenverkehr zu gewinnen. Unter der Annahme einer gleichen Einkommenssituation bei allen Beschäftigten entspricht der prozentuale Beitrag zum Volkseinkommen auch dem vom Fremdenverkehr ausgehenden Beschäftigungseffekt. So kann durch Division des absoluten Beitrags zum Volkseinkommen mit dem durchschnittlichen Volkseinkommen je Beschäftigten grob geschätzt werden, wieviel Personen ihr Einkommen aus dem Fremdenverkehr beziehen. Das durchschnittliche Volkseinkommen je Erwerbstätigen beträgt 1986 58.722 DM.[1] Eine entsprechende Division führt rechnerisch zu einem Äquivalent von ca. 1,2 Mio Arbeitsplätzen, von denen ca. 60 % auf Verkehrsleistungen (PKW) und die zweite Umsatzstufe entfallen. Es ist zu vermuten, daß die Zahl der vom Tourismus abhängig Beschäftigten höher anzusetzen ist, da in diesem Sektor viele Teilzeitbeschäftigte[2] (insbesondere im Hotel- und Gaststättengewerbe) und Erwerbstätige mit unterdurchschnittlichem Einkommen[3] anzutreffen sind.

Eine Untersuchung des touristischen Arbeitsmarktes im Jahr 1982 ermittelte für die Bundesrepublik rd. 650.000 vom Tourismus unmittelbar abhängig Beschäftigte. Zunächst wurde die tatsächliche Anzahl der Beschäftigten in allen touristischen Leistungsbereichen festgestellt, es erfolgte dann eine Differenzierung in touristische und sonstige (z.B. Konsum der ortsansässigen Bevölkerung) Umsätze (vgl. Tab. 35).

Nicht berücksichtigt ist hier der mittelbare Beschäftigungseffekt durch den Fremdenverkehr in anderen Wirtschaftsbereichen. Vergleicht man daher die in der Studie über den touristischen Arbeitsmarkt ermittelte Anzahl der Beschäftigten (650.000) mit der Anzahl der Beschäftigten, die sich rechnerisch aus dem Beitrag zum Volkseinkommen der 1. Umsatzstufe ergibt (570.000) und berücksichtigt gleichzeitig die unterschiedlichen Erhebungszeiträume - die Untersuchung fand 1982 zu einem Zeitpunkt stagnierender Reisetätigkeit statt - , so muß zwangsläufig der Anteil der vom Tourismus abhängig Beschäftigten erheblich höher liegen, als der Beitrag des Fremdenverkehrs zum Volkseinkommen vermuten läßt. Das Fremdenverkehrspräsidium schätzt in diesem Zusammenhang im Tourismusbericht 1986 1,5 Mio Arbeitnehmer, die direkt oder indirekt dem Fremdenverkehrssektor zuzuordnen sind; das sind ca. 6 % der Erwerbstätigen in der Bundesrepublik Deutschland.[4]

Eine besondere Bedeutung gewinnt der Tourismus als Devisenbringer oder - wie im Falle der Bundesrepublik Deutschland - als eine Nachfrage, die zu erheblichen Devisenabflüssen führt. Die Summe der Ausgaben der Bundesbürger für Auslandsreisen übersteigt die Deviseneinnahmen aus dem Reiseverkehr in beträchtlichem

---

[1] Vgl. Statistisches Bundesamt (Hrsg.), Statistisches Jahrbuch 1987 für die Bundesrepublik Deutschland, a.a.O., S. 559.

[2] Vgl. TIETZ, B., a.a.O., S. 726. Im Jahr 1978 waren allein 43 % der Beschäftigten im Gastgewerbe Teilzeitkräfte.

[3] Vgl. FREYER, W., Tourismus - Einführung in die Fremdenverkehrsökonomie, a.a.O., S. 308. Die Lohnstruktur im Fremdenverkehrssektor wird durchschnittlich um 20 - 25 % niedriger als in der Industrie geschätzt.

[4] Vgl. Deutsches Fremdenverkehrspräsidium (Hrsg.), a.a.O., S. 59.

Tab. 35: Erwerbstätige im Tourismus 1982

Beschäftigungsbereich	Beschäftigte insgesamt	Darunter touristisch abhängig absolut	%
Beherbergung und Gastronomie	787.103	496.810	76,1
Verkehr			
- Schiene	352.000	65.000	10,0
- Luft	33.000	25.150	3,9
- Straße (Bus)	135.972	18.750	2,9
Reisevermittlung und -veranstaltung	34.446	34.446	5,3
Kongreß- und Tagungswesen	1.139	401	0,0
Messe- und Ausstellung	-	137	0,0
Bäderwesen[a]	8.300	8.300	1,3
Fremdenverkehrsämter	2.625	2.625	0,4
Verbände und Organisationen	720	600	0,1
Administration	-	272	0,0
Insgesamt	1.355.305	652.491	100,0

[a]Erfaßt sind nur Personen, die unmittelbar in Kurverwaltungen beschäftigt sind.

Q u e l l e : KOCH, A., ARNDT, H., KARBOWSKI, J., Strukturanalyse des touristischen Arbeitsmarktes, Schriftenreihe des Deutschen Wirtschaftswissenschaftlichen Instituts für Fremdenverkehr an der Universität München, Heft 36, München 1982, S. XVII

Umfang. Das traditionelle Defizit der Bundesrepublik im Reiseverkehr bewegt sich seit 1980 bei relativ geringen Schwankungen auf dem 1980 - nach sprunghaftem Anstieg in den siebziger Jahren - erreichten hohen Niveau. Im Jahre 1985 betrug das Defizit 24,5 Mrd DM, verglichen mit dem Höchststand von 26,2 Mrd DM 1982 und 25 Mrd DM 1980, jedoch erst 17,4 Mrd DM 1975 und nur 5,4 Mrd DM 1970 (vgl. Tab. 36). Dieses Defizit bildet damit - zusammen mit den unentgeltlichen Leistungen (z.B. Nettobeiträge der Bundesrepublik an die Europäische Gemeinschaft oder Überweisungen der in der Bundesrepublik lebenden ausländischen Arbeitnehmer in ihre Heimat) - einen beträchtlichen Gegenposten zu den Überschüssen im Außenhandel. Es ist zu vermuten, daß die Stabilisierungsphase in der Reiseverkehrsbilanz seit 1980 wieder abgelöst wird durch eine erneute, deutlich verstärkte Zunahme der Ausgaben. Spiegelt die Entwicklung der Einnahmen in den letzten Jahren zwar die überproportionale Teilnahme der Bundesrepublik an dem Anschwellen der internationalen Touristikströme wider,[1] die deutlich mit einer eher zurückhaltenden Entwicklung der Ausgaben kontrastiert, so ist dennoch zu erwarten, daß sich einerseits aufgrund der konjunkturellen Erholung die Ausgaben im Ausland spürbar erhöhen, andererseits sich die Einnahmenzuwächse

---

[1] Vgl. Gliederungspunkt IV. A. 2) b) b_1).

Tab. 36: Auslandsreiseverkehr der Bundesrepublik Deutschland in den Jahren
1965 - 1985

Jahr	Einnahmen Mrd DM	Veränderung gegen Vorjahr %	Ausgaben Mrd DM	Veränderung gegen Vorjahr %	Saldo Mrd DM
1965	2,5	5,8	5,3	16,5	- 2,8
1966	2,7	6,1	6,1	14,9	- 3,4
1967	3,1	11,9	6,1	- 0,7	- 3,0
1968	3,2	5,3	6,3	3,8	- 3,1
1969	3,6	11,5	7,5	18,2	- 3,9
1970	4,9	35,4	10,2	36,9	- 5,4
1971	5,3	9,7	12,6	23,4	- 7,3
1972	6,3	17,6	14,8	17,5	- 8,6
1973	6,5	3,4	17,4	17,3	- 10,9
1974	6,4	- 1,3	18,8	8,0	- 12,4
1975	7,3	14,0	22,0	17,0	- 14,7
1976	8,3	13,6	22,9	4,3	- 14,6
1977	9,1	10,1	25,5	11,2	- 16,4
1978	9,7	6,7	28,8	12,7	- 19,0
1979	10,3	5,8	31,9	10,9	- 21,6
1980	11,4	10,3	36,6	14,8	- 25,2
1981	13,2	16,5	39,0	6,4	- 25,7
1982	13,1	- 1,0	39,3	0,8	- 26,2
1983	13,9	6,4	38,7	- 1,5	- 24,7
1984	15,6	11,9	39,6	2,4	- 24,0
1985	17,5	12,0	42,0	6,0	- 24,5

Q u e l l e : "Die Reiseverkehrsbilanz der Bundesrepublik Deutschland", in: Monatsberichte der Deutschen Bundesbank, Januar 1986, S. 32

mit dem Abklingen des hohen Dollarkurses beruhigen.[1] Das Defizit in der Reiseverkehrsbilanz könnte daher in nächster Zeit wieder deutlich zunehmen. So
wird dem gestiegenen Außenhandelsüberschuß erneut von der Dienstleistungsbi-
lanz ein Gegengewicht gesetzt, das die Aktivierungstendenzen in der Leistungs-
bilanz einschränkt.[2]

Als letztes sei auf die wirtschaftliche Bedeutung des Fremdenverkehrs für die
Regionalentwicklung hingewiesen. In der Vergangenheit konnte der Fremdenverkehr besonders in strukturschwachen Gebieten als wirtschaftsbelebendes Element
zum Abbau bestehender Disparitäten eingesetzt werden und hat dadurch wesentlich zur Anhebung der Einkommen und Schaffung von Beschäftigungsmöglichkei-
ten beigetragen. Untersuchungen haben allerdings gezeigt, daß es nicht Ziel

[1] Die sprunghafte Zunahme der Auslandsreiseintensität von 66 % 1986 auf 70 %
1987 (vgl. Tab. 7) kann als erstes Anzeichen für eine überproportionale Zunahme der Ausgaben gewertet werden.

[2] Vgl. "Die Reiseverkehrsbilanz der Bundesrepublik Deutschland", a.a.O., S. 33 f.

sein kann, eine starke Abhängigkeit vom Fremdenverkehr in einer Region zu schaffen, sondern den Tourismus als einen nicht unbedeutenden Wirtschaftszweig neben anderen Wirtschaftssektoren zu fördern.[1] Da die Entscheidung über den anzustrebenden Anteil des Tourismus am gesamten Wirtschaftspotential einer Region vom Einzelfall abhängt, ist diese Betrachtungsweise nicht Thema der Darstellung des Tourismus in der Gesamtwirtschaft.

5) Der bundesdeutsche Tourismus im internationalen Vergleich

Der internationale Reiseverkehr hat sich seit 1983 aufgrund der konjunkturellen Belebung in den meisten Industrieländern spürbar erholt, nachdem er Anfang der achtziger Jahre infolge der zweiten Ölkrise sowie der weltwirtschaftlichen Rezession stagniert hatte (vgl. Abb. 30).

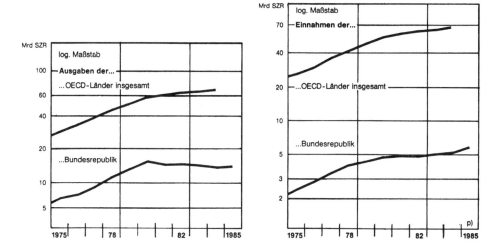

Abb. 30: Die Entwicklung der bundesdeutschen Einnahmen und Ausgaben im Tourismus im internationalen Vergleich

Q u e l l e : "Die Reiseverkehrsbilanz der Bundesrepublik Deutschland", a.a.O., S. 27

Die Erholung erfolgte zunächst langsam. 1985 stiegen die Einnahmen der OECD-Länder um 4 %, die Ausgaben um 3 % gegenüber dem Vorjahr. Seit 1985 setzt sich die bereits in den siebziger Jahren für den internationalen Reiseverkehr kennzeichnende sprunghafte Entwicklung fort. So beliefen sich die Einnahmen der

---

[1] Vgl. KOCH, A., ZEINER, M., Wirtschaftliche Wirkungen des Urlaubsreiseverkehrs in der Bundesrepublik Deutschland, in: Fremdenverkehr und Regionalpolitik, a.a.O., S. 57.

OECD-Länder 1987 auf 114,2 Mrd US $ und die Ausgaben auf 123,8 Mrd US $. Dies führte - wie schon 1985/1986 - zu einer Steigerung um 24 % auf der Einnahmenseite und um 30 % auf der Ausgabenseite, gemessen an den jeweiligen Vorjahresbeträgen (vgl. Tab. 37).

Tab. 37: Einnahmen und Ausgaben im internationalen Reiseverkehr in den Jahren 1984 - 1987

	1984	1985	1986	1987
Europa				
Einnahmen in Mrd US $	54,1	56,1	71,9	90,1
Ausgaben in Mrd US $	43,9	44,4	63,3	84,3
- darunter Bundesrepublik				
Einnahmen in Mrd US $	-	-	6,3	7,8
Ausgaben in Mrd US $	-	-	18,1	23,6
Nordamerika				
Einnahmen in Mrd US $	14,2	14,8	16,8	18,7
Ausgaben in Mrd US $	19,4	20,6	21,9	25,8
Australien - Japan				
Einnahmen in Mrd US $	2,1	2,5	3,5	5,3
Ausgaben in Mrd US $	6,7	7,1	9,5	13,7
OECD				
Einnahmen in Mrd US $	70,4	73,3	92,2	114,2
Ausgaben in Mrd US $	70,1	72,1	94,8	123,8

Q u e l l e : OECD (Hrsg.), Tourism Policy and International Tourism in OECD Member Countries, Jg. 1987 und 1988, Paris

Die Bundesrepublik ist im internationalen Tourismus ein wichtiges Ursprungs- und Zielland. Die Reiseverkehrseinnahmen der Bundesrepublik spielten 1987 mit 7 % der Touristikeinnahmen aller OECD-Länder nur eine untergeordnete Rolle; die Ausgaben bundesdeutscher Reisender im Ausland beliefen sich 1987 mit 23,6 Mrd US $ auf 20 % der gesamten Reiseverkehrsausgaben der OECD-Länder. Somit steht die Bundesrepublik als Ursprungsland an erster Stelle, gefolgt von den USA mit 20,5 Mrd US $.[1]

Aufwendungen für Auslandsreisen machten in den letzten Jahren ca. 4,0 % des gesamten Privaten Verbrauchs der Bundesrepublik aus, wohingegen der entsprechende Anteil in Großbritannien durchschnittlich 2,3 %, in Frankreich 1,5 %, in Japan und den USA lediglich nur 0,6% betrug. [2] Auffallend ist eine ähnliche Ausgabenquote

---

[1] Vgl. OECD (Hrsg.), a.a.O., Jg. 1988, Paris.

[2] Dabei ist allerdings zu berücksichtigen, daß die Arbeitnehmer sowohl in Japan als auch in den USA über weniger Urlaubstage im Jahr verfügen als die Westeuropäer. Vgl. "Arbeitszeit international. 40 Stunden sind die Regel", in: iwd Informationsdienst des Instituts der deutschen Wirtschaft, 14. Jg. (1988), Nr. 20, S. 4 f.

der kleineren europäischen Länder wie Belgien, Dänemark, Schweden und der Schweiz, gemeinsam gekennzeichnet durch ein hohes Wohlstandsniveau und vergleichbare klimatische Verhältnisse (vgl. Tab. 38).

Tab. 38: Der Anteil der Aufwendungen für Auslandsreisen am Privaten Verbrauch im internationalen Vergleich 1980 - 1985

Ländergruppe/Land	1980 %	1981 %	1982 %	1983 %	1984 %	1985 %
Europäische Länder	2,7	2,7	2,7	2,6	2,6	2,6
darunter:						
Bundesrepublik Deutschland	4,4	4,5	4,4	4,0	4,0	4,1
Belgien/Luxemburg	4,4	4,5	4,0	4,0	3,9	4,0
Dänemark	4,2	4,0	4,3	4,0	4,2	4,4
Frankreich	1,5	1,6	1,5	1,3	1,4	1,4
Griechenland	1,2	1,5	1,5	1,6	1,6	1,7
Großbritannien	2,0	2,2	2,2	2,3	2,4	2,3
Italien	0,8	0,8	0,8	0,7	0,8	0,7
Niederlande	4,5	4,2	3,9	4,1	4,1	4,2
Norwegen	5,4	6,0	6,5	6,4	6,2	6,4
Österreich	7,3	7,5	7,2	7,5	7,2	7,3
Portugal	1,8	1,5	1,6	1,6	1,7	1,7
Schweden	3,4	3,7	3,6	3,4	3,5	3,8
Schweiz	4,6	4,5	4,6	4,6	4,9	5,2
Spanien	0,8	0,8	0,8	0,9	0,8	0,9
Türkei	0,3	0,2	0,2	0,3	0,7	0,8
Außereuropäische Länder						
Australien	2,1	1,9	1,9	1,8	2,0	2,0
Japan	0,8	0,7	0,7	0,6	0,6	0,6
Kanada	2,7	2,5	2,4	2,6	2,6	2,6
USA	0,6	0,6	0,6	0,6	0,6	0,6

Q u e l l e :   OECD (Hrsg.), a.a.O., versch. Jg.

Gemessen am Bruttoinlandsprodukt ist die Bedeutung der Bundesrepublik als Zielland relativ gering; die Tourismuseinnahmen aus dem Auslandsreiseverkehr entsprachen 1985 lediglich 0,9 % der inländischen Wertschöpfung, womit die Bundesrepublik neben den USA, Australien und Japan am unteren Ende der Skala liegt. In den Alpen- und Mittelmeerländern (z.B. Österreich, Schweiz, Spanien, Italien, Portugal, Griechenland) spielt der Tourismus als Wirtschaftszweig eine wesentlich stärkere Rolle. So betrug der Anteil der Einnahmen aus dem Auslandsreiseverkehr am Bruttoinlandsprodukt 1985 in Italien 2,0 %, in Portugal 5,5 %, in der Schweiz 4,4 %, in Österreich sogar 7,7 %, wobei in Österreich seit 1982 Verluste - offensichtlich zugunsten der Mittelmeerländer - zu verzeichnen sind (vgl. Tab. 39).

Mit 8,2 Mrd SZR[1] bzw. 24 Mrd DM wies die Bundesrepublik 1984 das mit Abstand höchste Defizit aller OECD-Länder auf, gefolgt von den USA (4,3 Mrd SZR),

---

[1] Für die internationale Reiseverkehrsstatistik wurde als Recheneinheit das Sonderziehungsrecht (SZR) gewählt, um die Wechselkursschwankungen, die die Vergleichbarkeit erschweren, zu vermeiden.

Japan (3,6 Mrd SZR) und den Niederlanden (1,5 Mrd SZR). Die Bundesrepublik ist somit weiterhin trotz eines Rückgangs des Passivsaldos seit 1980 der größte Netto-Devisenbringer im internationalen Reiseverkehr.[1] Den traditionellen Defizitländern stehen die klassischen Reiseländer gegenüber. Die Einnahmeüberschüsse aus dem Tourismus bilden ein nicht unwesentliches Gegengewicht zu ihren defizi-

Tab. 39: Der Anteil der Einnahmen aus dem Auslandsreiseverkehr am Bruttoinlandsprodukt im internationalen Vergleich 1980 - 1985

Ländergruppe/Land	1980 %	1981 %	1982 %	1983 %	1984 %	1985 %
Europäische Länder	1,7	1,7	1,8	1,8	1,9	2,0
darunter:						
Bundesrepublik Deutschland	0,8	0,9	0,8	0,8	0,9	0,9
Belgien/Luxemburg	1,5	1,8	1,9	2,1	2,2	2,1
Dänemark	2,0	2,2	2,3	2,3	2,4	2,3
Frankreich	1,3	1,3	1,3	1,4	1,6	1,6
Griechenland	4,3	5,1	4,0	3,4	3,9	4,3
Großbritannien	1,3	1,2	1,2	1,3	1,4	1,6
Italien	2,3	2,1	2,4	2,2	2,1	2,0
Niederlande	1,0	1,2	1,1	1,1	1,2	1,2
Norwegen	1,3	1,4	1,3	1,2	1,2	1,3
Österreich	8,4	8,6	8,3	7,9	7,9	7,7
Portugal	4,7	4,4	3,8	4,1	5,0	5,5
Schweden	0,8	0,8	1,0	1,2	1,2	1,2
Schweiz	4,0	4,2	4,1	4,2	4,5	4,4
Spanien	3,3	3,6	4,0	4,4	5,0	4,9
Türkei	0,6	0,7	0,7	0,8	1,1	2,1
Außereuropäische Länder						
Australien	0,7	0,7	0,7	0,7	0,6	0,7
Japan	0,1	0,1	0,1	0,1	0,1	0,1
Kanada	1,1	1,1	1,0	1,0	1,0	1,1
USA	0,4	0,4	0,4	0,3	0,3	0,3

Q u e l l e : OECD (Hrsg.), a.a.O., Jg. 1984, 1985 und 1987

tären Handelsbilanzen. 1984 führte Spanien mit Einnahmeüberschüssen von 6,7 Mrd SRZ, gefolgt von Italien (6,3 Mrd SRZ) und Frankreich (3,2 Mrd SRZ) (vgl. Tab. 40). Der internationale Reiseverkehr trägt somit zu einem ausgeglicheneren Leistungsbilanzgefüge der OECD-Länder bei.

---

[1] Für den Zeitraum 1985 - 1987 liegen keine vergleichbaren Daten vor. Der sprunghafte Anstieg der Reiseintensität seit 1985 spricht dafür, daß sich der Fehlbetrag gegenüber 1984 wieder erhöht. Mit dem weiteren Voranschreiten der konjunkturellen Erholung werden bundesdeutsche Reisende - nach den bereits diskutierten Zeitverzögerungen aufgrund der Urlaubsplanung - voraussichtlich ihre Ausgaben im Ausland spürbar erhöhen. Auf der anderen Seite wirkt sich der Dollarverfall negativ auf das Wachstum der Reiseeinnahmen aus.

Tab. 40: Defizit- und Überschußländer im internationalen Reiseverkehr
1975 - 1984

Land	Nettoausgaben bzw. -einnahmen in Mrd SRZ[a]			Nachrichtlich: Handelsbilanz-Saldo [b]
	1975	1980	1984	1984
Hauptdefizitländer				
Bundesrepublik Deutschland	- 4,9	-10,7	- 8,2	+ 21,7
Vereinigte Staaten von Amerika	- 1,4	+ 0,1	- 4,3	-105,6
Japan	- 0,9	- 0,3	- 3,6	+ 43,2
Niederlande	- 0,5	- 2,3	- 1,5	+ 5,5
Kanada	- 0,6	- 0,8	- 1,1	+ 16,2
Norwegen	- 0,3	- 0,6	- 0,8	+ 5,0
Australien	- 0,6	- 0,6	- 0,7	- 0,8
Großbritannien	+ 0,5	+ 0,4	- 0,6	- 5,6
Hauptüberschußländer				
Spanien	+ 2,6	+ 4,4	+ 6,7	- 4,0
Italien	+ 1,9	+ 5,4	+ 6,3	- 5,9
Frankreich	+ 0,2	+ 1,7	+ 3,2	- 4,0
Österreich	+ 1,4	+ 2,6	+ 2,3	- 3,4
Griechenland	+ 0,4	+ 1,1	+ 1,0	- 4,1
Schweiz	+ 0,7	+ 0,6	+ 0,9	- 3,0
Portugal	+ 0,1	+ 0,7	+ 0,7	- 2,0
Türkei	+ 0,1	+ 0,2	+ 0,3	- 2,8

[a] 1975: 1 SZR = DM 2,98; 1980: 1 SZR = DM 2,36; 1984: 1 SZR = DM 2,91

[b] Export und Import jeweils fob

Q u e l l e : "Die Reiseverkehrsbilanz der Bundesrepublik Deutschland", a.a.O.,
S. 32

Die Ausführungen weisen auf die wechselseitigen Beziehungen zwischen Außenhandel und Reiseverkehr hin. Die Devisenzuflüsse aus dem Reiseverkehr ermöglichen zahlreichen Ländern (insbesondere aus dem Mittelmeerraum), ausländische
Industrieprodukte zu kaufen. Im Rahmen der internationalen Arbeitsteilung, die
sich sowohl auf den Einsatz der traditionellen Produktionsfaktoren Arbeit und
Kapital als auch auf "die Nutzung der durch Landschaft, Klima und kulturelle Besonderheiten bestimmten komparativen Vorteile bei den touristischen Leistungen"
erstreckt, sind Reiseverkehr und Außenhandel eng verflochten.[1] So kennzeichnet
den stärker industrialisierten Norden Europas (Defizitländer im Reiseverkehr)
eine hohe Produktivität der Warenerzeugung, während die südlichen Länder ihre
besonderen Standortvorteile als "klassische" Reiseländer nutzen.

---

[1] "Die Reiseverkehrsbilanz der Bundesrepublik Deutschland", a.a.O., S. 33.

Abschließend sei noch auf die Bettenkapazität im europäischen Vergleich hingewiesen. Italien verfügte 1985 mit 4,7 Mio Betten in allen Beherbergungsbetrieben über die größte Bettenkapazität, gefolgt von Frankreich mit ca. 3 Mio Betten und der Bundesrepublik mit 2,2 Mio Betten. Österreich und die Schweiz verfügen hingegen nur über 1 Mio Betten. Vergleicht man hingegen die Bettenkapazität pro 100 Einwohner in den jeweiligen Ländern, so führen die Schweiz und Österreich mit 17 bzw. 16 Betten pro 100 Einwohner. Die Bundesrepublik liegt am unteren Rand der Skala (vgl. Tab. 41). Wieder wird die vergleichsweise geringe Bedeutung der Bundesrepublik als Zielland im Tourismus deutlich.

Tab. 41: Die Bettenkapazität in Beherbergungsbetrieben im europäischen Vergleich 1985

	Betten-kapazität[a] Tsd	Einwohner Tsd	Anzahl der Betten pro 100 Einwohner
Italien	4.700	57.128	8
Frankreich	3.000	55.172	5
Bundesrepublik Deutschland	2.200	61.015	4
Niederlande	1.500	14.484	10
Spanien	1.200	38.602	3
Großbritannien	1.200	56.125	2
Österreich	1.200	7.555	16
Schweiz	1.100	6.374	17
Jugoslawien	940	23.125	4
Griechenland	600	9.935	6
Belgien/Luxemburg	571	10.269	6
Portugal	150	10.229	1

[a]Die Angaben spiegeln die Gesamtkapazität incl. aller Betten in Privatquartieren (ohne Campingplätze) wider.

Quelle: Deutsches Fremdenverkehrspräsidium (Hrsg.), a.a.O., S. 84; Statistisches Bundesamt (Hrsg.), Statistisches Jahrbuch für die Bundesrepublik Deutschland, a.a.O., S. 650 f.

6) Tourismus als Gegenstand der Politik auf Bundesebene

In der Bundesrepublik sind auf Bundesebene unterschiedliche Ressorts für den Fremdenverkehr zuständig.[1] In Tab. 42 sind die umfassenden Belange von Freizeit und Erholung und die dafür verantwortlichen Bundesressorts zusammengestellt. Neben den Ministerien für Verkehr sowie für Ernährung, Landwirtschaft

---

[1] Ergänzend sei darauf hingewiesen, daß in einigen europäischen Ländern spezielle Ministerien für den Tourismus zuständig sind. Als Beispiel seien Italien, Frankreich, die Türkei, Spanien, Jugoslawien, Portugal, Schweden und Irland genannt. Vgl. BECKENHAM, A.F., Transport and nation-state government: a global review, in: Transport Reviews, Vol. 8 (1988), S. 273 f.

Tab. 42: Zuständigkeiten für den Fremdenverkehr auf Bundesebene

Ressort/Ministerium	Fremdenverkehrsbezogene Aufgaben
Bundesministerium für Wirtschaft	- Abteilung Fremdenverkehr (Ressort) - Fremdenverkehrsförderung - Regionale und sektorale Strukturpolitik - Sicherung der allgemeinen wirtschaftlichen Rahmenbedingungen
Bundesministerium für Verkehr	- Gesamter Transportsektor - Planung von Bundesfernstraßen - Flugverkehr (Tarifhoheit, Streckengenehmigung) - Bundesbahn - Schiffahrt auf Binnengewässern und Seewasserstraßen
Bundesministerium für Raumordnung, Bauwesen und Städtebau	- Landschaftsplanung - Regionalplanung, Nutzungspläne - Festlegung von Freizeit- und Erholungsgebieten - Freizeitarchitektur und -einrichtungen
Bundesministerium für Auswärtiges	- Auslandsvertretungen - Konsularischer Schutz und Touristenbetreuung im Ausland - Visaerteilung für ausländische Besucher nach Deutschland
Bundesministerium des Inneren	- Fremdenverkehrsstatistik - Arbeitszeit-, Erholungs- und Sonderurlaubsverordnung sowie Tarifrecht öff. Bediensteter - Freizeitsport - Bundesgrenzschutz - Regelungen für Ein- und Ausreise - Aufenthaltsgenehmigungen für Ausländer in Deutschland - Zoll- und Paßvorschriften
Bundesministerium der Justiz	- Rechtliche Rahmenbedingungen, speziell: Reisevertragsgesetz - Allgemeines Vertragsrecht - Internationales Recht/Abkommen
Bundesministerium für Ernährung, Landwirtschaft und Forsten	- Information über und Förderung von "Urlaub auf dem Bauernhof" - Forschung über Freizeit und Landschaft - Neuordnung des ländlichen Raumes - Landschaftskultur, Forstwirtschaft - Naturschutz, Landschaftsschutz
Bundesministerium für Arbeit und Sozialordnung	- Arbeitszeitregelungen - Urlaubsregelungen - Kur- und Erholungsurlaube (Rentenversicherungsanstalt)
Bundesministerium der Finanzen	- Finanzhilfen (Strukturförderung) - Steuergesetz und -regelungen - Reisekostenregelungen (im Steuergesetz) - Bundesaufsichtsamt für das Versicherungswesen (Reiseversicherungen)

noch Tab. 42: Zuständigkeiten für den Fremdenverkehr auf Bundesebene

Ressort/Ministerium	Fremdenverkehrsbezogene Aufgaben
Bundesministerium für innerdeutsche Angelegenheiten	- Innerdeutscher und Berlinreiseverkehr - Zonenrandförderung im sozialen und kulturellen Bereich - zuständig für Berlin (West)
Bundesministerium für Jugend, Frauen, Familie und Gesundheit	- Jugendaustausch - Familienfreizeit und -urlaub - Freizeitverbände - Gesundheitsvor- und -nachsorge (Impfvorschriften)
Bundesministerium für das Post- und Fernmeldewesen	- Kommunikationswesen (Telex, START . . .) - Reservierungssysteme und Tourismus - Neue Medien - Erholungsstätten für Postbedienstete
Bundesministerium für Verteidigung	- Freizeit der Soldaten - militärisches Transportwesen - Politischer Reiseverkehr (mit Militärmaschinen)
Bundesministerium für Bildung und Wissenschaft	- Touristische Ausbildung: Berufs-, Fach-, Hochschulen - Weiterbildung, Volkshochschulwesen - Hotelfachschulen usw.
Bundesministerium für Forschung und Technologie	- Forschungsaufträge und -förderung im Bereich Tourismus - Technische Forschungsförderung, insbesondere Transportwesen
Bundesministerium für wirtschaftliche Zusammenarbeit	- Entwicklungsländertourismus - Arbeitsgruppe Touristeninformation 3. Welt - Touristische Entwicklungshilfe - Förderung von Tourismusprojekten im Ausland (begrenzt)
Bundesministerium für Umwelt	- Umweltschutz - Naturschutz in Erholungsgebieten - Erhalt/Einrichtung von Erholungslandschaften

Q u e l l e : Vgl. FREYER, W., Tourismus: Einführung in die Fremdenverkehrs-ökonomie, a.a.O., S. 248 f.

und Forsten sind es vor allem das Ministerium für Raumordnung, Bauwesen und Städtebau sowie das Wirtschaftsministerium, die zahlreiche Aufgabenbereiche im Rahmen des Fremdenverkehrs aufweisen.

Das Bundesministerium für Raumordnung, Bauwesen und Städtebau z.B. legt gemäß Raumordnungsgesetz[1] im Rahmen der Ausweisung von Vorranggebieten für verschiedene Raumnutzungen - zum Ausgleich großräumiger Disparitäten - Gebiete für Freizeit und Erholung fest, "in denen für diese Funktionen die landwirtschaftlichen Voraussetzungen gesichert bzw. geschaffen, die infrastrukturellen Einrichtungen ausgebaut und die sozialen Voraussetzungen verbessert werden sollen".[2]

Das Wirtschaftsministerium befaßt sich vor allem mit den strukturpolitischen Aufgaben des Fremdenverkehrs. So erfolgt die touristische Förderung der deutschen Fremdenverkehrsgebiete überwiegend im Rahmen der Gemeinschaftsaufgabe "Verbesserung der regionalen Wirtschaftsstruktur".[3]

Das dargestellte, breit gefächerte Aufgabengebiet für Freizeit und Erholung in den unterschiedlichen Ressorts deutet darauf hin, daß nicht nur die ökonomischen Auswirkungen des Fremdenverkehrs politische Beachtung finden - eine wesentliche Voraussetzung der ganzheitlichen Betrachtung des Fremdenverkehrs. So stellt HUNZIKER, der sich jahrzehntelang ausschließlich mit ökonomischen Problemen des Fremdenverkehrs auseinandergesetzt hat, fest, "daß die intensive Beschäftigung mit den ökonomischen Problemen des Fremdenverkehrs in zunehmend starkem Maße zur Erkenntnis beigetragen hat, wie wenig die touristische Erscheinung nur damit zu erfassen ist und wie sehr es geboten erscheint, außerökonomische Faktoren zu berücksichtigen".[4] Es fehlt jedoch an einer Dachorganisation oder einem

---

[1] Vgl. Raumordnungsgesetz des Bundes vom 8.4.1965 (BGBl. I., S. 306 ff.). Mit Hilfe dieses Gesetzes ist ein Instrument geschaffen worden, das die beginnende Zersiedlung und ziellose Bebauung der Landschaft beenden soll. Aufgrund der zunehmenden Urbanisierung und der Entleerung der ländlichen Räume in den sechziger Jahren wurden die Disparitäten zwischen Land und Stadt immer größer, neue raumordnerische Konzeptionen wurden notwendig. Bund und Länder bekamen den noch heute gültigen gesetzlichen Auftrag, die räumliche Nutzung der Bundesrepublik so zu gestalten, daß gesunde Lebens- und Arbeitsbedingungen sowie ausgewogene wirtschaftliche, soziale und kulturelle Verhältnisse gesichert und weiterentwickelt werden. Der Fremdenverkehr findet in § 2 Abs. 7 implizit Erwähnung: "Für den Schutz, die Pflege und die Entwicklung von Natur und Landschaft einschließlich des Waldes sowie für die Sicherung und Gestaltung von Erholungsgebieten ist zu sorgen."

[2] Der Bundesminister für Raumordnung, Bauwesen und Städtebau (Hrsg.), Bundesraumordnungsprogramm - Raumordnungsprogramm für die großräumige Entwicklung des Bundesgebietes, Schriftenreihe "Raumordnung", Heft Nr. 06.002, Bonn 1975, S. 4.

[3] Vgl. Gesetz über die Gemeinschaftsaufgabe "Verbesserung der regionalen Wirtschaftsstruktur" vom 06.10.1969 (BGBl. I, S. 1861) und vom 23.12.1971 (BGBl. I, S. 2140), sowie Deutscher Bundestag (Hrsg.), Fremdenverkehrspolitik, BT-Drucks. 10/5455 vom 09.05.1986, S. 10. Zur Aufzählung weiterer Programme und Maßnahmen zur Fremdenverkehrsförderung vgl. MEYER, M., Das Förderinstrumentarium des Fremdenverkehrs, in: Tourismus-Management, a.a.O., S. 331 - 346.

[4] HUNZIKER, W., Die Fremdenverkehrslehre - Eine systemkritische Betrachtung, in: Festschrift zur Vollendung des 65. Lebensjahres von o. Prof. Dkfm. Dr. Paul BERNECKER, a.a.O., S. 23.

Koordinationsausschuß, der die einzelnen Ziele und Maßnahmen miteinander verbindet und unter Berücksichtigung künftiger Entwicklungen abstimmt. Nicht selten sind die Touristen divergierenden politischen Interessen ausgesetzt.[1] Vor diesem Hintergrund müssen nun die Ziele und Strategien dessen, was man zusammenschauend als "Fremdenverkehrspolitik" bezeichnen mag, beurteilt werden. Diese Fremdenverkehrspolitik manifestiert sich in dem noch heute gültigen tourismuspolitischen Programm der Bundesregierung aus dem Jahre 1975.[2]

Bis Anfang der siebziger Jahre war es gängige Meinung, daß der Fremdenverkehr, soweit er überhaupt Gegenstand staatlichen Handelns war, in die Zuständigkeit der Länder fiel.[3]

In dem 1975 veröffentlichten Bericht "Tourismus in der Bundesrepublik Deutschland - Grundlagen und Ziele" betont die damalige Bundesregierung hingegen die staatliche Zuständigkeit und Mitverantwortung für den Fremdenverkehrsbereich: "Bund, Länder und Gemeinden haben die gemeinsame Aufgabe und Verpflichtung, zur Sicherung einer kontinuierlichen und zeitgerechten Entwicklung des Fremdenverkehrs in der Bundesrepublik Deutschland Ziele und Schwerpunkte, Prioritäten und Belastungsgrenzen festzulegen. Die Konsequenzen sollen mit allen Betroffenen intensiv erörtert werden, um über die materielle, regionale und institutionelle Gestaltung der deutschen Fremdenverkehrspolitik einen Konsens zu erzielen."[4]

Die Bundesregierung hat mit diesem Bericht erstmalig ein tourismuspolitisches Programm vorgestellt, das noch immer die gegenwärtige Tourismuspolitik des Bundes bestimmt. Sie begründet die Formulierung der Ziele und Richtlinien für den Tourismus damit, "daß aufgrund der gesamtwirtschaftlichen und gesellschaftspolitischen Bedeutung dieses Wirtschaftsbereichs eine gemeinsame politische Verantwortung von Bund und Ländern für die Tourismuspolitik im Rahmen der verfassungsrechtlichen Aufgabenteilung besteht". In Tab. 43 sind Richtlinien und Schwerpunkte des Programms aufgezeigt.[5]

---

[1] Vgl. KLEMM, K., Interdisziplinäre Aufgabenplanung, in: Tourismus-Management, a.a.O., S. 347 ff.

[2] Vgl. Deutscher Bundestag (Hrsg.), Tourismus in der Bundesrepublik - Grundlagen und Ziele, BT-Drucks. 7/3840 vom 01.07.1975.

[3] Vgl. Kommission für Finanzreform (Hrsg.), Gutachten über die Finanzreform in der Bundesrepublik Deutschland, Stuttgart 1966, Tz. 83, S. 25 und Tz. 103, S. 29; sowie Deutscher Bundestag (Hrsg.), Situation und Förderung des deutschen Fremdenverkehrs, BT-Drucks. VI/3287 vom 17.03.1972, S. 1.

[4] Deutscher Bundestag (Hrsg.), Tourismus in der Bundesrepublik - Grundlagen und Ziele, BT-Drucks. 7/3840 vom 01.07.1975, S. 5. Thema parlamentarischer Diskussionen war der Fremdenverkehr bereits Anfang der siebziger Jahre. Vgl. ders., Situation und Förderung des deutschen Fremdenverkehrs, BT-Drucks. VI/3287 vom 17.03.1972; sowie ders., Fremdenverkehr, BT-Drucks. 7/2374 vom 06.08.1974.

[5] Ders., Tourismus in der Bundesrepublik - Grundlagen und Ziele, BT-Drucks. 7/3840 vom 01.07.1975, S. 35.

Tab. 43: Das tourismuspolitische Grundsatzprogramm von 1975 - Ziele und Maßnahmen

Ziele	Maßnahmen
Sicherung der für eine kontinuierliche Entwicklung des Tourismus erforderlichen Rahmenbedingungen	- Erarbeitung einer Übersicht über alle Gebiete für Urlaub und Naherholung - Erarbeitung von Belastungswerten für die touristisch genutzten Gebiete der Bundesrepublik - Maßnahmen des Naturschutzes und der Landschaftsgestaltung - Ausbau der Infrastruktur für den Fremdenverkehr (im Rahmen der Gemeinschaftsaufgabe) - Förderung von modellhaften Anlagen und Einrichtungen für die Naherholung und den Kurzzeittourismus - Verstärkung der Rechtsposition des Touristen - Berücksichtigung von Belangen des Fremdenverkehrs in der allgemeinen Gesetzgebung
Steigerung der Leistungs- und Wettbewerbsfähigkeit der deutschen Fremdenverkehrswirtschaft	- Förderung der Betriebsberatung - Unterstützung der Marktbeobachtung/Bereitstellung von Marktinformationen - Absatzförderung/Entwicklung von Standard- und Qualitätsnormen zur besseren Präsentation und zur Erhöhung der Vergleichbarkeit des Angebotes - Bereitstellung von Finanzierungshilfen (ERP, Gemeinschaftsaufgabe) - Förderung der Aus- und Fortbildung - Ausarbeitung neuer Berufsbilder und Ausbildungsordnungen für Fremdenverkehrsberufe - Abbau von Wettbewerbshindernissen - Förderung der Unternehmenskooperation - Angleichung der Wettbewerbsbedingungen in der EG - Förderung der Auslandswertung (DZT)
Verbesserung der Möglichkeiten für die Teilnahme breiter Bevölkerungsschichten am Tourismus	- Verstärkung der Beteiligung förderungsbedürftiger Gruppen der Gesellschaft am Tourismus - Förderung eines Informationsdienstes für Tourismus - Entwicklung neuer Urlaubsformen und Gestaltungsmöglichkeiten der Freizeit - Förderung des internationalen Jugendaustausches
Ausbau der internationalen Zusammenarbeit im Tourismus	- Entwicklung einer Tourismuspolitik in der EG - Tourismuspolitische Zusammenarbeit in der OECD - Mitgestaltung der Fremdenverkehrspolitik der Welttourismusorganisation (WTO) - Verbesserung von Schutz und Hilfeleistung für Touristen im Ausland in Gefahren- und Krisensituationen - Internationale Zusammenarbeit zur Förderung des Tourismus und zur Analyse der Auswirkungen des Tourismus auf die Entwicklung der internationalen Wirtschaftsbeziehungen - Abschluß von Kooperationsabkommen zur Förderung des Tourismus

145

noch Tab. 43: Das tourismuspolitische Grundsatzpgrogramm von 1975 - Ziele und
Maßnahmen

Ziele	Maßnahmen
Verbesserung der Voraussetzungen für die Durchführung der Tourismuspolitik - Koordinierung und Information -	- Intensivierung der fremdenverkehrspolitischen Zusammenarbeit innerhalb der Bundesregierung, von Bund und Ländern und mit der Tourismuswirtschaft - Vergabe von Forschungsaufträgen zur Analyse der sozialökonomischen Bedeutung des Tourismus (Tourismusenquête) - Verbesserung der Fremdenverkehrsstatistik - Berufung eines Beirats für Fragen des Tourismus beim BMWi

Q u e l l e : Vgl. Deutscher Bundestag (Hrsg.), Tourismus in der Bundesrepublik -
Grundlagen und Ziele, BT-Drucks. 7/3840 vom 1.7.1975, S. 38 f.

Zwar sind in diesem tourismuspolitischen Programm der Bundesregierung, das unter
der Federführung des Bundesministeriums für Wirtschaft[1] entstand, auch die Interessen anderer Ressorts eingegangen, letztlich überwiegt jedoch die Konzentration
auf vorwiegend wirtschaftliche Effekte des Fremdenverkehrs. So findet der Umweltschutz in diesem Schwerpunktprogramm bis auf die Erwähnung von Belastungsgrenzen kaum Berücksichtigung. Konkrete Aussagen über Begrenzungskriterien des
Tourismus oder Prioritätensetzung im Konfliktfall läßt der Bericht ebenso vermissen wie Konsequenzen aus der Tatsache, daß einige Gebiete offensichtlich bereits die Grenzen ökologischer Belastbarkeit erreicht haben.[2] Hinzu kommt, daß
das Programm jeglicher strategischer und organisatorischer Vorkehrungen entbehrt.

Das vorbezeichnete Programm ist - wie bereits erwähnt - nach wie vor Grundlage
der Fremdenverkehrspolitik. 1979 wurde es erneut von der Bundesregierung bestätigt.[3] Seitdem ist mehrfach aufgrund verschiedener Anfragen der Fraktionen untersucht worden, inwieweit Beschlüsse von 1975 umgesetzt sind und das tourismus-

---

[1] Bereits 1970 wurde im Wirtschaftsministerium unter der Leitung des damaligen
Staatssekretärs von DOHNANYI der Arbeitskreis "Fremdenverkehr" als beratendes Gremium eingerichtet. Diesem Gremium kam in den Folgejahren nur geringe
Bedeutung zu. Vgl. FREYER, W., Tourismus: Einführung in die Fremdenverkehrsökonomie, a.a.O., S. 247.

[2] Vgl. GUTZLER, H., Stellenwert umweltpolitischer Konzepte in europäischen
Tourismuspolitiken, Papers aus dem Internationalen Institut für Umwelt und Gesellschaft des Wissenschaftszentrums Berlin, Berlin 1979, S. 14 ff.

[3] Vgl. Deutscher Bundestag (Hrsg.), Bericht der Bundesregierung über die Durchführung des tourismuspolitischen Programms von 1975, BT-Drucks. 8/2805 vom
07.05.1979.

politische Grundsatzprogramm fortgeschrieben worden ist.[1] Die verschiedenen Antworten weisen immer wieder auf gewisse kleine Fortschritte hin, betonen aber gleichzeitig, daß trotz einiger wünschenswerter Aktivitäten in Teilbereichen letztlich die allgemeine touristische Entwicklung keine vorrangigen politischen Aktivitäten erforderlich mache.[2]

Die Tourismuswirtschaft äußert sich weniger optimistisch und stellt daher u.a. folgende Forderungen:[3]

- Seit 1975 hat sich sowohl die gesamtwirtschaftliche Situation als auch das Reiseverhalten der Bundesbürger deutlich verändert. Das Grundsatzprogramm muß daher aktualisiert, die Zielsetzung entsprechend hinterfragt werden. Das Aufzeigen von Handlungsmöglichkeiten im bundesdeutschen Fremdenverkehr bei der Werbung der ausländischen Gäste, bei der Abstimmung mit der europäischen Tourismuspolitik sowie bei der Begrenzung fremdenverkehrsbedingter Umweltschäden muß Schwerpunkt des Konzepts werden. Gleichzeitig muß sich die wachsende Bedeutung des Städtetourismus, der Kurzreisen und der Geschäftsreisen in der Fortschreibung des Programms niederschlagen.

- Der Kompetenzwirrwarr - es befassen sich 17 Ministerien mit Fragen des Tourismus - macht die Entwicklung einer geschlossenen Fremdenverkehrspolitik unmöglich. Eine sinnvolle Koordinierung der Tourismuspolitik ist daher unerläßlich.[4]

- Die derzeitigen Daten innerhalb der amtlichen Statistik werden als unzureichend charakterisiert.[5] Der volkswirtschaftliche Stellenwert des Tourismus muß Niederschlag in einer aussagefähigen und anwendungsfreundlichen Statistik finden als Voraussetzung für die Entwicklung einer fremdenverkehrspolitischen Konzeption.

---

[1] Vgl. Deutscher Bundestag (Hrsg.), Fremdenverkehr, BT-Drucks. 9/1781 vom 23.06.1982; ders. (Hrsg.), Fremdenverkehrspolitik, BT-Drucks. 9/1815 vom 30.06.1982; ders. (Hrsg.), Fremdenverkehr, BT-Drucks. 10/4232 vom 13.11.1985; ders. (Hrsg.), Fremdenverkehrspolitik, BT-Drucks. 10/4590 vom 19.12.1985.

[2] Vgl. ders., Bericht der Bundesregierung über die Durchführung des tourismuspolitischen Programms von 1975, BT-Drucks. 8/4190 vom 13.06.1980; ders. (Hrsg.), Fremdenverkehr, BT-Drucks. 9/2082 vom 05.11.1982; ders. (Hrsg.), Fremdenverkehrspolitik, BT-Drucks. 9/2085 vom 08.11.1982; ders. (Hrsg.), Fremdenverkehr, BT-Drucks. 10/5454 vom 09.05.1986; ders. (Hrsg.), Fremdenverkehrspolitik, BT-Drucks. 10/5455 vom 09.05.1986.

[3] Vgl. ders. (Hrsg.), Fremdenverkehr, BT-Drucks. 9/2255 vom 08.12.1982; ders. (Hrsg.), Fremdenverkehr, BT-Drucks. 10/5809 vom 01.07.1986; ders. (Hrsg.), Fremdenverkehrspolitik, BT-Drucks. 10/6171 vom 15.10.1986 in Verbindung mit Deutsches Fremdenverkehrspräsidium (Hrsg.), a.a.O., S. 88 ff.

[4] Den jahrelangen Forderungen der Tourismuswirtschaft nach verstärkter Koordination der verschiedenen fremdenverkehrspolitischen Aktivitäten auf Bundesebene wurde 1987 durch Gründung eines Unterausschusses Tourismus/Fremdenverkehr im Wirtschaftsausschuß des Bundestages und der Benennung eines Staatssekretärs als Ansprechpartner für die Fremdenverkehrswirtschaft entsprochen. Vgl. FREYER, W., Tourismus: Einführung in die Fremdenverkehrsökonomie, a.a.O., S. 247.

[5] Vgl. Gliederungspunkt IV. A. 1).

B. AUSSICHTEN FÜR DEN TOURISMUS

1) Prognosen für die künftige Entwicklung der touristischen Nachfrage

In der jüngeren Vergangenheit ist die bundesdeutsche Tourismusentwicklung gekennzeichnet durch ein jährlich etwa gleichbleibendes Aufkommen von ca. 9 Mio Inlandsreisenden (vgl. Tab. 7). Zwar weist der Inlandstourismus im Gegensatz zu den Auslandsreisen keine Steigerungsraten auf, er stellt jedoch trotzdem - wie die vorhergehenden Ausführungen gezeigt haben - einen wichtigen Wirtschaftsfaktor für die gesamte Bundesrepublik dar.

Nach der Darstellung der vergangenen und gegenwärtigen Entwicklung der touristischen Nachfrage in der Bundesrepublik gilt es nun, die voraussichtliche Entwicklung zu skizzieren und eventuelle Expansionsmöglichkeiten des Tourismusmarktvolumens aufzuzeigen.

a) Allgemeine Entwicklungstrends

Ziel ist es im folgenden, die Determinanten der Entwicklung der touristischen Nachfrage auf Veränderungen, die bereits heute registrierbar bzw. absehbar sind, zu untersuchen, um Prognosen für den bundesdeutschen Tourismus erstellen zu können.

Entwicklungen der Bevölkerungszahl und -struktur sind dafür grundlegend. Folgende wesentliche Trends zeichnen sich ab:

- Seit längerem ist eine - wenn auch geringe - Abnahme der Bevölkerung der Bundesrepublik Deutschland erkennbar. Eine Verringerung der Bevölkerung um 500.000 von 61,1 Mio 1987 auf 60,6 Mio im Jahr 2000 ist zu erwarten. Danach wird eine Beschleunigung der rückläufigen Entwicklung prognostiziert. Nach entsprechenden Berechnungen wird die Bevölkerung in den darauffolgenden 20 Jahren um 10 % abnehmen.[1]

- Die Altersstruktur verschiebt sich zugunsten der über 60-jährigen; ihr Anteil wird sich voraussichtlich von 20,6 % (1986) auf 24,6 % im Jahr 2000 erhöhen. Rückläufig hingegen ist die Zahl der 20- bis 60-jährigen Personen, die die größte Gruppe der arbeitsfähigen Bevölkerung bilden. Ihr erwarteter Anteils-

---

[1] Vgl. "Zur langfristigen Entwicklung der Bevölkerung in der Bundesrepublik Deutschland", in: Wochenbericht des DIW, 55. Jg. (1988), S. 405 f. Nach den Ergebnissen dieser Vorausberechnungen wird sich die Einwohnerzahl in der Bundesrepublik weniger stark verringern, als z.B. in den Schätzungen des Statistischen Bundesamtes angenommen worden ist. Die Unterschiede sind neben der in letzter Zeit steigenden Geburtenzahlen hauptsächlich auf die Abweichungen in der Einschätzung der Entwicklung der ausländischen Bevölkerung zurückzuführen. Vgl. Statistisches Bundesamt (Hrsg.), Statistisches Jahrbuch 1986 für die Bundesrepublik Deutschland, a.a.O., S. 67, sowie für die Entwicklung des Fremdenverkehrs FEIGE, M., Hypothesen zur quantitativen Entwicklung des Fremdenverkehrs in der Bundesrepublik Deutschland in den nächsten 25 Jahren, in: Revue de tourisme, 43. Jg. (1988), Nr. 1, S. 16 f.

148

rückgang bewegt sich in der Größenordnung von 1,5 Prozentpunkten bis zur Jahrhundertwende. Der Anteil der unter 20-jährigen an der Gesamtbevölkerung wird von 22,1 % (1986) auf 19,6 % imJahr 2000 sinken.[1]

Wird die nur geringfügige Abnahme der Bevölkerung in den nächsten 10 Jahren kaum Einfluß auf den Tourismus haben, so werden sich die Verschiebungen der Altersstruktur sicherlich auf den Fremdenverkehr auswirken, denn die verschiedenen Altersgruppen unterscheiden sich zum Teil erheblich in den Präferenzen und Verhaltensweisen.[2] So nimmt z.B. die Reiseintensität mit zunehmendem Alter ab.[3] Die kommende Überalterung könnte somit zum Sinken der Reiseintensität führen. Dagegen spricht allerdings die wachsende Reiseerfahrung und Mobilität der kommenden Generation der über 60-jährigen.[4] Es ist davon auszugehen, daß die mittleren Jahrgänge zwischen 40 und 59 Jahren, die heute die höchste Reiseintensität aufweisen, versuchen werden, ihre Reisegewohnheiten beizubehalten.

Die Entwicklungen der Bevölkerungszahl und -struktur, die vorangegangenen Analysen des Reiseverhaltens der bundesdeutschen Bevölkerung sowie die zu erwartende gedämpfte Einkommensentwicklung[5] lassen eine Zunahme des Reisevolumens kaum vermuten. Es kann lediglich von einer Reiseintensität auf weiterhin hohem Niveau ausgegangen werden.[6]

Zunahmen sind hingegen bei der Kurzreiseintensität zu erwarten. Es ist zu vermuten, daß sich der in den vergangenen Jahren zu beobachtende Trend mehrerer, kürzerer Reisen angesichts weiterhin zunehmender Flexibilisierung der Arbeitszeit[7] fortsetzt.

Die bisherigen Überlegungen bezogen sich allgemein auf die künftige Entwicklung der bundesdeutschen touristischen Nachfrage. Es ist nun zu untersuchen, wie sich diese Trends auf den Inlandstourismus auswirken. 70 % der Reisenden verbringen heute ihren Haupturlaub im Ausland (vgl. Tab. 7). Das Reiseverhalten der bundesdeutschen Bevölkerung sowie die zunehmenden Auslandserfahrungen deuten darauf

---

[1] Vgl. "Zur langfristigen Entwicklung der Bevölkerung in der Bundesrepublik Deutschland", a.a.O., S. 406.

[2] Vgl. dazu die Reisebeteiligung nach Altersgruppen 1981/82. Statistisches Bundesamt (Hrsg.), Urlaubs- und Erholungsreisen, Jg. 1982, a.a.O., S. 17.

[3] Vgl. Gliederungspunkt III. A. 1).

[4] Vgl. zum künftigen Reiseverhalten bundesdeutscher Senioren DATZER, R., Die Senioren werden aktiver. Ausgewählte Ergebnisse einer Studie über den Seniorenmarkt, in: Revue de tourisme, 43. Jg. (1988), Nr. 1, S. 21 ff.

[5] Vgl. "Perspektiven der wirtschaftlichen Entwicklung in der Bundesrepublik Deutschland bis zum Jahr 2000", in: Wochenbericht des DIW, 54. Jg. (1987), S. 338.

[6] Bereits 1983 weist SCHWANINGER auf die Grenzen der touristischen Expansion für die traditionellen Industrieländer hin. In diesen Ländern stagniert nach seinen Beobachtungen die Reiselust, während die Preisempfindlichkeit steigt. Vgl. SCHWANINGER, M., Szenario: Freizeit und Tourismus im Zeithorizont 2000 - 2010, in: Revue de tourisme, 38. Jg. (1983), Nr. 3, S. 16.

[7] Vgl. "Perspektiven der wirtschaftlichen Entwicklung in der Bundesrepublik Deutschland bis zum Jahr 2000", a.a.O., S. 339.

hin, daß dieser Anteil eher steigen wird.[1] Es ist daher davon auszugehen, daß die Nachfrage nach Urlaubsreisen im Inland nicht nur stagnieren, sondern tendenziell abnehmen wird. Dagegen könnte sich eine Steigerung der Kurzreiseintensität positiv auf den Inlandstourismus auswirken, da bei Kurzreisen die inländischen Ziele überwiegen.[2]

Prognosen zum Incoming-Tourismus können nicht erstellt werden. Die positive Entwicklung der vergangenen Jahre läßt jedoch zumindest auf ein gleichbleibendes, wenn nicht sogar zunehmendes Reisevolumen - besonders im Städtetourismus - hoffen.[3] Um ein Gesamtbild für die das Inland betreffende touristische Nachfrage entwerfen zu können, sollen im folgenden für den Städtetourismus (einschließlich Geschäftsreiseverkehr) und den Urlaubs- und Erholungsreiseverkehr (einschließlich Kurverkehr) getrennt die Folgen der Veränderung der Rahmenbedingungen dargestellt werden.

b) A u s s i c h t e n   f ü r   d i e   E n t w i c k l u n g   d e s   S t ä d t e -
t o u r i s m u s

Die Skizzierung möglicher Entwicklungsperspektiven im Städtetourismus setzt die Analyse bisheriger Tendenzen voraus.[4] Seit 1975 befindet sich der Städtetourismus im Aufschwung, die Übernachtungszahlen der Großstädte zeigen ein kontinuierliches Wachstum. Die Zuwachsraten beim Städtetourismus liegen höher als die im Erholungstourismus (vgl. Tab. 19 und Tab. 28). Es ist zu vermuten, daß diese positive Entwicklung anhält:

---

[1] Vgl. Gliederungspunkt IV. A. 2) a); zu den Auslandserfahrungen vgl. BECKER, CH., Domestic Tourism in FRG. Trends and Problems, in: Annals of Tourism Research, 14. Jg. (1987), S. 520. Auch die institutionellen Rahmenbedingungen sprechen für eine stetige Zunahme des Auslandstourismus, wenn auch keine besonderen Entwicklungsschübe zu erwarten sind. So werden kontinuierlich das internationale und nationale Paß- und Meldewesen erleichtert und der Visumzwang abgebaut. Das "Eurocheque"-System verbreitet sich zunehmend. Weitere Veränderungen des Reiserechts, das bereits heute z.B. hinsichtlich des Reiserücktrittsrechts sowie des Reisegewährleistungsrechts dem Touristen erheblichen Schutz bietet, werden grundsätzlich förderlich für den Auslandstourismus sein. Auch die immer differenzierteren Angebote der Reiseversicherungen (Gepäck-, Unfall-, Kranken- und Haftpflichtversicherungen sowie Reise-Rücktrittsversicherung und Rückführungsdienste) fördern durch die Erhöhung der Reisesicherheit den internationalen Fremdenverkehr. Schließlich ermöglichen die sich allmählich in Reisebüros verbreitenden Telekommunikationstechnologien Informations- und Service-Dienste, die besonders den Urlaub im Ausland erleichtern. Vgl. STORBECK, D., Die Entwicklung der Rahmenbedingungen für den Fremdenverkehr in der Bundesrepublik Deutschland, in: Fremdenverkehr und Regionalpolitik, a.a.O., S. 90 f.

[2] Vgl. FEIGE, M., a.a.O., S. 18.

[3] Vgl. Gliederungspunkt IV. A. 2) b₃).

[4] Vgl. Gliederungspunkt IV. A. 2) b).

- Der kontinuierlich wachsende Mehrfachreiseanteil und die hohe Zahl der Kurzreisen wird auch den Städtetourismus weiterhin günstig beeinflussen.[1]

- Die Kongreß-, Ausstellungs- und Tagungseinrichtungen in den wesentlichen städtetouristischen Zentren fördern die internationale Position der Bundesrepublik als Kongreß- und Messeland. Allerdings führen die neuen Kommunikationstechnologien (z.B. Telekommunikation) und verbesserten Verkehrsanbindungen (z.B. Ausbau des IC-Streckennetzes) zu selteneren und kürzeren Reisen (eher Tagesreisen).[2] Der Geschäftsreiseverkehr kann unter den gegebenen wirtschaftlichen Rahmenbedingungen als relativ konstant angenommen werden.[3]

- Positive Tendenzen für den Städtetourismus zeigen sich besonders im Incoming-Tourismus, der sich überwiegend auf Städte konzentriert. [4]

c) A u s s i c h t e n   f ü r   d i e   E n t w i c k l u n g   d e s   U r - l a u b s -   u n d   E r h o l u n g s r e i s e v e r k e h r s

Wie bereits dargestellt, ist davon auszugehen, daß der Urlaubs- und Erholungsreiseverkehr weiterhin eher rückläufig sein wird, es sei denn, Kurzreisen sowie Zweit- und Mehrfach-Urlaube würden verstärkt in bundesdeutsche Erholungsgebiete führen.

Im Rahmen der Urlaubs- und Erholungsreisen soll abschließend kurz die voraussichtliche Entwicklung der Nachfrage nach Kuraufenthalten skizziert werden, ohne jedoch auf die Rahmenbedingungen des Kurverkehrs näher einzugehen. [5] 1981 hatten die Maßnahmen zur Kostendämpfung im Gesundheitswesen und zum Rentenreformgesetz zu einem erheblichen Rückgang der Kurgäste geführt, der bis 1984 anhielt. Mit dem Auslaufen einiger Bestimmungen seither registrieren Kurorte wieder eine steigende Zahl von Kurgästen.[6] Es ist allerdings zu vermuten, daß mit Inkrafttreten des Gesundheits-Reformgesetzes zum 1. Januar 1989 diese Entwicklung wieder rückläufig wird. [7]

---

[1] Vgl. zur privaten Städtereise als Besichtigungsreise LOHMANN, M., Städtereisen und Städtereisende - Volumen, Verhaltensweisen und Wünsche von Städtereisenden - einige Ergebnisse der Kontinuierlichen Reiseanalyse '85 des Studienkreises für Tourismus, in: Städtetourismus, hrsg. vom Deutschen Seminar für Fremdenverkehr Berlin, Berlin 1986, S. 11 ff.

[2] Vgl. FEIGE, M., a.a.O., S. 19.

[3] Vgl. Gliederungspunkt IV. A. 2) b$_1$).

[4] Vgl. Gliederungspunkt IV. A. 2) b$_3$).

[5] Vgl. dazu die zusammenfassende Darstellung bei BECKER, CH., MAY, M., Heilbäder in der Kurort-Krise, in: Fremdenverkehr und Regionalpolitik, a.a.O., S. 185 ff.

[6] Vgl. Tab. 19 in Verbindung mit Deutscher Bäderverband e.V. (Hrsg.), Jahresbericht 1987, Bonn 1988, S. 27.

[7] Vgl. Deutscher Bäderverband e.V. (Hrsg.), Jahresbericht 1987, a.a.O., S. 18 ff.

Die Ausführungen zeigen, daß besonders für den Urlaubs- und Erholungsreiseverkehr in der Bundesrepublik keine Wachstumschancen zu erwarten sind. Die bundesdeutsche Fremdenverkehrswirtschaft muß ihre Wettbewerbsfähigkeit bereits steigern, um die Inlandsnachfrage zumindest konstant halten zu können. Zur Entwicklung geeigneter langfristiger Strategien sind u.a. folgende Zusammenhänge zu klären:

- Welche Konsequenzen ergeben sich aus dem Rückgang im Urlaubs- und Erholungsreiseverkehr für die bundesdeutsche Fremdenverkehrswirtschaft?

- Sind bei einer Nachfrageerhöhung zusätzliche Beeinträchtigungen des ursprünglichen Angebots zu erwarten?

2) Probleme und Chancen der Entwicklung des touristischen Angebots

Wurde in den vorhergehenden Ausführungen die Stagnation oder gar Abnahme der touristischen Bewegung in der Bundesrepublik Deutschland nahezu ausschließlich auf die Auswirkungen von Veränderungen der sozio-psychologischen Strukturen der touristischen Nachfragebildung unter der Annahme relativ konstanter wirtschaftlicher Voraussetzungen zurückgeführt, soll im folgenden untersucht werden, ob Veränderungen des touristischen Angebotes diesen Prozeß verstärkt haben bzw. verstärken und inwieweit das Entwicklungspotential des touristischen Angebots ausgeschöpft ist.

a) Zur Bedeutung des Saisonverlaufs

Nicht nur in räumlicher, auch in zeitlicher Hinsicht existieren Häufungen der Nachfrage in Fremdenverkehrsgebieten - ein grundsätzliches Problem im Tourismus, das im Rahmen der bisherigen Untersuchung vernachlässigt wurde. Die Einbeziehung der Saisonkomponente in die Beurteilung der Entwicklung des touristischen Angebots ist - wie die Ausführungen zeigen werden - von besonderer Bedeutung.

Die zeitliche Besuchsstruktur hängt von zahlreichen naturgegebenen (z.B. Klima bzw. Wetter) und institutionellen Faktoren (z.B. Schul- und Betriebsferien, jährlich wiederkehrende Veranstaltungen oder Volksfeste) ab. [1] Die naturgegebenen Faktoren sind dabei nicht beeinflußbar, während institutionelle Maßnahmen in der Vor- und Nachsaison zu einer gewissen Nivellierung der Saisonschwankungen, in

---

[1] Vgl. die ausführlichen Darstellungen der Zielgebiets- und Quellgebietsabhängigkeiten des Saisonverlaufs bei ZEINER, M., Saisonverlauf im Reiseverkehr, Schriftenreihe des Deutschen Wirtschaftswissenschaftlichen Instituts für Fremdenverkehr an der Universität München, Heft 38, München 1986, S. 140 ff.

der Hauptsaison sogar zu einer zusätzlichen Erhöhung der Nachfrage beitragen können.[1]

In der Bundesrepublik verläuft die Hauptsaison in den Monaten Mai bis Oktober. Zwei Drittel der Jahresfrequenzen werden in dieser Zeit erzielt (vgl. Abb. 31). Nur für die bedeutenderen Fremdenverkehrsgebiete (Baden-Württemberg und Bayern) ist eine gleichmäßigere saisonale Auslastung (Winter- und Sommersaison) kennzeichnend.

Die punktuellen Spitzenbelastungen von touristischen Einrichtungen führen zu großen Problemen sowohl für die Touristen, für das abgeleitete Angebot als auch für das ursprüngliche Angebot. Verkehrschaos, Warteschlangen an Skiliften sowie Überbeanspruchung der Einrichtungen und des Raumes sind nur einige beispielhafte Folgen der Kapazitätsengpässe.[2] Die zeitlich-örtliche Tourismuskonzentration führt daher zu einem problematischen Sachzwang: die Ausrichtung der touristischen Infra- und Suprastruktur auf den Spitzenbedarf. Die Konsequenz der Saisonalität ist somit eine im Vergleich zur Industrie relativ geringe gleichmäßige durchschnittliche Auslastung der touristischen Einrichtungen, denn das abgeleitete Angebot kann nur in geringem Maße den saisonalen Nachfrageschwankungen angepaßt werden.[3]

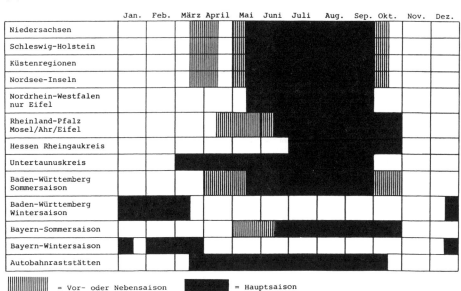

Abb. 31: Saisonzeiten in den bundesdeutschen Tourismusregionen

Q u e l l e : Deutsches Fremdenverkehrspräsidium (Hrsg.), a.a.O., S. 48

---

[1] Vgl. GUGG, E., Untersuchung der Entwicklung im Beherbergungswesen saisonabhängiger Fremdenverkehrsorte, in: Jahrbuch für Fremdenverkehr, 15. Jg. (1967), S. 7.

Fußnoten 2 und 3 siehe folgende Seite

Kapazitätsaus- und -überlastungen - als saisonales Phänomen - werden nicht nur vom jahreszeitlichen Rhythmus, sondern auch vom Wochenablauf - und zwar vom Wochenend(Kurzreise)- und Naherholungsverkehr - bestimmt. Die Saisonalität ist ambivalent: Das Pendel kann von der positiven Seite einer Auslastungsergänzung aufgrund des zusätzlichen Wochenendverkehrs zur negativen Seite einer Verdrängung der Erholungsreisenden ausschlagen.[1]

Ein relativ schwankungsfreier zeitlicher Nachfrageverlauf der Übernachtungen zeichnet die Großstädte aus (vgl. Abb. 32):

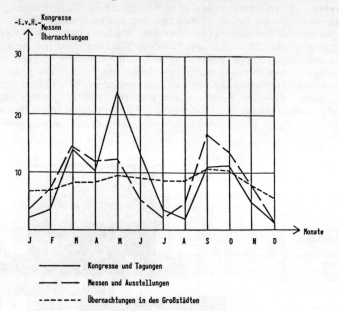

Abb. 32: Saisonzeiten in bundesdeutschen Großstädten

Q u e l l e : WIMMER, V., a.a.O., S. 102

Fußnoten von der vorhergehenden Seite

[2] Vgl. zu den Auswirkungen der Saisonschwankungen ZEINER, M., a.a.O., S. 217 ff.

[3] Vgl. Beratende Kommission für Fremdenverkehr des Bundesrates (Hrsg.), a.a.O., S. 39 ff.

[1] So wurde die Entwicklung des Tourismus vielfach durch die Naherholung bzw. den Wochenendverkehr gehemmt. Rottach-Egern am Tegernsee beispielsweise verzeichnete 1974/75 über 500.000 Übernachtungen, während Starnberg lediglich 50.000 Übernachtungen aufwies. Der Landkreis Starnberg mit dem Ammer-, Wörth- und Pilsensee sowie dem Starnberger See wird an schönen Sommerwochenenden von mehr als 100.000 Besuchern aus dem Ballungsraum München aufgesucht. Vgl. KADNER, D., Freizeitprobleme an Gewässern, in: Natur- und Umweltschutz in der Bundesrepublik Deutschland, hrsg. von G. OLSCHOWY, Hamburg und Berlin 1978, S. 160.

- Messen und Kongresse werden nicht zur Hauptreisezeit durchgeführt. Die Spitzen des Kongreß- und Messereiseverkehrs liegen im Frühjahr und Herbst. Aus den Abb. 31 und 32 geht hervor, daß der Kongreß- und Messetourismus einen fast diametral entgegengesetzten Nachfrageverlauf zur typischen Saisonkurve des Fremdenverkehrs aufweist. Somit kann der Kongreß- und Messetourismus als Ergänzung des privaten Städtetourismus betrachtet werden.

- Der Urlaubs- und Kurzreiseverkehr dürfte in den Sommermonaten für das relativ stabile Nachfrageverhalten verantwortlich sein.

- Der nicht mit Kongressen und Messen im Zusammenhang stehende Geschäftsreiseverkehr begründet eine über das Jahr gleichmäßig verteilte Basis der touristischen Nachfrage.[1]

Die Ausführungen zum Städtetourismus weisen aufgrund der Tatsache, daß Kongresse und Tagungen überwiegend in nachfrageschwachen Monaten stattfinden, z.B. auf die Möglichkeit hin, verstärkt Kongresse und Messen, die sich ja fast ausschließlich auf Großstädte konzentrieren, für Fremdenverkehrsorte zu gewinnen, um so eine Erhöhung der Kapazitätsauslastung während der Nebensaison zu erreichen (vgl. Abb. 28).

b) Die Wechselwirkungen zwischen ursprünglichem und abgeleitetem Angebot

Ausgehend von den theoretischen Erläuterungen der Wechselwirkungen zwischen ursprünglichem und abgeleitetem Angebot[2] soll im folgenden die Diskrepanz zwischen der postulierten Notwendigkeit der Schaffung und Erhaltung des ursprünglichen Angebots und der Praxis touristischer Erschließung in der Bundesrepublik Deutschland dargestellt werden. Einerseits begründet das ursprüngliche Angebot die Attraktivität eines Fremdenverkehrsgebietes und ist somit Auslöser für die Schaffung touristischer Infrastruktur, andererseits wird es durch zunehmende touristische Erschließung beeinträchtigt und verliert folglich an Attraktivität.

Die negativen Auswirkungen der touristischen Erschließung, die erhebliche Beeinträchtigungen des ursprünglichen Angebots zur Folge haben, sind zurückzuführen auf die Ausdehnung des Angebots und eine zu starke Konzentration auf bevorzugte Landschaftsteile sowie letztlich auf den Massenandrang der Touristen in den entsprechenden Fremdenverkehrsgebieten. So reduziert die zunehmende Ausdehnung der Ferienregionen die letzten noch unberührten Flächen. In der Bundesrepublik - als einem Land mit vergleichsweise hoher Bevölkerungsdichte und einer relativ dichten Besiedlung - kann bereits am Wochenende jeder beliebige Platz im Rahmen der normalerweise zurückgelegten Distanzen aufgesucht werden. Es gibt keine unentdeckten oder unerreichbaren Landschaften mehr. Die Problematik wird verdeutlicht, betrachtet man die Verteilung der größeren Städte mit mehr als 50.000 Einwohnern: Schlägt man z.B. Radien von 30 oder 50 km um diese Städte, so überschneiden sie sich und bedecken flächenmäßig fast

---

[1] Vgl. WIMMER, V., a.a.O., S. 103.

[2] Vgl. Gliederungspunkt III. A. 3).

das Gesamtgebiet der Bundesrepublik. Unterstellt man 30 - 50 km als angemessene Entfernung für einen Wochenendausflug, so liegt fast das gesamte Bundesgebiet im Ausstrahlungsbereich eines potentiellen Ausflugsverkehrs dieser größeren Städte.[1] Ausgleich und Entlastung sind somit nur noch zwischen den bestehenden Gebieten möglich.

Abb. 33 stellt die Fremdenverkehrsgebiete - differenziert nach der Anzahl der Übernachtungen je Einwohner - dar. Landschaftlich attraktive Räume - bestimmt durch Vielgestaltigkeit und Abwechslungsreichtum, also den Wechsel von Land und Wasser, von bewaldeter und offener Fläche oder wechselndes Relief - verfügen über die höchsten Übernachtungszahlen.[2] Dies wird besonders deutlich an der Konzentration der touristischen Nachfrage im Südwesten, Süden und Südosten. Gleichzeitig sind die Grenzen des zur Verfügung stehenden ursprünglichen Angebots erkennbar. Das ursprüngliche Angebot im Sinne von nahezu unberührter Landschaft hat zwar einen sehr hohen Attraktivitätswert, ist aber in bestimmten Ausprägungen nur noch im begrenzten Umfang vorhanden und droht, ständig reduziert zu werden.

Die wachsenden Ansprüche der Touristen müssen somit immer mehr durch abgeleitetes Angebot aufgefangen werden, wodurch gleichzeitig die naturnahen Bereiche unter Druck geraten, durch den Ausbau der touristischen Infrastruktur geschmälert oder durch übermäßige Freizeitaktivitäten zerstört zu werden. So werden z.B. nach einer auf Bundesebene im Jahr 1977 durchgeführten Untersuchung[3] etwa 50 % der Naturschutzgebiete in der Bundesrepublik Deutschland für Freizeitaktivitäten in Anspruch genommen, vor allem wenn sie in der Nähe von Verdichtungsräumen und Erholungsschwerpunkten liegen und wenn sie offene - also für die Erholung nutzbare - Gewässer aufweisen.[4] Jedes dritte Naturschutzgebiet ist touristisch erschlossen mit mindestens einer Freizeiteinrichtung. Jedes sechste Gebiet weist aufgrund von Tritteinwirkungen, Boden- und Wasserverschmutzung, Beunruhigung der Tiere oder Entnahme von Pflanzen nachhaltige Störungen auf.[5]

---

[1] Vgl. MRASS, W., Aktuelle und potentielle Freizeitgebiete in der Bundesrepublik, in: Natur- und Umweltschutz in der Bundesrepublik Deutschland, a.a.O., S. 595.

[2] Vgl. dazu auch Abb. 26. Zur Beurteilung der natürlichen Attraktivität einer Landschaft sind folgende Faktoren ausschlaggebend: Gewässer, Wald, Reliefenergie, Grünland-Ackerverhältnis und Klima. Vgl. MRASS, W., a.a.O., S. 602.

[3] Vgl. FRITZ, G., LASSEN, D., MRASS, W., Untersuchungen zur Belastung der Landschaft durch Freizeit und Erholung in ausgewählten Räumen, Schriftenreihe für Landschaftspflege und Naturschutz, Bd. 15, Bonn 1977.

[4] So liegen z.B. 65 % aller Campingplätze in einem Uferbereich von 500 m. Vgl. ebenda, passim.

[5] So sieht HARFST in der Nutzung der Umwelt für die Erholung u.a. eine der Hauptursachen für die sich rapide vollziehende Dezimierung des Artenspektrums in der Tier- und Pflanzenwelt. Als Beispiele führt er Untersuchungen von SUKOPP et al. an, die den Rückgang der in ihrem Bestand gefährdeten Farn- und Blütenpflanzen in erheblichem Maße auf den Tourismus zurückführen, und von BAUER und THIELCKE, die dieses Problem am Beispiel der Vogelwelt dokumentieren. Vgl. SUKOPP, H., TRAUTMANN, W., KORNECK, D., Auswertung der Roten Liste gefährdeter Farn- und Blütenpflanzen in der Bundes-

Fortsetzung der Fußnote 5 siehe folgende Seite

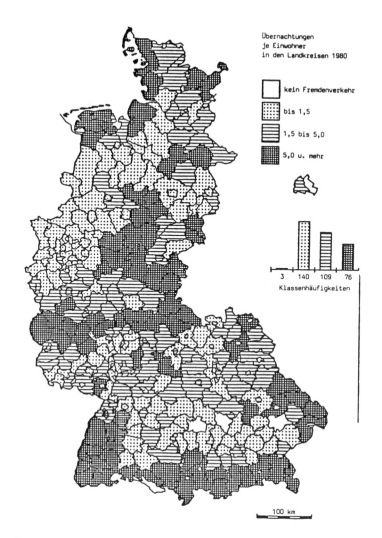

Übernachtungen
je Einwohner
in den Landkreisen 1980

☐ kein Fremdenverkehr

▦ bis 1,5

▦ 1,5 bis 5,0

▦ 5,0 u. mehr

3   140   109   76
Klassenhäufigkeiten

100 km

Abb. 33: Die Bedeutung des Tourismus in der Bundesrepublik Deutschland - dargestellt an der Zahl der Übernachtungen je Einwohner im Jahr 1980

Q u e l l e : FRAAZ, K., Bewertung der Fremdenverkehrsförderung im Rahmen der Gemeinschaftsaufgabe "Verbesserung der regionalen Wirtschaftsstruktur" aus raumordnungspolitischer Sicht, in: Fremdenverkehr und Regionalpolitik, a.a.O., S. 140

Fortsetzung der Fußnote 5 von der vorhergehenden Seite

republik Deutschland für den Arten- und Biotopschutz, Schriftenreihe "Vegetationskunde", Bd. 12, Bonn 1978; BAUER, S., THIELCKE, G., Gefährdete Brutvogelarten in der Bundesrepublik Deutschland und Westberlin, Kornwestheim 1982, zitiert bei HARFST, W., Ansätze einer ökologisch orientierten Fremdenverkehrsplanung - Ergebnisse einer empirischen Analyse, in: Landschaft und Stadt, 16. Jg. (1984), S. 56.

Die übermäßige Inanspruchnahme des ursprünglichen Angebots durch Freizeiteinrichtungen und -aktivitäten schädigt somit generell die natürlichen Ressourcen, beeinträchtigt aber gleichzeitig den Erholungswert der touristischen Nachfrage. Die Reduktion des ursprünglichen Angebots führt zu einer Erholungsminderung und schließlich zu einer Nachfrageverlagerung.[1]

Neben der physischen Inanspruchnahme der Landschaft bei der Ausübung von Erholungsaktivitäten (z.B. Motorbootfahren oder Skifahren[2]) verändert sich das ursprüngliche Angebot im wesentlichen durch die Realisierung immer neuer touristischer Infrastruktureinrichtungen.[3] Wie bereits theoretisch erläutert,[4] wird versucht, die mit dem Verlust an landschaftlicher Substanz und Eigenart[5] verbundenen Stagnations- und Rezessionserscheinungen in der touristischen Entwicklung noch heute durch die Sogwirkung immer neuer touristischer "Attraktionen" zu kompensieren. So können immer größere Kapazitäten sowohl im privaten (z.B. Gästebetten) als auch im öffentlichen Bereich (Schwimmbäder, Kuranlagen) nicht mehr hinreichend ausgelastet werden, da in bestimmten Urlaubsregionen und für einige Unterkunftsarten mittlerweile ein Überangebot festzustellen ist.[6]

Die Beherbergungsformen der Parahotellerie haben im Verhältnis zur Hotellerie überproportional zugenommen. Zwar erfreut sich diese preisgünstige, unkonventionelle und freie Entfaltungsmöglichkeiten bietende touristische Unterkunftsart

---

[1] Diese Gefahr wird besonders deutlich bei Betrachtung der Entwicklung des Umweltbewußtseins der bundesdeutschen Bevölkerung in den letzten Jahren. So wurden 1985 vom Studienkreis erstmals Umweltprobleme in den Fragenkatalog der Reiseanalyse aufgenommen. 1988 wiederholte der Studienkreis diese Befragung. Der Vergleich der Zahlen zeigt, daß das Umweltbewußtsein bzw. die Sensibilität für Umweltprobleme drastisch zugenommen hat. Hatten 1985 erst 29,9 % der Reisenden bei ihrer letzten Urlaubsreise im Urlaubsgebiet Umweltschäden wahrgenommen, so sind es 1988 mit 57,6 % fast doppelt so viele. Zwar steht an erster Stelle noch immer die Wahrnehmung von Abfällen und Schmutz an den Gewässern und in Wäldern, überproportional gestiegen ist jedoch die Kritik an Beeinträchtigungen, die direkte Folgen der touristischen Erschließung sind: verbaute Landschaft (von 5,8 % auf 15,7 %) und unschöne Bauten (von 5,9 % auf 15,8 %). Vgl. Studienkreis für Tourismus e.V. (Hrsg.), Reiseanalyse, a.a.O.

[2] Allein 15,7 % der Reisenden, die 1988 ihren (Haupt-) Urlaub in den deutschen Alpen, Österreich oder der Schweiz verbrachten, haben eine Schädigung der Vegetation und Oberfläche an Berghängen durch den Betrieb und Bau von Skipisten festgestellt. Vgl. Studienkreis für Tourismus e.V. (Hrsg.), Reiseanalyse, a.a.O.

[3] Kritik an der touristischen Erschließung des ursprünglichen Angebots in Tourismusregionen wurde bereits Ende der 60er Jahre geübt. U.a. gaben die Verstädterung beliebter Ferienorte und die gigantischen Bauten der Ferienzentren Anlaß zur Diskussion. Vgl. DANZ, W., RUHL, G., SCHEMEL, H.-J., a.a.O., S. 5.

[4] Vgl. Gliederungspunkt III. A. 4.

[5] Der Verlust an landschaftlicher Substanz äußert sich sogar in der touristischen Selbstdarstellung in Prospekten und auf Plakaten. Am Beispiel des Bodensees wird gezeigt, wie der Anteil der Bildmotive und Ansichten, die sich erkennbar auf einen bestimmten Ort beziehen, immer geringer wird, ersetzt durch Motive, die nur noch die Befriedigung nahezu überall realisierbarer Bedürfnisse versprechen. Vgl. TRAPP, W., Bilder vom Verlust der Landschaft. in: FAZ. Nr. 74. vom 30.03.1989, S. R 1.

[6] Vgl. Gliederungspunkt IV. B. 3) b_1).

wachsender Beliebtheit,[1] jedoch sind die Auswirkungen auf das ursprüngliche Angebot nicht positiv. Neben den geringen wirtschaftlichen Effekten[2] ist der Zersiedelungsgrad der Landschaft sehr hoch. Zum einen werden als Standorte meistens landschaftlich attraktive Räume gewählt, zum anderen beschränkt sich die Nutzung auf wenige Monate im Jahr. Als besonders problematisch erweist sich die Ansiedlung von Feriendörfern in nicht ausgewiesenen Fremdenverkehrsgebieten, da dort sowohl die Attraktivität des ursprünglichen Angebots als auch die touristischen Infrastrukturvoraussetzungen nicht sichergestellt sind - es müßte ein weiterer Eingriff in das ursprüngliche Angebot vorgenommen werden.[3]

Eine empirische Untersuchung zur Fremdenverkehrsentwicklungsplanung unterschiedlicher Fremdenverkehrsformen in der Region Trier[4] bestätigt den notwendigen Verzicht auf Neuerschließung und Ausbau wenig entwickelter Fremdenverkehrsgebiete sowie die Bevorzugung traditioneller Tourismusformen. Hinzu kommt, daß die Ferienzentren bzw. Feriendörfer sich nur sehr selten in bestehende Orte integrieren. Das ursprüngliche Angebot verliert somit aufgrund des "Fremdkörpers" an Attraktivität für Erholungssuchende der traditionellen Unterkunftsarten.

Das abgeleitete Angebot umfaßt neben den Unterkunftsarten auch die touristische Infrastruktur, die, angezogen vom ursprünglichen Angebot, dieses mit ihrer Entwicklung und Ausbreitung wiederum beeinträchtigt. Als Beispiel sei der Freizeitpark Fort Fun im Sauerland angeführt.[5] Zur Belebung des Fremdenverkehrs wurde 1971 dort die erste Riesenrutschbahn aufgebaut. Durch den durchschlagenden Erfolg angeregt, war die Bereitschaft zum Ausbau des Freizeitzentrums sehr groß, bis dann, um mindestens die Besucherzahlen halten zu können, die Einführung neuer touristischer Attraktionen zur Belebung und Attraktivitätssteigerung sogar notwendig wurde. Die Auswirkungen des Einsetzens von Sommer-Rodelbahnen in Schmallenberg, im Hochsauerland sowie im Freizeitpark Rothaargebirge zeigen ebenfalls, daß nur durch Erweiterung des Angebots Besucherzahlen gehalten werden können.[6] Die Beispiele verdeutlichen die Kurzlebigkeit der Attraktivität der touristischen Infrastruktur einerseits und anderer-

---

[1] Die Nachfrage nach Ferienhäusern und Ferienwohnungen ist stark gewachsen. Vgl. Tab. 11.

[2] So tätigen mit steigender Tendenz die Touristen ihre Einkäufe am Heimatort. Vgl. JURCZEK, P., Touristische Entwicklungsperspektiven, Strukturprobleme und Planungsüberlegungen in den Fremdenverkehrsgebieten der Bundesrepublik Deutschland, in: Revue de tourisme, 39. Jg. (1984), Nr. 2, S. 15.

[3] Vgl. BECKER, CH., Feriengroßprojekte in der Bundesrepublik Deutschland, in: Zeitschrift für Wirtschaftsgeographie, 28. Jg. (1984), S. 164 ff.

[4] Vgl. ders., Die Raumwirksamkeit unterschiedlicher Fremdenverkehrsformen, in: Vermessung, Photogrammetrie, Kulturtechnik, 80. Jg. (1982), Nr. 5, S. 146 ff.

[5] Vgl. NEUHAUS-HARDT, C., Innovationen im Bereich Fremdenverkehr und Freizeit, in: Innovationen und künftige Entwicklung des Fremdenverkehrs, Materialien zur Fremdenverkehrsgeographie, Heft 6, Trier 1980, S. 37 ff.

[6] Vgl. ebenda, S. 46 f.

seits den Zwang zur weiteren touristischen Erschließung aufgrund der hohen Investitionskosten.[1] Dies verleitet die Bereitsteller des abgeleiteten Angebots dazu, das ursprüngliche Angebot - z.B. die landschaftlichen Gegebenheiten - weiterhin als beliebig manipulierbare Kulisse für die touristische Erschließung anzusehen. Die Region verliert ihre ursprüngliche Attraktivität, und wenn es nicht gelingt, durch neue künstliche Attraktionen konkurrenzfähig zu bleiben, sinkt die Zahl der Besucher.

Einschränkend ist zu bemerken, daß die Auffassungen bezüglich der Kriterien eines intakten Erholungsraumes - bestimmt durch Elemente des abgeleiteten und ursprünglichen Angebots - individuell grundsätzlich verschieden sind. So sind durchaus verschiedene Erschließungszustände, die den Vorstellungen über die "richtige" Qualität eines Erholungsraumes gerecht werden, denkbar. Es ist daher schwierig, die Grenze zwischen einem noch intakten Erholungsraum und einem touristisch völlig erschlossenen Gebiet zu bestimmen. Dabei besteht sogar auch die Möglichkeit, daß auch ein hocherschlossenes Fremdenverkehrsgebiet den Qualitätsvorstellungen entspricht. Problematisch ist hierbei nur, daß derartige Eingriffe in das ursprüngliche Angebot zumindest kurz- bis mittelfristig als irreversibel zu betrachten sind.

Die Stagnation bzw. der Rückgang der touristischen Nachfrage besonders im Urlaubs- und Reiseverkehr geben Anlaß zu der Feststellung, daß sich die Fremdenverkehrsgebiete der Bundesrepublik überwiegend in der Sättigungsphase befinden.[2] Die Grenzen des ursprünglichen Angebots sind erreicht:

- Eine Ausweitung der Fremdenverkehrsgebiete ist kaum möglich.

- Ökologische und ökonomische Probleme werden sichtbar.

- Das ursprüngliche Angebot wird zunehmend durch abgeleitetes Angebot ersetzt, wobei die Fremdenverkehrsgebiete ihre ursprüngliche Attraktivität verlieren.

Im Städtetourismus, der noch - wenn auch geringe - Wachstumsraten verzeichnet, könnte sich die Schaffung zusätzlichen abgeleiteten Angebots noch als attraktive Ergänzung zum ursprünglichen Angebot erweisen. So orientieren sich z.B. beim Geschäftsreiseverkehr - speziell beim Kongreß- und Tagungsverkehr - die Organisatoren in erster Linie am abgeleiteten Angebot.

---

[1] Vgl. MÖNNINGER, M., Auf dem Fließband durch's Schlaraffenland, in: FAZ, Nr. 197 vom 27.08.1987, S. R 1. Die Vielfalt und Schnellebigkeit touristischer Attraktionen sowie der Zwang zur sofortigen Anpassung an Modeerscheinungen wird anhand vieler Beispiele in bundesdeutschen Vergnügungsparks illustriert.

[2] Vgl. Gliederungspunkt III. A. 4).

V. GRUNDZÜGE DES ENTWURFS EINES TOURIS- MUSKONZEPTS FÜR DIE BUNDESREPUBLIK DEUTSCHLAND

Die theoretischen Ausführungen haben gezeigt, daß, wenn das wirtschaftspoliti- sche Ziel der Sicherung der Beschäftigung im Tourismus und somit der Markter- haltung erreicht werden soll, staatliches Eingreifen notwendig ist und im Rah- men eines in sich geschlossenen Konzepts vorgegangen werden muß.[1]

Wie bereits erläutert, steht an erster Stelle des konzeptionellen Vorgehens die Diagnose der Situation auf dem entsprechenden Tourismusmarkt.[2] Vorausset- zung ist natürlich eine Tourismusstatistik, die realitätsgetreue, differenzierte Planungsdaten liefert.

Bei der empirischen Tourismusmarktanalyse der Bundesrepublik Deutschland[3] ist festgestellt worden, daß die touristische Nachfrage stagniert oder gar rück- läufig ist und die Kapazitäten nicht mehr hinreichend ausgelastet sind. Die vorhandenen Daten ermöglichen folgende Diagnose:

(1) Die marktlichen Allokationsmechanismen tendieren in der Regel zu einer zu starken Bereitstellung des abgeleiteten Angebots und damit zur Redu- zierung des ursprünglichen Angebots; dieser Sachverhalt ist umso gravie- render, als diese Eingriffe in das ursprüngliche Angebot in vielen Fällen irreversibel sind.

(2) Der Tourismus in der Bundesrepublik befindet sich in der Sättigungsphase.[4] Dies hat Bemühungen zur Folge, durch immer neue touristische Attrak- tionen die Zahl der Urlauber mindestens zu halten.

(3) Bei weiterer touristischer Erschließung, die das ursprüngliche Angebot noch mehr beeinträchtigt, ist der Verfall des Marktes nicht ausgeschlos- sen.[5] Die Bereitsteller des abgeleiteten Angebots führen demnach selbst den Verfall ihres eigenen Marktes herbei. Da im Marktprozeß das ur- sprüngliche Angebot nicht adäquat Berücksichtigung findet, erhebt sich die Frage, ob nicht durch marktkonforme Korrekturmaßnahmen eine effi- ziente, die Präferenzen richtig wiedergebende Allokation des ursprüng- lichen Angebots herbeigeführt werden muß.

Da offensichtlich die dezentralen Marktmechanismen nicht funktionieren, sind im nächsten Schritt Maßnahmen zur Therapie von übergeordneter Stelle zu er- greifen. Es kann sich hier einerseits um Maßnahmen zur quantitativen Ver- ringerung des abgeleiteten Angebots handeln; andererseits ist es möglich, das abgeleitete Angebot so zu modifizieren, daß die Intensität der Beanspruchung sinkt. Ersteres ist - wie anhand des mikroökonomischen Modells dargestellt - möglich durch Eingriffe in das Preis- und Mengengerüst des abgeleiteten

---

[1] Vgl. Gliederungspunkt III. B.

[2] Vgl. Gliederungspunkt III. C., im besonderen Abb. 22.

[3] Vgl. Gliederungspunkt IV.

[4] Vgl. das Lebenszyklusmodell, Abb. 17.

[5] Vgl. ebenda.

Angebots.[1] Die Ausführungen zeigen jedoch, daß die Erhebung einer Steuer den Staat in der Praxis vor erhebliche, nahezu unlösbare Probleme stellt. Das mit dem Marktsystem zu vereinbarende Instrumentarium "Steuern" greift hier nicht. Als pragmatischer Weg zur Erreichung der richtigen Allokation des ursprünglichen Angebots ist daher eine staatliche Einflußnahme über Ge- und Verbote denkbar. Die Eignung von Ge- und Verboten ist allerdings vom jeweiligen Einzelfall abhängig. Eine Alternative ist die Strategie der qualitativen Tourismusentwicklung - gemäß der Terminologie des mikroökonomischen Modells: die Reduzierung des Intensitätsparameters α .[2]

Im Gegensatz zum Schweizer Tourismuskonzept,[3] das konkrete Strategien und Maßnahmen vorschlägt, kann ein Tourismuskonzept für die gesamte Bundesrepublik nur grobe Richtlinien und Handlungsanweisungen beinhalten. Es bestehen - wie bereits erläutert - durchaus unterschiedliche Erschließungszustände, die den Qualitätsvorstellungen eines intakten Erholungsraums entsprechen. Außerdem ist der Erschließungszustand in den einzelnen Fremdenverkehrsgebieten der Bundesrepublik unterschiedlich.[4] Somit wird eine regionale Marktsegmentierung sinnvoll. Für die einzelnen Regionen sollte getrennt das Verhältnis von ursprünglichem zu abgeleitetem Angebot bestimmt werden und eine Einordnung in das Lebenszyklusmodell erfolgen.

Diese Diagnose kann nur von unabhängigen Gutachtern erstellt werden, die durch die entsprechenden politischen Instanzen (Wirtschafts- oder Umweltministerien) eingesetzt bzw. beauftragt werden. Die Notwendigkeit dazu liegt in der Natur aller korrekturbedürftiger Marktfehler, die gerade dadurch entstehen, daß der Handlungsbedarf von den dezentralen Marktteilnehmern nicht erkannt wird bzw. von deren Seite keine ausreichend individuellen Anreize zum volkswirtschaftlich gesehen richtigen Handeln bestehen.

Die sehr unterschiedlichen Regionen in der Bundesrepublik Deutschland (z.B. Bayern im Vergleich zu den Küstengebieten) können zu grundverschiedenen Diagnosen und somit zu anderen Maßnahmenbündeln führen. Konkrete Maßnahmen können nur im Rahmen von spezifischen Konzepten für kleinere Gebiete formuliert werden. Dies bedeutet nicht, daß jeder einzelne Ferienort ein Konzept erstellt, vielmehr handelt es sich gerade im Rahmen der Strategie der qualitativen Tourismusentwicklung, die primär angebotsorientiert ist, um die Abgrenzung regionaler Marktsegmente.[5] Als mögliche Segmente kommen etwa ein einzelner Ort (z.B. Heidelberg, Bremen), zwei oder mehrere Ferienorte (Romantische Straße) oder auch eine Landschaft (z.B. Münsterland) in Frage. Wesentlich ist, daß das entsprechende Gebiet geprägt ist durch das ursprüngliche Angebot. Dies ist der entscheidende Faktor bei der räumlichen Abgren-

---

[1] Vgl. Gliederungspunkt III. B. 1).

[2] Vgl. Gliederungspunkte III. A. 3) und III. B. 2).

[3] Vgl. Beratende Kommission für Fremdenverkehr des Bundesrates (Hrsg.), a.a.O.

[4] Es ist allerdings davon auszugehen, daß sich die Gebiete fast ausschließlich im kritischen Kapazitätsbereich befinden. Vgl. das Lebenszyklusmodell, Abb. 17.

[5] FISCHER spricht in diesem Zusammenhang von einem Reiseziel. Vgl. zur zweckmäßigen Abgrenzung der Reiseziele FISCHER, D., a.a.O., S. 199 ff.

zung.[1] Für die abgegrenzte Region kann dann nach dem beschriebenen Vorgehen - Zielformulierung - Diagnose - Therapie - ein entsprechendes Maßnahmenbündel konzipiert werden.

Es bietet sich somit je nach Region ein unterschiedliches Bündel von Maßnahmen an:

- Maßnahmen zur quantitativen Verringerung des abgeleiteten Angebots (administrative Maßnahmen);

- Maßnahmen im Rahmen der Strategie der qualitativen Tourismusentwicklung (qualitative Maßnahmen).

Aufgrund der regionalen Unterschiede sowie der Vielzahl von Maßnahmen, die alle letztlich vom Einzelfall abhängen, sollen nur beispielhaft einige wenige Maßnahmen genannt werden:

Administrative Maßnahmen

- Prüfung der Aufnahmefähigkeit von Landschaften
- Vorgabe von Obergrenzen der touristischen Erschließung
- Bauvorschriften
- Schaffung autofreier Bereiche

Qualitative Maßnahmen

- Überbetriebliche Koordination des touristischen Marktleistungsbündels, Entwurf übergeordneter Angebotsstrategien
- Förderung umweltschonender Tourismusformen (z.B. durch Subventionen)
- Bewußte Nutzung des endogenen Entwicklungspotentials
- Verzicht auf technische Großprojekte (z.B. Center Parcs)
- Förderung der Mitarbeit der einheimischen Bevölkerung
- Förderung von Infrastruktureinrichtungen für den nicht-technisierten Fremdenverkehr (z.B. ein ausgedehntes Radfahrnetz)
- Förderung von raumsparenden und optisch der Landschaft angepaßten Erholungseinrichtungen
- Schaffung von Landschaftsschutz- und Ruhegebieten

Dabei gilt es, die Maßnahmen mit den verschiedenen Trägern der Tourismuspolitik[2] abzustimmen und zu koordinieren, um die Durchsetzungsmöglichkeiten zu gewährleisten.

---

[1] Die bereits bestehenden Abgrenzungskriterien für Fremdenverkehrsgebiete in den Landesraumordnungsprogrammen und Regionalplänen der einzelnen Bundesländer sind uneinheitlich und selten miteinander vergleichbar. Vgl. ANDERL, D., Methoden der Abgrenzung von Fremdenverkehrsgebieten in den einzelnen deutschen Bundesländern, in: Jahrbuch für Fremdenverkehr, 34. Jg. (1988), München 1988, S. 77 ff.

[2] Vgl. Gliederungspunkt II. D.

VI. ZUSAMMENFASSUNG

Ziel der vorliegenden Untersuchung war es, den Fremdenverkehrsmarkt in der Bundesrepublik Deutschland im Hinblick auf politischen Handlungsbedarf zu analysieren und ein der Korrektur von möglichen Fehlentwicklungen dienendes wirtschaftspolitisches Konzept zu entwerfen.

Grundsätzlich sollte eine staatliche Tourismuspolitik nur dann in den Wirtschaftsablauf eingreifen, wenn der Markt zu ineffizienten Ergebnissen gelangt. Anhand eines mikroökonomischen Modells wurde festgestellt, daß Marktunvollkommenheiten auf der Angebotsseite bestehen: Die zunehmende touristische Erschließung führt demnach zu erheblichen Beeinträchtigungen des ursprünglichen Angebots, desjenigen Potentials also, das die Attraktivität des betreffenden Fremdenverkehrs überhaupt erst begründet. In der Regel nimmt mit der zunehmenden Erschließung der Wert des ursprünglichen Angebots ab, zumal die Eingriffe in das ursprüngliche Angebot häufig irreversibel sind. Dieser vom abgeleiteten Angebot ausgehende negative externe Effekt wird von den Bereitstellern des abgeleiteten Angebots nicht in ihr betriebswirtschaftliches Kalkül einbezogen. Da im Marktprozeß das ursprüngliche Angebot aufgrund des Kollektivgutcharakters keine adäquate Berücksichtigung findet - die dezentralen Marktmechanismen also nicht funktionieren - , muß von übergeordneter Stelle eine effiziente, die Präferenzen richtig wiedergebende Allokation des ursprünglichen Angebots herbeigeführt werden. Aus dem Modell lassen sich zur Korrektur des Marktfehlers zwei Lösungsansätze entwickeln:

- die Internalisierung des negativen externen Effekts durch die Erhöhung des Preises für die Bereitstellung des abgeleiteten Angebots,

- die Reduzierung der Intensität der Beanspruchung des ursprünglichen Angebots durch das abgeleitete Angebot.

Um den Anforderungen an Konsistenz und Langfristigkeit der Ausrichtung einer entsprechenden Tourismuspolitik Rechnung tragen zu können, ist die Formulierung eines Tourismuskonzeptes als "wirtschaftspolitische Konzeption" unerläßlich.

Die sich anschließende Analyse der gegenwärtigen Situation des Tourismus in der Bundesrepublik Deutschland und die Beurteilung des Entwicklungspotentials von Angebot und Nachfrage zeigen erheblichen politischen Handlungsbedarf: Die touristische Nachfrage stagniert bzw. ist gar rückläufig, und die Kapazitäten sind nicht mehr hinreichend ausgelastet. Die Grenzen der Inanspruchnahme des ursprünglichen Angebots sind offensichtlich erreicht, da sowohl eine Ausweitung der Fremdenverkehrsgebiete kaum noch möglich ist als auch ökologische und ökonomische Probleme zunehmend sichtbar werden. Man versucht, durch immer neue touristische Attraktionen die Zahl der Besucher zumindest zu halten. Bei weiterer touristischer Erschließung, die das ursprüngliche Angebot noch mehr beeinträchtigt, ist ein erneuter Nachfragerückgang nicht ausgeschlossen. Zur Erhaltung des Tourismusmarktes ist somit ein Eingreifen von übergeordneter Stelle notwendig, das ein in sich geschlossenes Konzept erfordert. Dieses Konzept kann für die Bundesrepublik nur grobe Richtlinien und Handlungsanweisungen beinhalten - zu unterschiedlich sind die einzelnen Regionen. Konkrete Maßnahmen können nur im Rahmen von regionsspezifischen, durch das ursprüngliche Angebot bestimmten Konzepten formuliert werden.

Literaturverzeichnis

a) Monographien, Aufsätze, Beiträge

Achten, U., Mehr Zeit für uns, Dokumente und Bilder zum Kampf um die Arbeitszeitverkürzung, Köln 1984

Anderl, D., Methoden der Abgrenzung von Fremdenverkehrsgebieten in den einzelnen deutschen Bundesländern, in: Jahrbuch für Fremdenverkehr, 34. Jg. (1988), München 1988, S. 77 - 95

Arndt, H., Definitionen des Begriffes "Fremdenverkehr" im Wandel der Zeit, in: Jahrbuch für Fremdenverkehr, 26./27. Jg. (1978/79), S. 160 - 174

Bauer, S., Thielcke, G., Gefährdete Brutvogelarten in der Bundesrepublik Deutschland und Westberlin, Kornwestheim 1982

Beckenham, A.F., Transport and nation-state governments: a global review, in: Transport Reviews, Vol. 8 (1988), S. 267 - 279

Becker, Ch., Die Raumwirksamkeit unterschiedlicher Fremdenverkehrsformen, in: Vermessung, Photogrammetrie, Kulturtechnik, 80. Jg. (1982), Nr. 5, S. 146 - 153

Ders., Der Ausländertourismus und seine räumliche Verteilung in der Bundesrepublik Deutschland, in: Zeitschrift für Wirtschaftsgeographie, 28. Jg. (1984), Heft 1, S. 1 - 10

Ders., Feriengroßprojekte in der Bundesrepublik Deutschland, in: Zeitschrift für Wirtschaftsgeographie, 28. Jg. (1984), S. 164 - 185

Ders., Domestic Tourism in FRG. Trends and Problems, in: Annals of Tourism Research, 14. Jg. (1987), S. 516 - 530

Becker, Ch., Klemm, K., Raumwirksame Instrumente des Bundes im Bereich der Freizeit, Schriftenreihe "Raumordnung" des Bundesministers für Raumordnung, Bauwesen und Städtebau, Nr. 06.028, Bonn 1978

Becker, Ch., May, M., Heilbäder in der Kurort-Krise, in: Fremdenverkehr und Regionalpolitik, Forschungs- und Sitzungsberichte, Bd. 172, hrsg. von der Akademie für Raumforschung und Landesplanung, Hannover 1988, S. 181 - 223

Becker, W., Messen und Ausstellungen - eine sozialgeographische Untersuchung am Beispiel München, Münchener Studien zur Sozial- und Wirtschaftsgeographie, Bd. 31, Regensburg 1986

Beratende Kommission für Fremdenverkehr des Bundesrates, Das Schweizerische Tourismuskonzept - Grundlagen für die Tourismuspolitik, hrsg. vom Eidg. Verkehrs- und Energiewirtschaftsdepartement, Bern 1979

Bernecker, P., Die Wandlungen des Fremdenverkehrsbegriffes, in: Jahrbuch für Fremdenverkehr, 1. Jg. (1952/53), Heft 1, S. 31 - 38

Ders., Grundlagen des Fremdenverkehrs, Grundzüge der Fremdenverkehrslehre und Fremdenverkehrspolitik, Bd. 1, Schriftenreihe des Institutes für Fremdenverkehrsforschung der Hochschule für Welthandel, Wien 1962

Bernecker, P., Kaspar, C., Mazanec, J., Zur Entwicklung der Fremdenverkehrsforschung und -lehre der letzten Jahre, Schriftenreihe für empirische Tourismusforschung und hospitality Management, Bd. 3, Wien 1984

Bezzola, A., Probleme der Eignung und Aufnahmekapazität touristischer Bergregionen der Schweiz, St. Galler Beiträge zum Fremdenverkehr und zur Verkehrswirtschaft, Reihe Fremdenverkehr, Bd. 7, Bern, Stuttgart 1975

Böventer, E. v., Theorie des Tourismus, in: Fremdenverkehr und Regionalpolitik, Forschungs- und Sitzungsberichte, Bd. 172, hrsg. von der Akademie für Raumforschung und Landesplanung, Hannover 1988, S. 7 - 16

Ders., Modelltheoretische Ansätze zur empirischen Analyse von Ferienreisen, in: Fremdenverkehr und Regionalpolitik, Forschungs- und Sitzungsberichte, Bd. 172, hrsg. von der Akademie für Raumforschung und Landesplanung, Hannover 1988, S. 17 - 35

Bonus, H., Öffentliche Güter und Gefangenendilemma, in: Die Zähmung des Leviathan. Neue Wege der Ordnungspolitik, hrsg. von W. Dettling, Baden-Baden 1980, S. 129 - 225

Der Bundesminister für Raumordnung, Bauwesen und Städtebau (Hrsg.), Bundesraumordnungsprogramm - Raumordnungsprogramm für die großräumige Entwicklung des Bundesgebietes, Schriftenreihe "Raumordnung", Heft Nr. 06.002, Bonn 1975

Butler, R.W., The concept of a tourist area cycle of evolution: Implications for management of resources, in: Canadian Geographer, Bd. 24 (1980), Nr. 1, S. 5 - 12

Christaller, W., Some considerations of tourism location in Europe: the peripheral regions - underdeveloped countries - recreation areas, in: Regional Science Association Papers, 12. Jg. (1964), S. 95 - 105

Cohen, E., Toward a sociology of international tourism, in: Social Research, 39. Jg. (1972), S. 164 - 182

Danz, W., Ruhl, G., Schemel, H.J., Belastete Fremdenverkehrsgebiete, Schriftenreihe des Bundesministers für Raumordnung, Bauwesen und Städtebau, Nr. 06.031, Bonn 1978

Datzer, R., Die Senioren werden aktiver. Ausgewählte Ergebnisse einer Studie über den Seniorenmarkt, in: Revue de tourisme, 43. Jg. (1988), Nr. 1, S. 21 - 23

Deutsche Bundesbank (Hrsg.), Durchschnitte der amtlichen Devisenkurse an der Frankfurter Börse, in: Monatsberichte der Deutschen Bundesbank, 40. Jg. (1988), Nr. 12

Deutscher Bäderverband e.V. (Hrsg.), Jahresbericht 1986, Kassel 1987

Ders. (Hrsg.), Jahresbericht 1987, Bonn 1988

Deutscher Bundestag (Hrsg.), Bericht der Bundesregierung über die Durchführung des tourismuspolitischen Programms von 1975, BT-Drucks. 8/2805 vom 07.05. 1979

Deutscher Bundestag (Hrsg.), Bericht der Bundesregierung über die Durchführung des tourismuspolitischen Programms von 1975, BT-Drucks. 8/4190 vom 13.06. 1980

Ders. (Hrsg.), Fremdenverkehr, BT-Drucks. 7/2374 vom 06.08.1974

Ders. (Hrsg.), Fremdenverkehr, BT-Drucks. 9/1781 vom 23.06.1982

Ders. (Hrsg.), Fremdenverkehr, BT-Drucks. 9/2082 vom 05.11.1982

Ders. (Hrsg.), Fremdenverkehr, BT-Drucks. 9/2255 vom 08.12.1982

Ders. (Hrsg.), Fremdenverkehr, BT-Drucks. 10/4232 vom 13.11.1985

Ders. (Hrsg.), Fremdenverkehr, BT-Drucks. 10/5454 vom 09.05.1986

Ders. (Hrsg.), Fremdenverkehr, BT-Drucks. 10/5809 vom 01.07.1986

Ders. (Hrsg.), Fremdenverkehrspolitik, BT-Drucks. 9/1815 vom 30.06.1982

Ders. (Hrsg.), Fremdenverkehrspolitik, BT-Drucks. 9/2085 vom 08.11.1982

Ders. (Hrsg.), Fremdenverkehrspolitik, BT-Drucks. 10/4590 vom 18.12.1985

Ders. (Hrsg.), Fremdenverkehrspolitik, BT-Drucks. 10/5455 vom 09.05.1986

Ders. (Hrsg.), Fremdenverkehrspolitik, BT-Drucks. 10/6171 vom 15.10.1986

Ders. (Hrsg.), Jahresgutachten 1987/88 des Sachverständigenrates zur Begutachtung der gesamtwirtschaftlichen Entwicklung, BT-Drucks. 11/1317 vom 24.11.1987

Ders. (Hrsg.), Situation und Förderung des deutschen Fremdenverkehrs, BT-Drucks. VI/3287 vom 17.03.1972

Ders. (Hrsg.), Tourismus in der Bundesrepublik - Grundlagen und Ziele, BT-Drucks. 7/3840 vom 01.07.1975

Deutscher Fremdenverkehrsverband e.V. (Hrsg.), Fremdenverkehrspolitisches Positionspapier, Bonn 1983

Ders. (Hrsg.), Grundsatzfragen der Fremdenverkehrspolitik in der Bundesrepublik Deutschland, Bonn 1986

Deutsches Fremdenverkehrspräsidium (Hrsg.), Tourismusbericht des Fremdenverkehrspräsidiums 1986, Stuttgart 1986

Deutscher Reisebüro-Verband e.V. (Hrsg.), Wirtschaftsfaktor Tourismus. Eine Grundlagenstudie der Reisebranche, München 1989

DIFU-Projektgruppe, Veränderungen von Arbeitszeit und Freizeit, in: Arbeitszeit, Betriebszeit, Freizeit - Auswirkungen auf die Raumentwicklung, hrsg. von D. Henckel, Schriften des Deutschen Instituts für Urbanistik, Bd. 80, Stuttgart u.a. 1988, S. 67 - 92

Dorn, S., Inlandsreiseverkehr 1985 - Ergebnisse der Beherbergungsstatistik und Aufbau des neuen Berichtssystems, in: Wirtschaft und Statistik, o.Jg. (1986), S. 529 - 535

Dresch, A., Urlaubs- und Erholungsreiseverkehr 1984/85, in: Wirtschaft und Statistik, o.Jg.(1987), S. 634 - 638

Ders., Beherbergungskapazität 1987, in: Wirtschaft und Statistik, o.Jg. (1988), S. 652 - 658

Dumazedier, J., Toward a society of leisure, New York, Londen 1967

Ders., Leisure, in: International Encycolopedia of the Social Sciences, hrsg. von D.L. Sills, o.O. 1968, S. 248 - 254

Dundler, F., Urlaubsreisen 1987. Einige Ergebnisse der Reiseanalyse 1987, hrsg. vom Studienkreis für Tourismus e.V., Starnberg 1988

Enzensberger, H.M., Eine Theorie des Tourismus, in: Einzelheiten I, Frankfurt/M. 1964, S. 179 - 205

Erlei, M., Paternalismus und/oder Individualismus. Zur Problematik der Abgrenzung meritorischer Güter, Volkswirtschaftliche Diskussionsbeiträge, hrsg. von der Westfälischen Wilhelms-Universität Münster, Beitrag Nr. 107, Münster 1988

Feige, M., Hypothesen zur quantitativen Entwicklung des Fremdenverkehrs in der Bundesrepublik Deutschland in den nächsten 25 Jahren, in: Revue de tourisme, 43. Jg. (1988), Nr. 1, S. 16 - 20

Fingerhut, C., et al., Arbeitsmethoden zur Bewertung der Erholungseignung eines landschaftlichen Angebots für verschiedene Typen von Erholungssuchenden, in: Landschaft und Stadt, 5. Jg. (1973), S. 162 - 171

Fischer, D., Qualitativer Fremdenverkehr, St. Galler Beiträge zum Fremdenverkehr und zur Verkehrswirtschaft, Reihe Fremdenverkehr, Bd. 17, Bern, Stuttgart 1985

Flachmann, Ch., Inlandsreiseverkehr 1987 - Ergebnisse der Beherbergungsstatistik, in: Wirtschaft und Statistik, o.Jg.(1988), Nr. 4, S. 253 - 257

Fraaz, K., Bewertung der Fremdenverkehrsförderung im Rahmen der Gemeinschaftsaufgabe "Verbesserung der regionalen Wirtschaftsstruktur" aus raumordnungspolitischer Sicht, in: Fremdenverkehr und Regionalpolitik, Forschungs- und Sitzungsberichte, Bd. 172, hrsg. von der Akademie für Raumforschung und Landesplanung, Hannover 1988, S. 131 - 179

Freyer, W., Reisen und Konjunktur, in: Jahrbuch für Fremdenverkehr, 33. Jg. (1986), S. 57 - 108

Ders., Tourismus: Einführung in die Fremdenverkehrsökonomie, München, Wien 1988

Fritz, G., Lassen, D., Mrass, W., Untersuchungen zur Belastung der Landschaft durch Freizeit und Erholung in ausgewählten Räumen, Schriftenreihe für Landschaftspflege und Naturschutz, Bd. 15, Bonn 1977

Fuchs-Wegener, G., Systemanalyse im Betrieb, in: Handwörterbuch der Betriebs-wirtschaft, Stuttgart 1976[4], Sp. 3810 - 3820

Gäfgen, G., Theorie der wirtschaftlichen Entscheidungen, Tübingen 1974[3]

Geigant, F., Die Standorte des Fremdenverkehrs. Eine sozialökonomische Studie über die Bedingungen und Formen der räumlichen Entfaltung des Fremden-verkehrs, Schriftenreihe des Deutschen Wirtschaftswissenschaftlichen Insti-tuts für Fremdenverkehr an der Universität München, Heft 17, München 1973[2]

Grossekettler, H., Options- und Grenzkostenpreise für Kollektivgüter unter-schiedlicher Art und Ordnung. Ein Beitrag zu den Bereitstellungs- und Finanzierungsregeln für öffentliche Leistungen, in: Finanzarchiv, N.F., Bd. 43 (1985), S. 211 - 252

Gugg, E., Untersuchung der Entwicklung im Beherbergungswesen saisonabhängiger Fremdenverkehrsorte, in: Jahrbuch für Fremdenverkehr, 15. Jg. (1967), S. 3 - 44

Gutzler, H., Stellenwert umweltpolitischer Konzepte in europäischen Tourismus-politiken, Papers aus dem Internationalen Institut für Umwelt und Gesell-schaft des Wissenschaftszentrums Berlin, Berlin 1979

Hahn, H., Schade, B., Psychologie und Fremdenverkehr, in: Wissenschaftliche Aspekte des Fremdenverkehrs. Veröffentlichungen der Akademie für Raum-forschung und Landesplanung, Forschungs- und Sitzungsberichte, Bd.53, Han-nover 1969, S. 35 - 53

Harfst, W., Ansätze einer ökologisch orientierten Fremdenverkehrsplanung - Er-gebnisse einer empirischen Analyse, in: Landschaft und Stadt, 16. Jg. (1984), S. 55 - 65

Hartmann, K.D., Psychologie des Reisens, in: Reisen und Tourismus, hrsg. von N. Hinske und M.J. Müller, Trier 1979, S. 15 - 21

Haulot, A., The environment and the social value of tourism, in: International Journal of Environmental Studies, Vol. 25 (1985), S. 219 - 223

Hegner, F., Flexiblere Gestaltung der Arbeitszeiten - Empirische Befunde aus zwei aktuellen Studien, Vortrag beim GfP-Workshop in Bonn am 28./29.11. 1985

Hemmer, E., Entwicklung und Struktur der Freizeitausgaben (Dokumentation), in: IW-Trends, o.Jg. (1984), Heft 3, S. 43 - 52

Hunziker, W., Préface. Le Tourisme de Congrès, Publications de l'AIEST, 10, Bern 1970, S. 5 - 6

Ders., Die Fremdenverkehrslehre - Eine systemkritische Betrachtung, in: Fest-schrift zur Vollendung des 65. Lebensjahres von o.Prof. Dkfm. Dr. Paul Bernecker, hrsg. von W. Ender Beiträge zur Fremdenverkehrsforschung, Wien 1973, S. 17 - 29

Hunziker, W., Krapf, K., Grundriß der allgemeinen Fremdenverkehrslehre, Zürich 1942

Infratest (Hrsg.), Tagungsmarkt. Tagungs-Usancen und -tendenzen bei Unternehmen und Verbänden in der Bundesrepublik Deutschland. Eine Untersuchung der Infratest Wirtschaftsforschung GmbH im Auftrag der Zeitschrift Congress & Seminar, München 1982

Jurczek, P., Freizeit, Fremdenverkehr und Naherholung, in: Praxis Geographie, 11. Jg. (1981), Heft 2, S. 45 - 49

Ders., Touristische Entwicklungsperspektiven, Strukturprobleme und Planungsüberlegungen in den Fremdenverkehrsgebieten der Bundesrepublik Deutschland, in: Revue de tourisme, 39. Jg. (1984), Nr. 2, S. 12 - 16

Kadner, D., Freizeitprobleme an Gewässern, in: Natur- und Umweltschutz in der Bundesrepublik Deutschland, hrsg. von G. Olschowy, Hamburg, Berlin 1978, S. 158 - 166

Kaspar, C., Warum ein schweizerisches Fremdenverkehrskonzept, in: Festschrtift zum 60. Geburtstag von Zentralpräsident SHV E. Scherz, "Hotellerie und Fremdenverkehr", Bern 1969

Ders., Beiträge zur Diskussion über den Fremdenverkehrsbegriff. Gedanken zu einer neuen Fremdenverkehrsdefinition, in: Revue de tourisme, 26. Jg. (1971), Nr. 2, S. 49 - 51

Ders., Die Anwendung der Systemtheorie zur Lösung methodischer Probleme der Fremdenverkehrswissenschaft und -wirtschaft, in: Festschrift zur Vollendung des 70. Lebensjahres von o. Prof. Dkfm. Dr. Paul Bernecker, hrsg. von W. Ender, Beiträge zur Fremdenverkehrsforschung, Wien 1978, S. 19 - 28

Ders., Neuere wissenschaftliche Erkenntnisse zum Fremdenverkehrs- bzw. Tourismusbegriff, in: Revue de tourisme, 34. Jg. (1979), Nr. 2, S. 5 - 9

Ders., Die Fremdenverkehrslehre im Grundriß, St. Galler Beiträge zum Fremdenverkehr und zur Verkehrswirtschaft, Reihe Fremdenverkehr, Bd. 1, Bern, Stuttgart 1986[3]

Ders., Innovation - eine der Herausforderungen an den Tourismus, in: Jahrbuch der Schweizerischen Tourismuswirtschaft 1987/88, St. Gallen 1988, S. 93 - 102

Kaspar, C., Kunz, B.R., Unternehmungsführung im Fremdenverkehr, St. Galler Beiträge zum Fremdenverkehr und zur Verkehrswirtschaft, Reihe Fremdenverkehr, Bd. 13, Bern, Stuttgart 1982

Klemm, K., Interdisziplinäre Aufgabenplanung, in: Tourismus - Management, hrsg. von G. Haedrich et al., Berlin, New York 1983, S. 347 - 358

Knebel, H.-J., Soziologische Strukturwandlungen im Modernen Tourismus, Stuttgart 1960

Koch, A., Die gegenwärtige wirtschaftliche Bedeutung des Fremdenverkehrs unter besonderer Berücksichtigung der im Fremdenverkehr erzielten Umsätze und der Wertschöpfung, in: Jahrbuch für Fremdenverkehr, 14. Jg. (1966), S. 22 - 34

Koch, A., Die Ausgaben im Frendenverkehr in der Bundesrepublik Deutschland, Schriftenreihe des Deutschen Wirtschaftswissenschaftlichen Instituts für Fremdenverkehr an der Universität München, Heft 35 und 37, München 1980 und 1985

Ders., Wirtschaftliche Bedeutung des Fremdenverkehrs in ländlichen Gebieten, in: Entwicklung ländlicher Räume durch den Fremdenverkehr, Schriftenreihe 06 "Raumordnung" des Bundesministers für Raumordnung, Bauwesen und Städtebau, Heft Nr. 06.058, Koblenz 1986, S. 9 - 18

Koch, A., Arndt, H., Karbowski, J., Strukturanalyse des touristischen Arbeitsmarktes, Schriftenreihe des Deutschen Wirtschaftswissenschaftlichen Instituts für Fremdenverkehr an der Universität München, Heft 36, München 1982

Koch, A., Zeiner, M., Wirtschaftliche Wirkungen des Urlaubsreiseverkehrs in der Bundesrepublik Deutschland, in: Fremdenverkehr und Regionalpolitik, Forschungs- und Sitzungsberichte, Bd. 172, hrsg. von der Akademie für Raumforschung und Landesplanung, Hannover 1988, S. 37 - 62

Koch, A., Zeiner, M., Feige, M., Die ökonomische Bedeutung des Ausflugs- und Geschäftsreiseverkehrs (ohne Übernachtung) in der Bundesrepublik Deutschland, Schriftenreihe des Deutschen Wirtschaftswissenschaftlichen Instituts für Fremdenverkehr an der Universität München, Heft 39, München 1987

Kohler, H., Reyher, L., Arbeitszeit und Arbeitszeitvolumen in der Bundesrepublik Deutschland 1960 - 1986, Datenlage - Struktur - Entwicklung, Beiträge zur Arbeitsmarkt- und Berufsforschung 123, Nürnberg 1988

Kommission für die Finanzreform (Hrsg.), Gutachten über die Finanzreform in der Bundesrepublik Deutschland, Stuttgart 1966

Krippendorf, J., Die Landschaftsfresser. Tourismus und Erholungslandschaft - Verderben oder Segen?, Bern, Stuttgart 1975

Ders., Schweizerische Fremdenverkehrspolitik zwischen Pragmatismus und konzeptioneller Politik, in: Schweizer Wirtschaftspolitik zwischen gestern und morgen, Festgabe zum 65. Geburtstag von Hugo Seiber, hrsg. von E. Tuchtfeldt, Bern 1976, S. 443 - 454

Ders., Marketing im Fremdenverkehr, Berner Studien zum Fremdenverkehr, Heft 7, Bern, Frankfurt, Las Vegas 1980²

Ders., Die ökonomische Dimension. Der Stellenwert des Tourismus in der Wirtschaft, in: Tourismus - das Phänomen des Reisens, Berner Universitätsschriften, Heft 27, Bern 1982, S. 23 - 41

Ders., Die Ferienmenschen, Zürich 1984

Krippendorf, J., Kramer, B., Müller, H., Freizeit und Tourismus. Eine Einführung in Theorie und Politik, Berner Studien zum Fremdenverkehr, Heft 22, Bern 1987²

Linde, J., Roth, E., Grundlagen der Fremdenverkehrspolitik, in: Tourismus - Management, hrsg. von G. Haedrich et al., Berlin, New York 1983, S. 57 - 63

Lohmann, M., Städtereisen und Städtereisende - Volumen, Verhaltensweisen und Wünsche von Städtereisenden - einige Ergebnisse der Kontinuierlichen Reiseanalyse '85 des Studienkreises für Tourismus, in: Städtetourismus, hrsg. vom Deutschen Seminar für Fremdenverkehr Berlin, Berlin 1986, S. 3 - 16

McIntosh, R.W., Goeldner, Ch.R., Tourism: Principles, Practices, Philosophies, New York u.a. 1984[4]

Meffert, H., Marketing: Grundlagen der Absatzpolitik, Wiesbaden 1986[7]

Merkert-Saval, J., Kongreß- und Tagungs-Studie. Ein Volumen von rd. 17 Mill. Tagungsteilnehmern?, in: Fremdenverkehrswirtschaft International, o.Jg.(1988), Nr. 12, S. 47 und 49

Meyer, G., Meyer, W., Autotourismus, hrsg. vom Studienkreis für Tourismus e.V., Starnberg 1975

Meyer, M., Das Förderinstrumentarium des Fremdenverkehrs, in: Tourismus - Management, hrsg. von G. Haedrich et al., Berlin, New York 1983, S. 331 - 346

Mönninger, M., Auf dem Fließband durch's Schlaraffenland, in: FAZ, Nr. 197 vom 27.08.1987, S. R 1

Mrass, W., Aktuelle und potentielle Freizeitgebiete in der Bundesrepublik, in: Natur- und Umweltschutz in der Bundesrepublik Deutschland, hrsg. von G. Olschowy, Hamburg, Berlin 1978, S. 595 - 603

Musgrave, R.A., Musgrave, P.B., Kullmer, L., Die öffentlichen Finanzen in Theorie und Praxs, Bd. 1, Tübingen 1978[2]

Nebe, J.M., Angebots- und Nachfragestrukturen in ausgewählten Fremdenverkehrsgebieten der Bundesrepublik Deutschland, in: Tourismus - Management, hrsg. von G. Haedrich et al., Berlin, New York 1984, S. 77 - 93

Neifer, E., Tarifliche Arbeitszeitpolitik - Ein Instrument der Beschäftigungspolitik?, Europäische Hochschulschriften, Reihe 5, Volks- und Betriebswirtschaft, Bd. 954, Frankfurt a.M. u.a. 1985

Neuhaus-Hardt, C., Innovationen im Bereich Fremdenverkehr und Freizeit, in: Innovationen und künftige Entwicklung des Fremdenverkehrs, Materialien zur Fremdenverkehrsgeographie, Heft 6, Trier 1980, S. 7 - 59

Opaschowski, H., Zur Herkunft und Bedeutung des Begriffs "Fremdenverkehr", in: Der Fremdenverkehr, 21. Jg. (1969), Heft 1, S. 39 - 40

Ders., Tour - Tourist - Tourismus. Eine sprachliche Analyse, in: Der Fremdenverkehr, 22. Jg. (1970), Heft 3, S. 28 - 29

Ders., Urlaub - Der Alltag reist mit, in: Psychologie heute, 4. Jg. (1977), Nr. 6, S. 18 - 24

Prognos AG (Hrsg.), Informationsbedarf für die Fremdenverkehrspolitik in der Bundesrepublik Deutschland, Untersuchung im Auftrag des Bundesministers für Wirtschaft, Basel 1976

Pütz, Th., Die wirtschaftspolitische Konzeption, in: Zur Grundlegung wirtschaftspolitischer Konzeptionen, hrsg. von H.-J. Seraphim, Schriften des Vereins für Socialpolitik, N.F., Bd. 18, Berlin 1960, S. 9 - 21

Ders., Grundlagen der theoretischen Wirtschaftspolitik, Stuttgart 1971

Roth, E., Lokomotive Tourismus: Tourismus in der Bundesrepublik - eine Analyse der Grundlagen und Aspekte politischen Handelns, Berlin 1986

Roth, P., Der Ausländerreiseverkehr in der Bundesrepublik Deutschland, in: Zeitschrift für Wirtschaftsgeographie, 28. Jg. (1984), S. 157 - 163

Ruppert, K., Maier, J., Naherholungsraum und Naherholungsverkehr. Ein sozial- und wirtschaftsgeographischer Literaturbericht zum Thema Wochenendtourismus, hrsg. vom Studienkreis für Tourismus e.V., Starnberg 1969

Schachtschabel, H.G., Wirtschaftspolitische Konzeptionen, Stuttgart 1976[3]

Schleicher, U., Tourismus und Umwelt in Europa, in: Bericht über die 11. Internationale Konferenz "Tourismus und Umwelt in Europa" vom 26.09.1988 - 30.09. 1988 in Brixen, hrsg. von der Europäischen Bildungs- und Aktionsgemeinschaft (EBAG) e.V., Bonn 1988, S. 12 - 17

Schmidthauser, H.P., Nettoreiseintensität, Bruttoreiseintensität und Reisehäufigkeit, in: Festschrift zur Vollendung des 65. Lebensjahres von o. Prof. Dkfm. Dr. P. Bernecker, hrsg. von W. Ender, Beiträge zur Fremdenverkehrsforschung, Wien 1973, S. 145 - 152

Ders., Der Beschäftigungseffekt des Fremdenverkehrs im tertiären Sektor, dargestellt am Beispiel der Schweiz, in: Tätigkeitsbericht des Instituts für Fremdenverkehr und Verkehrswirtschaft an der Hochschule St. Gallen 1978, St. Gallen 1979, S. 24 - 31

Schullern zu Schrattenhofen, H. v., Fremdenverkehr und Volkswirtschaft, in: Jahrbücher für Nationalökonomie und Statistik, F. III, Bd. 42, Jena 1911, S. 433 - 491

Schulmeister, S., Reiseverkehr und Wirtschaftswissenschaft, in: Beiträge zur Fremdenverkehrsforschung, Festschrift zur Vollendung des 70. Lebensjahres von o. Prof. Dkfm. Dr. P. Bernecker, hrsg. von W. Ender, Beiträge zur Fremdenverkehrsforschung, Wien 1978, S. 215 - 251

Schumann, J., Grundzüge der mikroökonomischen Theorie, Berlin u.a. 1987[5]

Schwaninger, M., Szenario: Freizeit und Tourismus im Zeithorizont 2000 - 2010, in: Revue de tourisme, 38. Jg. (1983), Nr. 3, S. 16 - 21

Smeral, E., Ökonomische Erklärungsfaktoren der langfristigen Entwicklung der touristischen Nachfrage, in: Revue de tourisme, 40. Jg. (1985), Nr. 4, S. 20 - 26

Sohmen, E., Allokationstheorie und Wirtschaftspolitik, Tübingen 1976

Spode H., Zur Geschichte des Tourismus - Eine Skizze der Entwicklung der touristischen Reisen in der Moderne, hrsg. vom Studienkreis für Tourismus e.V., Starnberg 1987

Spohrer, M., Urlaubsreisen 1986. Einige Ergebnisse der Reiseanalyse 1986, hrsg. vom Studienkreis für Tourismus e.V., Starnberg 1987

Statistisches Bundesamt (Hrsg.), Materialien zum Mikrozensus, Wiesbaden 1986

Steinecke, A., Gesellschaftliche Grundlagen der Fremdenverkehrsentwicklung, in: Tourismus - Management, hrsg. von G. Haedrich et al., Berlin, New York 1983, S. 37 - 55

Storbeck, D., Die Entwicklung der Rahmenbedingungen für den Fremdenverkehr in der Bundesrepublik Deutschland, in: Fremdenverkehr und Regionalpolitik, Forschungs- und Sitzungsberichte, Bd. 172, hrsg. von der Akademie für Raumforschung und Landesplanung, Hannover 1988, S. 81 - 110

Stradner, J., Der Fremdenverkehr, eine volkswirtschaftliche Studie, Graz 1905

Sukopp, H., Trautmann, W., Korneck, D., Auswertung der Roten Liste gefährdeter Farn- und Blütenpflanzen in der Bundesrepublik Deutschland für den Arten- und Biotopschutz, Schriftenreihe "Vegetationskunde", Bd. 12, Bonn 1978

Tietz, B., Handbuch der Tourismuswirtschaft, München 1980

Tietzel, M., Die Rationalität in den Wirtschaftswissenschaften oder der homo oeconomicus und seine Verwandten, in: Jahrbuch für Sozialwissenschaft, Bd. 32 (1981), S. 115 - 138

Trapp, W., Bilder vom Verlust der Landschaft, in: FAZ, Nr. 74 vom 30.03.1989, S. R 1

Tschiderer, F., Ferienortplanung. Eine Anwendung unternehmensorientierter Planungsmethodik auf den Ferienort, St. Galler Beiträge zum Fremdenverkehr und zur Verkehrswirtschaft, Reihe Fremdenverkehr, Bd. 12, Bern, Stuttgart 1980

Tschurtschenthaler, P., Die Berücksichtigung externer Effekte in der Fremdenverkehrswirtschaft, in: Jahrbuch für Fremdenverkehr, 28./29. Jg. (1980/81), München 1982, S. 92 -135

Ders., Fremdenverkehr und Umwelt, in: Wirtschaftspolitische Blätter, 32. Jg. (1985), S. 424 - 435

Ders., Der Beitrag einer umweltorientierten Fremdenverkehrspolitik zu den regionalen wirtschaftspolitischen Zielen, in: Revue de tourisme, 42. Jg. (1987), Nr. 2, S. 7 - 13

Ulrich, H., Die Unternehmung als produktives soziales System, Schriftenreihe: Unternehmung und Unternehmungsführung, Bd. 1, Bern, Stuttgart 1968

Voss, J., Die Bedeutung des Tourismus für die wirtschaftliche Entwicklung. Ein Beitrag zur Integration von Tourismusforschung und Entwicklungspolitik, Reihe Wirtschaftswissenschaften, Bd. 3, Pfaffenweiler 1984

Weber, W., Center parcs. Urlaub unter dem Glasdach wird sehr gut gebucht, in: Fremdenverkehrswirtschaft International, o.Jg. (1987), Nr. 27, S. 68 f.

Werner, J., Fremdenverkehr ohne Statistik - eine Fahrt ins Blaue?, in: Fremdenverkehrswirtschaft International, o.Jg. (1988), Nr. 5, S. 101 f.

Willich-Michaelis, K., et al., Fremdenverkehrsreport Hessen '80, hrsg. von der HLT Gesellschaft für Forschung Planung Entwicklung mbH, Bde. 1 - 3, Wiesbaden 1986

Wimmer, V., Zur Bedeutung des Kongreß- und Messewesens, für die Tourismuswirtschaft, in: Jahrbuch für Fremdenverkehr, 30./31. Jg. (1982/83), München 1984, S. 85 - 132

Wölm, D., Marketing für Deutschlandreisen unter besonderer Berücksichtigung der Strategie der Marktsegmentierung, Diss., Mannheim 1980

Wohlmann, R., Mikrozensus 1980 und Reiseanalyse 1980. Ein methodischer Vergleich, hrsg. vom Studienkreis für Tourismus e.V., Starnberg 1983

Ders., Die Verkehrsmittel der deutschen Urlaubsreisenden 1954 - 1985, unveröffentlichtes Referat zur Jahrestagung 1985 "Urlaubsverkehrsmittel früher und heute" des Studienkreises für Tourismus e.V. in Fürth am 6. und 7. Dezember 1985

Woll, A., Allgemeine Volkswirtschaftslehre, München 1981[7]

Zeiner, M., Saisonverlauf im Reiseverkehr, Schriftenreihe des Deutschen Wirtschaftswissenschaftlichen Instituts für Fremdenverkehr an der Universität München, Heft 38, München 1986

Zucker-Stenger, W.H., Ist die Tourismusforschung für die Zukunft gerüstet? Ökonometrische Grundlagenuntersuchung erforderlich, in: Fremdenverkehrswirtschaft International, o.Jg.(1988), Nr. 12, S. 5 - 8

b) Aufsätze ohne Verfasser

"Arbeitszeit international. 40 Stunden sind die Regel", in: iwd Informationsdienst des Instituts der deutschen Wirtschaft, 14. Jg. (1988), Nr. 20, S. 4 f.

"Die Reiseverkehrsbilanz der Bundesrepublik Deutschland", in: Monatsberichte der Deutschen Bundesbank, Januar 1986, S. 26 - 36

"Perspektiven der wirtschaftlichen Entwicklung in der Bundesrepublik Deutschland bis zum Jahr 2000", in: Wochenbericht des DIW, 54. Jg. (1987), S. 329 - 347

"Politiker nehmen Stellung zur Fremdenverkehrspolitik - Das Ende des politischen 'Aschenputtel-Daseins'?", in: Fremdenverkehrswirtschaft International, o. Jg. (1987), Nr. 5, S. 21 - 25

"Zur langfristigen Entwicklung der Bevölkerung in der Bundesrepublik Deutschland", in: Wochenbericht des DIW, 55. Jg. (1988), S. 397 - 408

c) Sekundärstatistiken

OECD (Hrsg.), Tourism Policy and International Tourism in OECD Member Countries, Jg. 1984 - 1988, Paris

Statistisches Bundesamt (Hrsg.), Statistisches Jahrbuch für die Bundesrepublik Deutschland, Wiesbaden, versch. Jahrgänge

Dass. (Hrsg.), Tourismus in Zahlen, Wiesbaden 1988

Dass. (Hrsg.), Ankünfte und Übernachtungen in Beherbergungsstätten, Fachserie F, Reihe 8, Jg. 1960 - 1976, Stuttgart, Mainz

Dass. (Hrsg.), Übernachtungen in Beherbergungsstätten, Fachserie 6, Reihe 7.1, Jg. 1977 - 1983, Stuttgart, Mainz

Dass. (Hrsg.), Beherbergung im Reiseverkehr, Fachserie 6, Reihe 7.1, Jg. 1984 - 1988, Stuttgart, Mainz

Dass. (Hrsg.), Beherbergungskapazität, Fachserie 6, Reihe 7.2, Jg. 1960 - 1980, Stuttgart, Mainz

Dass. (Hrsg.), Beherbergungskapazität, Fachserie 6, Reihe 7.2, (sechsjährig), Jg. 1981 und 1987, Stuttgart, Mainz

Dass. (Hrsg.), Urlaubs- und Erholungsreisen, Fachserie 6, Reihe 7.3, Jg. 1976 - 1982 und 1985 - 1988, Stuttgart, Mainz

Studienkreis für Tourismus e.V. (Hrsg.), Reiseanalyse, Jg. 1970 - 1988, Starnberg 1971 - 1989

Ders. (Hrsg.), Urlaubsreisen 1954 - 1985. 30 Jahre Erfassung des touristischen Verhaltens der Deutschen durch soziologische Stichprobenerhebungen, Starnberg 1986

Union des Associations Internationales (Hrsg.), Les réunions internationales. Tableaux comparatifs sur leur developpement, repartition géographique et saisonnaire, nombre de participants. Etude préparée par le département Congrès, Brüssel 1981

d) Gesetzestexte u.ä.

Gesetz über Datendurchführung einer Repräsentativerhebung der Bevölkerung und des Erwerbslebens (Mikrozensusgesetz) vom 21.02.1983 (BGBl. I, S. 201 f.)

Gesetz über die Gemeinschaftsaufgabe "Verbesserung der regionalen Wirtschaftsstruktur" vom 06.10.1969 (BGBl. I, S. 1861) und vom 23.12.1971 (BGBl. I, S. 2140)

Gesetz über die Statistik der Beherbergung im Reiseverkehr (BeherbStatG) vom 14. Juli 1980 (BGBl. I, S. 953)

Raumordnungsgesetz des Bundes vom 08.04.1965 (BGBl. I, S. 306 ff.)

BEITRÄGE AUS DEM INSTITUT FÜR VERKEHRSWISSENSCHAFT AN DER UNIVERSITÄT MÜNSTER

Herausgegeben von Hellmuth St. Seidenfus

VANDENHOECK & RUPRECHT IN GÖTTINGEN

V A N D E N H O E C K & R U P R E C H T I N G Ö T T I N G E N

VANDENHOECK & RUPRECHT IN GÖTTINGEN

VANDENHOECK & RUPRECHT IN GÖTTINGEN